'द मांक हू सोल्ड हिज़ फ़रारी' की प्रशंसा में कही गई बातें

" 'द मांक हू सोल्ड हिज़ फ़रारी' एक खजाना है – वास्तविक सफलता और प्रसन्नता का एक सुरुचिपूर्ण फार्मूला। रॉबिन एस. शर्मा ने युगों पुराने ज्ञान पर पकड़ बनाई है और उसको वर्तमान अशान्त समय के लिए प्रासंगिक बनाया है। मैं यह नहीं लिख सका।"

– जोपटाई, लेखक – 'नैवर फीयर नैवर क्विट'

"एक शानदार पुस्तक। रॉबिन एस. शर्मा दूसरे ओगमैन्डिनो हैं।"

डॉटी वाल्टर्स, लेखक -- 'स्पीक एंड ग्रो रिच'

"आत्मसहायता के लिए एक ऐसा उपन्यास, जो अपनाने में आसान है।"

– द लिबरल

"एक आश्चर्यजनक कहानी जिसकी शिक्षाएं आपके जीवन को समृद्ध बना सकती हैं।"

– कैन वेगोट्सकी, लेखक – द् अल्टीमेट पॉवर

"अपनी भावनाओं का अनुकरण करने और अपने स्वप्नों के अनुरूप जीने के लिए अर्न्तदृष्टि से परिपूर्ण। एक अच्छी पठनीय पुस्तक।"

– ट्रू वर्क : 'द् सेक्रेड डाइमेंशन ऑफ अर्निग ए लिविंग' के सहलेखक

"रॉबिन शर्मा ने एक मन्त्रमुग्ध कर देनेवाली कहानी की रचना की है, जिसमें रूपान्तरण के शास्त्र–सम्मत साधनों को जीवन जीने के सरल दर्शन के रूप में शामिल किया है। एक प्रसन्नता प्रदान करनेवाली पुस्तक, जो आपका जीवन परिवर्तित कर देगी।"

– इलेन सेंट जेम्स, लेखक – सिम्पलिफाई
योर लाईफ एंड इनर सिम्पलिसिटी।

'एक मनोरंजक, मन्त्रमुग्ध करनेवाली, कल्पनाओं से परिपूर्ण साहसिक यात्रा, व्यक्तिगत विकास, प्रभावशीलता और आनन्द के साम्राज्य में। इसमें ज्ञान का बहुमूल्य खजाना निहित है, जो प्रत्येक व्यक्ति के जीवन को समृद्ध कर सकता है तथा प्रगति के मार्ग पर आगे बढ़ा सकता है।"

– ब्रायन ट्रेसी, लेखक – 'मैक्सीमम एचीवमेंट'

"रॉबिन शर्मा के पास हम सबके लिए एक महत्त्वपूर्ण सन्देश है – जो हमारे जीवन में परिवर्तन ला सकता है। उन्होंने आज के उत्तेजनापूर्ण युग में जीवन में व्यक्तिगत परिपूर्णता प्राप्त करने के उद्देश्य से एक अलग किस्म की पुस्तक लेखी है।"

– स्कॉट डि गार्मो, भूतपूर्व प्रकाशक, 'सक्सेस मेगज़ीन'

'एक मनमोहक कहानी, जो आनन्द के साथ शिक्षा भी प्रदान करती है।"

– पॉलो कोयल्हो, लेखक – 'द एलकेमिस्ट'

'मेगालिविंग' की प्रशंसा में कहे गए कुछ शब्द!

''मेगा लिविंग! आपको अपना जीवन सिर्फ 30 आनन्ददायक दिनों में जीना सिखाती है।''

– मार्क विक्टर हैंसन, सहयोगी लेखक –
चिकिन सूप फॉर द सोल

''मैं इस उल्लेखनीय पुस्तक की हर उस व्यक्ति से जोरदार सिफारिश करता हूं, जो वास्तव में व्यक्तिगत उत्कृष्टता और सफल जीवन में रुचि रखता है।''

– नॉर्थवेस्ट आर्कन्सस टाइम्स।

''एक प्रशंसनीय पुस्तक! व्यक्तिगत और आध्यात्मिक सफलता के लिए इसमें वर्णित ज्ञान का पालन करो। तुम्हारा जीवन बदल जाएगा।''

– केन वेगोट्सकी लेखक – द अल्टीमेट पॉवर

''रॉबिन एस. शर्मा... ने जीवन जीने के सर्वोत्तम तरीके आध्यात्मिक और बुद्धिमान् लोगों से समान रूप से एकत्रित किए हैं।''

– फेमिली सर्कल

''रॉबिन शर्मा ने असाधारण रूप से सन्तुष्ट जीवन जीनेवाले लोगों की सफल योजनाओं का दस वर्ष से अधिक अध्ययन किया है। उन्होंने उनकी दैनिक चर्चा और कहानियां 30 दिनों के एक प्रोग्राम में चुनकर रखी हैं, जो जीवन-भर सफलता को प्रोत्साहित करती हैं।''

– रिव्यूअर्स बुक वॉच

''पूर्व और पश्चिम का पूर्ण मिश्रण।'' – द किंग्सटन व्हिग स्टैंडर्ड

''अपना जीवन 30 दिन में बदलो!'' – ईस्टर्न आई

''मेगालिविंग – एक बहुमूल्य रत्न है! – एक महान् पुस्तक उन लोगों के लिए जो अपनी आन्तरिक शक्ति को खोजना चाहते हैं।''

– इन्वेस्टमेंट एक्जीक्यूटिव

संन्यासी जिसने अपनी संपत्ति बेच दी

अपने सपनों को पूरा करने और
भाग्य का निर्माण करने की कथा

The Monk Who Sold His Ferrari

संन्यासी जिसने अपनी संपत्ति बेच दी

अपने सपनों को पूरा करने और
भाग्य का निर्माण करने की कथा

The Monk Who Sold His Ferrari

NOW IN
HINDI

रॉबिन शर्मा

जयको पब्लिशिंग हाउस

अहमदाबाद बेंगलोर चेन्नई
दिल्ली हैदराबाद कोलकाता मुम्बई

Published by Jaico Publishing House
A-2 Jash Chambers, 7-A Sir Phirozshah Mehta Road
Fort, Mumbai - 400 001
jaicopub@jaicobooks.com
www.jaicobooks.com

Published in arrangement with
HarperCollins Publishers Ltd
Toronto, Canada

To be sold only in India, Bangladesh, Bhutan,
Pakistan, Nepal, Sri Lanka and the Maldives.

THE MONK WHO SOLD HIS FERRARI
संन्यासी जिसने अपनी संपत्ति बेच दी
ISBN 81-7992-494-7

Translators: Rajesh Sharma & Dr. Rajiv Sharma

First Jaico Impression: 2005
67th Jaico Impression: 2025

Printed by
Pashupati Printers, Delhi

मेरे पुत्र कॉलबी को,
जो मेरे लिए संसार की सभी अच्छी चीजों का
प्रतीक है। तुम्हें आशीर्वाद।

स्वीकारोक्ति

'द मांक हू सोल्ड हिज़ फ़रारी' एक बहुत ही विशेष परियोजना रही है, जो कतिपय विशिष्ट लोगों के प्रयासों से पूरी हो पाई है। मैं अपनी प्रोडक्शन टीम का और उन सभी का जिनके उत्साह और ऊर्जा ने इस पुस्तक की मेरी कल्पना को यथार्थ में रूपान्तरित किया हृदय से आभारी हूं, विशेषतौर से शर्मा लीडरशिप इंटरनेशनल में मेरे परिवार का – आपकी वचनबद्धता और मिशन की भावना मेरे हृदय को आन्दोलित करती है।

मैं विशेष धन्यवाद देता हूं –

- मेरी प्रथम पुस्तक, 'मेगा लिविंग' के उन हजारों पाठकों को जिन्होंने सहृदयतापूर्वक मुझे लिखने के लिए तथा यह बताने के लिए समय निकाला कि किस प्रकार इस पुस्तक ने उनके जीवन को बदला। मैं उन सभी व्यक्तियों को धन्यवाद देता हूं, जिन्होंने उत्तरी अमेरिका के बाहर मेरे पब्लिक सेमिनार्स में भाग लिया। साथ–ही–साथ शर्मा लीडरशिप इन्टरनेशनल के अनेक सम्बद्ध समर्थकों का भी मैं आभारी हूं, जो अपने कर्मचारियों के लिए मेरे प्रवचन कार्यक्रमों के बहुत अच्छे प्रायोजक रहे हैं।
- अपने सम्पादक जॉन लॉड्न को इस पुस्तक में उनके विश्वास के लिए और मुझमें उनकी निष्ठा के लिए। मरजरी बुंचानन, करेन लेवाइन और हार्पर सेन फ्रेन्सिसको में अपनी बाकी शानदार टीम को इस योजना में अपनी ऊर्जा लगाने के लिए धन्यवाद।
- ब्रायन ट्रेंसी, मार्क विक्टर हैंसन, और स्वनेतृत्व के क्षेत्र में मेरे दूसरे साथियों को उनकी सहृदयता के लिए।
- काठीकोडन को उनके आवरण सज्जा के लिए। मैं सोचता था कि आपके बनाए 'टॉइमलैस विज्डम फॉर सेल्फ मास्टरी' से श्रेष्ठ कवर नहीं हो सकता है। मैं गलती पर था।

- सत्य पाल, कृष्ण और संदीप शर्मा को तुम्हारे निरन्तर उत्साहवर्धन के लिए।

- और सबसे अधिक अपने विलक्षण माता–पिता शिव और शशि शर्मा को, जिन्होंने मेरा पहले दिन से मार्गदर्शन किया है तथा सहायता की है। अपने निष्ठावान् और बुद्धिमान् भाई संजय शर्मा, (एम.डी.) और उसकी पत्नी सूसन को; अपनी पुत्री बियाका को उसकी उपस्थिति के लिए; और अपने पुत्र कॉलबी को उसके जोश के लिए और मेरी पत्नी व सर्वोत्तम मित्र अलका को। तुम ही वह प्रकाश स्तम्भ हो, जो मुझे मार्ग दर्शाता है।

विषय-सूची

जिन्दगी मेरे लिए मात्र एक मोमबत्ती नहीं है। यह एक वैभवशाली टॉर्च है, जिसे मैंने कुछ समय के लिए थाम रखा है, और मैं इसे नई पीढ़ी के सुपुर्द करने से पहले जितना अधिक सम्भव हो इससे चारों ओर प्रकाश फैलाना चाहता हूं।

– जॉर्ज बर्नार्ड शाह

अध्याय 1

•••

जागरण का आह्वान

अदालत के खचाखच भरे एक कमरे के बीचों-बीच वह अचानक गिर पड़ा। वह इस देश के सुप्रसिद्ध अभियोजन वकीलों में से एक था। वह एक ऐसा व्यक्ति था, जो अपने सुगठित शरीर की शोभा बढ़ानेवाले तीन-तीन हजार डॉलर के कीमती सूटों के लिए भी उतना ही विख्यात था जितना कि कानूनी जीतों की उल्लेखनीय शृंखला के लिए। मैंने जो कुछ अभी देखा था उसके आकस्मिक आघात् से सन्न खड़ा रह गया। प्रतिष्ठित जूलियन मेंटले बीमारी का शिकार हो गया था और अब वह असहाय अबोध शिशु की तरह जमीन पर पड़ा तड़प रहा था और पागल की तरह कांप रहा था तथा साथ ही पसीने से तरबतर था।

उस क्षण ऐसा अनुभव हुआ मानो समय की गति धीमी हो गई है। 'हे भगवान्, जूलियन संकट में हैं!' उनकी सहायक वकील भावुकता से चीखी। हम सबकी दृष्टि उस ओर गई। न्यायाधीश महिला भी दुखी दिखाई दी। उन्होंने तुरन्त अपने निजी फोन पर, जो उन्होंने आकस्मिक स्थिति में उपयोग के लिए लगवाया था, धीरे-से कुछ कहा। जहां तक मेरा सवाल है, मैं तो हक्का-बक्का स्तब्ध खड़ा रह गया। *अरे अनुभवी मूर्ख, अभी मत मरो। अभी तुम्हारा मरना बहुत जल्दबाजी होगी। तुम्हें इस तरह मरना शोभा नहीं देता।*

न्यायालय का मोहर्रिर जो अब तक यन्त्रवत् खड़ा था, एकदम गति में आ गया और भूमि पर पड़े हुए विधिनायक की सी.पी.आर. बनानी शुरू कर दी। सहायक वकील उनके पास ही खड़ी थी। उसके लम्बे, सुनहरे, घुंघराले बाल जूलियन के लाल चेहरे पर पड़ रहे

थे। वह उसे कोमल शब्दों में सांत्वना दे रही थी, जो निश्चय ही उसे सुनाई नहीं दे रहे थे।

मैं पिछले 17 वर्षों से जूलियन से परिचित था। हमारी पहली मुलाकात तब हुई थी जब मैं कानून का युवा विद्यार्थी था और मुझे उसके किसी पार्टनर ने समर रिसर्च इंटर्न के रूप में रखा था। उस समय भी उसके पास सब-कुछ था। वह प्रतिभावान, सुन्दर और निडर जिरह करनेवाला वकील था। वह प्रसिद्धि के स्वप्न देखता था; भविष्य में जिसे बहुत ही सफल वकील बनना था। मुझे आज भी वह दिन याद है जब एक बार मैं देर रात काम करके उसके भव्य ऑफिस के पास से गुजर रहा था, तो मैंने चुपके से उसकी लकड़ी की विशाल डेस्क की तरफ नज़र डाली। मैंने देखा कि उस पर चौखटे में एक उद्धरण जड़ा हुआ था। यह उद्धरण विंसटन चर्चिल का था तथा जूलियन के बारे में बिल्कुल सही था :

मुझे पूर्ण विश्वास है कि आज हम अपने भाग्य के निर्माता हैं, जो काम हमारे सामने है वह हमारी शक्ति से परे नहीं है, तथा इसको पूरा करने के लिए जो कष्ट सहना पड़ेगा और जो परिश्रम करना पड़ेगा वह भी हमारी सहनशक्ति से अधिक नहीं है। जब तक हमें अपने प्रयोजन और जीतने की अजेय इच्छाशक्ति पर विश्वास है, सफलता हमसे दूर नहीं रह सकती।

जूलियन ने इसी का अनुकरण किया। वह कठोर परिश्रमी व्यक्ति था और सफलता प्राप्त करने के लिए, जिसे वह अपनी नियति समझता था, दिन में 18 घंटे कार्य करना पसन्द करता था। मैंने लोगों के मुंह सुना था कि उसके पितामह सुप्रसिद्ध सभासद् रहे थे और उसके पिता फेडेरल कोर्ट के अत्यन्त सम्मानित न्यायाधीश के पद पर रहे थे। यह स्पष्ट था कि वह धनी परिवार से था। उससे उसके परिवार को बड़ी आशाएं थीं। एक बात तो मुझे स्वीकार करनी पड़ेगी कि उसने अपना जीवन स्वयं बनाया था। वह अपने तरीके से काम करने का आदि था और उसे दिखावा भी पसन्द था। न्यायालय में जूलियन के आक्रामक नाटकीय कथन सुर्खियों में रहा करते थे। धनवान प्रतिष्ठित लोगों को जब कभी कुशल कानूनी विशेषज्ञ की

तीखी बहस की आवश्यकता होती थी, तब वे जूलियन के पास ही आते थे। उसकी बाहरी गतिविधियां भी विख्यात थीं। नगर के सर्वश्रेष्ठ रेस्त्रां में युवा, सेक्सी मॉडलों के साथ देर रात में जाना अथवा दलालों के उद्दंड दल के साथ मन बहलाव के लिए अत्यधिक शराब पीना उनसे सम्बन्धित किंवदन्तियों के आधार थे।

मुझे आज तक इस बात का पता नहीं चला कि उसने उस सनसनीखेज मर्डर केस में साथ काम करने के लिए, जिस पर उसको गर्मी में बहस करनी थी, मुझे ही क्यों चुना। यद्यपि मैंने हार्वर्ड लॉ स्कूल से ग्रेजुएशन किया था जहां से उसने भी किया था, फिर भी मैं न तो फर्म का सबसे बुद्धिमान् इंटर्न था और न ही मेरा जन्म उच्च कुल में हुआ था। मेरे पिता ने नौसेना से काम छोड़कर सारी उम्र एक बैंक में सिक्योरिटी गार्ड की नौकरी की थी। मेरी मां साधारण तरीके से ब्रॉन्क्स में पली–बढ़ी थीं।

फिर भी जूलियन ने उन सबमें से, जो चुपचाप उसके साथ सहायक के रूप में काम करने का प्रयत्न कर रहे थे, मुझे उस केस में अपने सहयोगी के रूप में चुना, जो 'मदर ऑफ ऑल मर्डर ट्रायल्स' के नाम से प्रसिद्ध हुआ। उसने कहा था कि उसे मेरी ज्ञान प्राप्त करने की 'तीव्र उत्कंठा' पसन्द थी। निःसन्देह हम जीत गए और वह प्रशासनिक अधिकारी जिस पर अपनी पत्नी की निर्मम हत्या का अभियोग था, मुक्त हो गया।

उस ग्रीष्म ऋतु में मुझे काफी अच्छी शिक्षा मिली। यह एक सबक से कहीं अधिक था कि जहां किसी सन्देह का अस्तित्व न हो वहां तर्क–संगत सन्देह कैसे उत्पन्न किया जाए। जूलियन के जैसा पारंगत वकील ही ऐसा कर सकता था। यह जीतने के मनोविज्ञान का एक पाठ था तथा अपने गुरु को बहस करते हुए देखने का एक दुर्लभ अवसर। मैंने स्पंज की तरह इसको आत्मसात् कर लिया।

जूलियन के आमन्त्रण पर मैं फर्म में एसोसिएट के रूप में रहा और शीघ्र ही हम दोनों में गहरी मित्रता हो गई। मैं इस बात को स्वीकार करूंगा कि उसके साथ वकालत करना आसान नहीं था। जूनियर के रूप में उसके साथ काम करने से निराशा का अनुभव

होता था, अक्सर देर रात तक साथ काम करनेवालों पर चीखना-चिल्लाना। वास्तव में यही उसका तरीका था। यह व्यक्ति कभी भी गलत नहीं हो सकता था। फिर भी उसके बदमिजाज मुखौटे के पीछे एक ऐसा व्यक्ति था, जो स्पष्टतया लोगों का ध्यान रखता था।

अत्यधिक व्यस्तता के बावजूद वह हमेशा जेनी के बारे में अवश्य पूछता था। जेनी के साथ मेरा विवाह कानून की पढ़ाई करने से पहले ही हो गया था और मैं उसको आज भी 'मेरी दुल्हन' कहकर पुकारता हूं। दूसरे समर इंटर्न से यह जानकर कि मेरी आर्थिक स्थिति ठीक नहीं थी, जूलियन ने मेरे लिए अच्छी राशि के वजीफे की व्यवस्था कर दी थी। यह सत्य है कि वह अपने मित्रों के साथ कठोरता से पेश आता था, यह भी सत्य है कि उसको उच्छृंखल तरीके से समय बिताना पसन्द था, लेकिन वह उनकी उपेक्षा कभी नहीं करता था। असली समस्या थी कि जूलियन को अत्यधिक काम करने का भूत सवार रहता था।

प्रारम्भ में कुछ वर्षों तक जब वह दिन-भर काम करता था तब उसका कहना था कि वह इतनी मेहनत फर्म की भलाई के लिए कर रहा था और अगली शरद् ऋतु में एक महीने की छुट्टी मनाने वह सेमंस जाएगा। जैसे-जैसे समय व्यतीत होता गया उसकी ख्याति बढ़ती गई और उस पर काम का भार बढ़ता ही गया। जूलियन को अच्छे-अच्छे और बड़े-बड़े केस मिलते गए। उसने हर चुनौती का सफलता से सामना किया और उसकी मेहनत बढ़ती ही गई। शान्ति के दुर्लभ क्षणों में उसने यह रहस्योद्घाटन किया कि वह कुछ घंटे ही सो पाता था। उसकी आंख इस अपराधबोध के साथ खुल जाती थी कि वह फाइल पर काम नहीं कर रहा है। यह बात मुझे शीघ्र ही स्पष्ट हो गई कि उसे अत्याधिक सम्मान, प्रसिद्धि तथा धन प्राप्त करने की भूख खाए जा रही थी।

आशा के अनुसार जूलियन अत्यन्त सफल रहा। उसने हर वह चीज प्राप्त कर ली जिसकी अधिकांश लोग कामना करते हैं। वकालत के व्यवसाय में बड़ी ख्याति के साथ सात अंकों (लाखों) में आमदनी, मानी हुई हस्तियों के पड़ोस में शानदार बंगला, व्यक्तिगत जेट विमान, उष्ण कटिबंधीय द्वीप पर गर्मियों के लिए घर और उसकी बहुमूल्य

सम्पत्ति – लाल चमकदार फ़रारी (कार), जो सड़क पर बीचों-बीच पार्क की गई थी।

फिर भी मैं जानता था कि सब-कुछ इतना सहज नहीं था जितना ऊपर से दिखाई देता था। मुझे आनेवाले खतरे के चिह्न दिखाई देते थे। इसलिए नहीं कि फर्म में दूसरे साथियों से मैं परिचित था बल्कि इसलिए कि जूलियन के साथ मेरा समय सबसे अधिक व्यतीत होता था। हम हमेशा साथ काम करते थे। काम कभी कम नहीं होता था। हमेशा ही एक दूसरा महत्त्वपूर्ण मुकदमा लाइन पर होता था, जो पिछले मुकदमे से कहीं बड़ा होता था। कितनी भी तैयारी कर लो जूलियन के लिए पर्याप्त नहीं थी। न्यायाधीश ने यह प्रश्न पूछ लिया या वह प्रश्न पूछ लिया तब क्या होगा? ईश्वर न करे कि ऐसा हो। यदि हमारी छानबीन सही न हुई तब क्या होगा? यदि भीड़-भरे कोर्ट रूम में वह हक्का-बक्का रह गया जैसे कि हेड-लाइट्स की तेज रोशनी पड़ने पर हिरन रह जाता है, तब क्या होगा? इसलिए और अधिक मेहनत करते थे और उसकी छोटी-सी मेहनतकश दुनिया में मेरा भी तेल निचुड़ जाता था। हम घड़ी के दो गुलाम थे जो उस स्टील और कांच की बिल्डिंग की चौंसठवी मंजिल पर मेहनत करते थे जबकि अधिकांश व्यक्ति उस समय अपने परिवार के साथ अपने घर पर होते थे। हम यह सोचते थे कि दुनिया हमारी मुट्ठी में है। सफलता की मृग मरीचिका का भ्रामक पर्दा हमारे ऊपर पड़ा हुआ था।

जितना अधिक समय मैं जूलियन के साथ व्यतीत करता था, उतना ही अधिक मैं देख सकता था कि वह अपने-आपको रसातल में ले जा रहा है। ऐसा प्रतीत होता था मानो वह अपने-आपको समाप्त करना चाहता है – किसी भी चीज से उसे कभी सन्तुष्टि नहीं मिलती थी। अंततः उसका विवाह असफल हो गया। उसने अपने पिता के साथ बातचीत बन्द कर दी। यद्यपि उसके पास वह सब-कुछ था जिसकी किसी को कामना होती लेकिन जो कुछ वह तलाश रहा था पता नहीं वह क्या था, वह अब भी उसको नहीं मिला था। ऐसा भावनात्मक स्तर पर, भौतिक स्तर पर तथा आध्यात्मिक स्तर पर स्पष्ट दिखाई देता था।

53 वर्ष की आयु में जूलियन ऐसा लगता था मानो सत्तर के दशक के अन्तिम वर्षों में हो। उसका चेहरा झुर्रियों से भरा हुआ था मानो आम जीवन के प्रति जो उसका दृष्टिकोण था कि 'किसी को कैद मत करो' उसके लिए ये झुर्रियां नजराना थीं लेकिन विशेषतौर से ये उसकी असन्तुलित जीवन-शैली का परिणाम थीं। खर्चीले फ्रेंच रेस्त्रांओं में देर रात के भोजन, क्यूबा के मोटे-मोटे सिगार पीना तथा फ्रेंच ब्रांडी कोगनेक के पेग पर पेग पीने से उसका वजन बहुत बढ़ गया था। वह निरन्तर शिकायत कर रहा था कि वह बीमार है और वह बीमारी व थकान से तंग आ चुका है। उसका विनोदी स्वभाव कहीं खो गया था और अब वह कभी हंसता भी नहीं था। जूलियन का स्वभाव कभी उत्साही हुआ करता था जिसका स्थान अब एक घातक उदासी ने ले लिया था। व्यक्तिगत रूप से मैं सोचता हूं कि उसके जीवन का उद्देश्य ही समाप्त हो चुका था।

शायद सबसे अधिक दुःखद बात यह है कि उसका ध्यान कचहरी में भी अपने केन्द्रबिन्दु पर नहीं रहता था। जहां वह कभी कोर्ट रूम में उपस्थित लोगों को अपनी धारा प्रवाह और ठोस बहस से चकित कर देता था, अब वह घंटों उबाऊ और नीरस भाषा का प्रयोग करता था। ऐसे अस्पष्ट वादों से सम्बन्धित बेसिर-पैर की हांकने लगता जिसका कोर्ट में प्रस्तुत उस वाद से बहुत थोड़ा या बिल्कुल भी सम्बन्ध नहीं होता था। पहले विरोधी वकील की आपत्तियों पर उसकी प्रतिक्रिया शालीन होती थी लेकिन अब, वह कटु व्यंग्य-बाणों का प्रयोग करता था, जिससे न्यायाधीशों को भी धैर्य रखना कठिन हो जाता था। पहले जो लोग जूलियन को प्रतिभाशाली विधिवेत्ता समझते थे अब उनका मानना था कि उसकी जीवन जीने की लालसा ही समाप्त होने लगी थी।

अनियन्त्रित जीवन-शैली ही उसे मृत्यु के निकट नहीं ले जा रही थी। मैं समझता हूं कि आंतरिक स्तर पर भी यही बात थी। यह आध्यात्म सम्बन्धी मामला था। तकरीबन हर रोज वह मुझसे कहा करता था कि जो कुछ वह कर रहा था उसमें उसकी कोई रुचि नहीं थी और खालीपन अनुभव होता था। जूलियन ने बताया था जब वह युवा वकील

था, उसको कानून से वास्तव में प्यार था, यद्यपि उसको इस पेशे में उसके परिवार ने सामाजिक प्रतिष्ठा के लिए जबरन ही ढकेला था। कानून के दांव-पेंच तथा बौद्धिक चुनौतियां उसको मन्त्रमुग्ध तथा शक्ति से भरपूर रखती थीं। कानून की सामाजिक परिवर्तन को सम्भव बनाने की शक्ति ने उसको प्रेरणा दी और सक्रिय बनाया। उन दिनों वह कनेक्टिकट के किसी धनवान सुकुमार से कुछ अधिक ही था। वास्तव में वह अपने-आप को भलाई करने की प्रेरक शक्ति के रूप में एक सामाजिक सुधार के साधन के रूप में देखता था जो दूसरों की सहायता करने के लिए अपनी अद्भुत शक्ति का उपयोग कर सकता था। इस दिवास्वप्न ने उसके जीवन को एक अर्थ दिया। इसने उसके जीवन को एक उद्देश्य दिया तथा आशान्वित किया।

आजीविका के लिए उसने जो कुछ किया उसके अतिरिक्त भी जूलियन के विनाश के कारण हैं। मेरे फर्म ज्वाइन करने से पहले ही कोई बड़ी दुःखद घटना जूलियन के साथ घटी थी। सीनियर पार्टनर्स के अनुसार, वास्तव में कोई अकथनीय घटना उसके साथ घट गई थी। लेकिन किसी ने भी इस बाबत मुझे नहीं बताया यहां तक कि वृद्ध, बदनाम, मुंहफट मैनेजिंग पार्टनर हार्डिंग, जो अपना समय अपने विशाल ऑफिस में व्यतीत करने की अपेक्षा रिट्ज कार्लटन की बार में अधिक खर्च करता था, ने भी मुझे कुछ नहीं बताया। उसका कहना था कि उसने घटना के बारे में मुंह बन्द रखने की कसम खाई है। यह अंधकारपूर्ण रहस्य कुछ भी रहा हो, मुझे सन्देह था कि इसका जूलियन की अवनति से कुछ सम्बन्ध अवश्य था। निश्चय ही मुझे उत्सुकता थी, किन्तु सबसे अधिक महत्त्वपूर्ण बात यह थी कि मैं उसकी सहायता करना चाहता था। वह मेरा मार्गदर्शक ही नहीं, सबसे अच्छा मित्र भी था।

और अब यह घटना हो गई। इस जबर्दस्त घातक दिल के दौरे ने मेधावी जूलियन मेंटले को धरती पर पटक दिया और उसे मरणशील बना दिया। सोमवार को प्रातःकाल उसी सात नम्बर के कोर्ट रूम के मध्य यह घटना घटी जहां हमने 'मदर ऑफ ऑल मर्डर ट्रायल्स' केस जीता था।

अध्याय – 2

•••

रहस्यमय आगन्तुक

फर्म के सभी सदस्यों की यह आपात्कालीन मीटिंग थी। जैसे ही हम मुख्य सभाकक्ष में एकत्रित हुए, मुझे अनुमान हो गया कि समस्या गम्भीर थी। सबसे पहले वृद्ध हार्डिंग ने एकत्रित लोगों को सम्बोधित किया।

"मुझे दुःख है कि मेरे पास एक बहुत बुरी खबर है। कल न्यायालय में एयर एटलांटिक केस पर बहस करते समय जूलियन मेंटले को दिल का दौरा पड़ा। वह इस समय गहन चिकित्सा कक्ष में हैं। उसके डॉक्टरों ने मुझे सूचना दी है कि उसकी स्थिति अब स्थिर हो गई है और वह ठीक हो जाएंगे। मालूम नहीं क्यों जूलियन ने एक निर्णय लिया है। मेरे विचार से आप सभी को उससे अवगत होना चाहिए। उन्होंने हमारी फर्म छोड़ने का तथा वकालत के पेशे को त्यागने का फैसला किया है। अब वह फर्म में वापस नहीं आएंगे।"

मैं स्तब्ध रह गया। मुझे मालूम था कि वह मुसीबत में था लेकिन मैंने यह कभी नहीं सोचा था कि वह ऐसा करेगा। चूंकि हम दोनों हमेशा साथ ही रहे थे, मुझे लगा कि उसमें इतना शिष्टाचार तो होना ही चाहिए था कि वह स्वयं ही व्यक्तिगत रूप से मुझे इसकी जानकारी देता। अस्पताल में वह मुझसे मिला तक नहीं। जब भी मैं वहां गया, उसके आदेशानुसार नर्सों ने यही कहा कि वह सो रहा है। उसकी नींद में खलल नहीं डाला जा सकता। उसने मुझसे टेलीफोन पर भी बात करने से इंकार कर दिया। हो सकता है मुझसे मिलकर उसे अपने उसी जीवन की याद आती जिसको वह भूलना चाहता था। कौन जानता है? फिर भी मैं एक बात कहूंगा – इस सबसे मुझे दुःख हुआ।

यह घटना तीन वर्ष पूर्व की है। अन्त में मैंने सुना कि जूलियन किसी प्रकार की अभियान यात्रा पर भारतवर्ष चला गया था। उसने अपने किसी पार्टनर से कहा था कि वह सादा जीवन जीना चाहता था तथा वह अपने कुछ प्रश्नों के उत्तर भी पाना चाहता था। उसे आशा थी के वे उसको उसी रहस्यमय देश की धरती पर प्राप्त होंगे। उसने अपना मकान, अपना जहाज और अपना व्यक्तिगत टापू भी बेच दिया था। उसने अपनी फ़रारी भी बेच दी थी। 'जूलियन मेंटले एक भारतीय योगी के रूप में था।' मैंने सोचा, 'प्रभु के नियम बड़े ही रहस्यमय तरीकों से कार्य करते हैं।'

उन तीन वर्षों के गुजरने के साथ-साथ मैं एक अतिव्यस्त युवा वकील से एक थका हुआ, कुछ चिड़चिड़ा, प्रौढ़ वकील बन गया। मेरी पत्नी जेनी और मेरा एक परिवार था। अब मैं भी जीवन का अर्थ खोजने लगा। शायद परिवार में बच्चे होने चाहिए थे। बच्चे भी हो गए। उन्होंने बुनियादी रूप से जिस दृष्टिकोण से मैं दुनिया को देखता था और जो उसमें मेरी भूमिका थी, उस सबको परिवर्तित कर दिया। मेरे पिता ने बिल्कुल सही कहा था, 'जॉन अपनी मृत्यु शैय्या पर तुम अपना समय ऑफिस में व्यतीत करना नहीं चाहोगे।' अतः मैंने थोड़ा और अधिक समय घर पर बिताना शुरू कर दिया। मैं अच्छे से रह रहा था। मैंने रोटरी क्लब ज्वाइन कर लिया। अपने पार्टनर्स और मुवक्किलों को प्रसन्न रखने के लिए मैं शनिवार को गोल्फ खेलता था। लेकिन मैं आपको बता दूं कि अपने शान्त क्षणों में मैं अक्सर जूलियन के बारे में सोचा करता था और मुझे आश्चर्य होता था कि जब से हम अचानक अलग हुए थे, जूलियन पर क्या बीता होगा?''

शायद वह भारत में बस गया था। भारत ही एक विविधतापूर्ण स्थान था जहां उसके जैसी अशान्त आत्मा का व्यक्ति अपना घर बसा सकता था या यह भी हो सकता है कि यह नेपाल की पैदल यात्रा कर रहा हो। स्कूबा सेपेंस में गोते लगा रहा था? एक बात तो

निश्चित थी कि वह विधि व्यवसाय में वापस नहीं आया था। जब से उसने वकालत से संन्यास लिया था उसने किसी को एक पोस्टकार्ड तक नहीं डाला था। लगभग दो माह पूर्व दरवाजे पर एक दस्तक ने मेरे कुछ प्रश्नों के उत्तर दिए। उस थकाऊ दिन मैं अपने अन्तिम मुवक्किल से मिलकर अभी-अभी निबटा था कि मेरी बुद्धिमान् कानूनी सहायक जेनेवीव ने मेरे छोटे सुरुचिपूर्ण सुसज्जित ऑफिस में आकर कहा, "जॉन, आपसे मिलने कोई आया है। वह कह रहा है कि मिलना अत्यन्त आवश्यक है और जब तक वह आपसे बात नहीं करेगा वह यहां से नहीं जाएगा।"

मैंने अधीरता से उत्तर दिया, "जेनेवीव मैं हेमिल्टन की ब्रीफ तैयार करने से पहले कुछ खाने बाहर जा रहा हूं। अभी मेरे पास किसी से भी मिलने के लिए समय नहीं है। उससे कहो कि वह दूसरे लोगों की तरह मिलने का समय ले ले, और फिर भी यदि वह तुम्हें परेशान करता है, तो सुरक्षाकर्मी को बुला लो।" "लेकिन उसका कहना है कि उसका आपसे मिलना वास्तव में आवश्यक है। वह कोई भी उत्तर सुनने को तैयार नहीं है।"

एक क्षण के लिए मैं स्वयं ही सुरक्षाकर्मी को बुलाने को तत्पर हुआ, लेकिन यह सोचकर कि कहीं वह वास्तव में किसी संकट में न हो, मैंने थोड़ी सहज मुद्रा में कहा, "अच्छा उसे अन्दर भेज दो। मैं सम्भवतया किसी तरह इसका व्यवसाय में कुछ उपयोग कर सकूं।"

मेरे ऑफिस का दरवाजा धीरे-से खुला। फिर यह पूरा खुल गया। लगभग 35 वर्षीय व्यक्ति ने मुस्कुराते हुए प्रवेश किया। वह एक लम्बे, इकहरे, सुगठित शरीर का स्वामी था। वह जीवनशक्ति और ओज से दैदीप्यमान हो रहा था। उसने मुझे उन परिपक्व किशोरों की याद दिलाई जिनके साथ मैं लॉ स्कूल जाता था, जो सर्वगुण सम्पन्न परिवारों से थे, जिनके मकान सर्वोच्च कोटि के थे, कारें सर्वोत्तम थीं तथा जिनकी त्वचा त्रुटिहीन थी। लेकिन मेरे इस आगन्तुक में युवा सौन्दर्य के अलावा भी बहुत कुछ था। भेदती हुई नीली आंखें जो मेरे

अन्तःकरण को भेद रही थीं। ठीक उसी प्रकार जिस प्रकार पहली बार शेव बनाने के लिए चिन्तित किशोर के चिकने चेहरे के लचीले बालों को तेज उस्तरा भेदता है।

'एक दूसरा तेज दबंग वकील जो मेरा काम प्राप्त करने की कोशिश कर रहा है', मैंने मन में सोचा। 'अच्छी परेशानी है वह वहां खड़ा हुआ मेरी तरफ क्यों देख रहा है कहीं यह उस महिला का पति तो नहीं है जिसकी ओर से मैंने पिछले सप्ताह तलाक के केस में बहस की थी और जीत गया था। अगर यह वही है, तो फिर सुरक्षागार्ड को बुलाने का विचार मूर्खतापूर्ण नहीं था।'

वह नवयुवक मेरी तरफ देखता रहा ठीक उसी प्रकार मुस्कुराते हुए जैसे भगवान् बुद्ध अपने किसी प्रिय शिष्य की ओर देख रहे हों। काफी देर असहजता से चुप रहने के बाद वह आश्चर्यजनक ढंग से डांटनेवाले स्वर में बोला, "जॉन क्या तुम अपने आगन्तुकों के साथ यही व्यवहार करते हो। उन लोगों के साथ भी जिन्होंने तुम्हें न्यायालय में सफलता प्राप्त करने के बारे में सब-कुछ सिखाया? मुझे अपने व्यावसायिक गुर अपने पास ही रखने चाहिए थे।" उन्होंने अपने होंठों को बुरी तरह तिरस्कार से मोड़ते हुए कहा।

मेरे पेट में अजीब अनुभूति हुई। मैंने तुरन्त उस कर्कश मधुर आवाज को पहचान लिया। मेरा दिल उछलने लगा।

"जूलियन? क्या यह तुम हो? मुझे विश्वास नहीं हो रहा है! क्या सचमुच तुम हो?"

आगन्तुक के अट्टहास ने मेरे सन्देह को सही साबित कर दिया। जो युवा व्यक्ति मेरे सामने खड़ा था वह और कोई नहीं बल्कि खोया हुआ भारतीय योगी जूलियन मेंटले ही था। मैं उसके अविश्वसनीय रूपान्तरण से चकित रह गया। मेरे पुराने साथी की भूतों जैसी रंगत, बीमारों जैसी खांसी, तथा जीवनज्योति से विहीन नेत्र न जाने कहां गायब हो गए थे। उसकी प्रौढ़ आकृति तथा विकृत भावाभिव्यक्ति, जो उसकी व्यक्तिगत पहचान बन गए थे, न जाने कहां गायब हो गए थे।

इसके स्थान पर, जो व्यक्ति मेरे सम्मुख खड़ा था वह पूर्णतया स्वस्थ था और उसका झुर्री-विहीन चेहरा स्वास्थ्य की लालिमा से दमक रहा था। उसकी आंखें चमकदार थीं, मानो उसकी असाधारण शक्ति का रोशनदान हो। शायद इन सबसे अधिक चकित करनेवाली चीज थी – जूलियन का गाम्भीर्य। मैं वहां टकटकी लगाकर उसे देखता रहा। मुझे पूर्ण शान्ति की अनुभूति हुई। अब वह एक बड़ी लॉ फर्म का चिन्तित सीनियर 'टाइप ए' वकील नहीं रह गया था। इसकी बजाय जो व्यक्ति मेरे सामने खड़ा था वह बदला हुआ, यौवन तथा शक्ति से परिपूर्ण एक प्रसन्न व्यक्ति था।

अध्याय–3

•••

जूलियन मेंटले का अद्भुत रूपान्तरण

मैं इस नवीन उत्कृष्ट जूलियन मेंटले को देखकर आश्चर्यचकित था। 'जो व्यक्ति कुछ वर्ष पूर्व थका हुआ प्रौढ़ दिखाई पड़ता था वह अब इतना स्पन्दनशील और जीवन्त कैसे हो गया?' मैं चुपचाप अविश्वास से अचम्भा करता रहा। 'क्या उसे कोई जादुई दवा मिल गई, जिससे वह युवा हो गया? इस असाधारण परिवर्तन का क्या कारण हो सकता है?'

जूलियन ही पहले बोला। उसने मुझे बताया कि विधि व्यवसाय में अत्यधिक प्रतिद्वन्द्विता न केवल शारीरिक तथा भावनात्मक रूप से बल्कि आध्यात्मिक रूप से भी उस पर भारी पड़ी थी। तेज रफ्तार और असीमित तकाजों ने उसे थका दिया था और उसका स्वास्थ्य गिर गया था। उसने स्वीकार किया कि उसका शरीर अस्वस्थ हो गया था और मस्तिष्क कान्तिहीन। दिल का दौरा तो गम्भीर समस्या का एक लक्षण-मात्र था।

संसार का सर्वोत्तम वकील होने के नाते काम के निरन्तर दबाव तथा थकानेवाली दिनचर्या ने उसके सबसे महत्त्वपूर्ण मानवीय गुणों को, यानी उसकी आत्मा को तहस-नहस कर दिया था। जब डॉक्टर ने उसे आखिरी चेतावनी दी कि या तो वह विधि व्यवसाय छोड़ दे या जीने की आशा, तब उसने महसूस किया कि उसे अपनी अर्न्तज्योति को पुनर्जीवित करने का सुनहरा अवसर मिल गया है। अपनी युवावस्था में उसको इस ज्योति का भान था किन्तु कानून उसके सुख का साधन कम व्यवसाय अधिक बन गया और वह ज्योति बुझ गई।

जूलियन भावातिरेक से भर उठा। जब उसने विस्तार से बताया

कि उसने अपनी सब भौतिक सम्पत्ति बेच दी और भारत की ओर कूच कर गया। भारत भूमि की प्राचीन संस्कृति और रहस्यपूर्ण परम्पराओं ने उसे सदा से ही अपनी ओर आकर्षित किया था। उसने छोटे-छोटे गांवों की यात्रा की – कभी पैदल तो कभी रेल से। उसने वहां के नए रीति-रिवाज सीखे, अनन्य प्राकृतिक दृश्य देखे तथा उसे भारतीय लोगों से प्यार हो गया। उन लोगों का व्यवहार अपनत्व-भरा तथा स्नेहपूर्ण था। उनका जीवन के सच्चे अर्थ के प्रति ताजगीपूर्ण दृष्टिकोण था। .उन लोगों ने भी जिनके पास कुछ नहीं था, अपने घर के तथा हृदय के द्वार पश्चिम से आए इस क्लान्त आगन्तुक के लिए खोल दिए थे। भारत के मन्त्रमुग्ध कर देनेवाले वातावरण में ज्यों-ज्यों दिन सप्ताहों में परिवर्तित होते गए, जूलियन ने धीरे-धीरे अपने-आपको जीवन्त और सम्पूर्ण अनुभव किया जैसा कि वह बचपन में था। जीवन के प्रति उत्साह और ऊर्जा के साथ-साथ उसकी स्वाभाविक उत्सुकता और क्रियाशील क्षमता धीरे-धीरे लौटने लगी। वह अपने-आपको अधिक आनन्दपूर्ण और शान्त अनुभव करने लगा और फिर से हंसने लगा।

जूलियन ने इस विदेशी भूमि पर बिताए अपने समय के प्रत्येक क्षण को आत्मसात् किया। उसने मुझे बताया कि उसकी भारत यात्रा अत्यधिक काम के दबाव से मस्तिष्क को आराम देने के साधारण अवकाश से कहीं अधिक थी। इस सुदूर भूमि पर व्यतीत किए गए समय का वर्णन उसने 'स्वयं की व्यक्तिगत साहस और वीरतापूर्ण लम्बी यात्रा' के रूप में किया है। उसने मुझे विश्वास में लेते हुए बताया कि उसने दृढ़निश्चय कर लिया था कि इससे पहले की देर हो जाए वह यह जानकर रहेगा कि वह वास्तव में कौन है और उसके जीवन का क्या उद्देश्य है? ऐसा करने के लिए उसने सबसे पहले स्वयं को अधिक फलप्रद, परिपूर्ण और जाग्रत जीवन जीने के ज्ञान के विशाल सागर (भारत) की संस्कृति से अपने-आपको सम्बद्ध करने को प्राथमिकता दी।

जूलियन ने कहा, "जॉन, यह कहना तो मूर्खता होगी, लेकिन

ऐसा लगा कि मुझे अन्तर्आदेश मिला था कि मैं उस अन्तर्ज्योति को पुनर्जीवित करने के लिए, जिसे मैं खो चुका हूं, आध्यात्मिक यात्रा करूं। मेरे लिए यह असाधारण रूप से मुक्ति का समय था।''

उसने इसकी जानकारी के लिए जितनी अधिक यात्रा की उतना ही अधिक उसने भारतीय संन्यासियों के बारे में सुना जिनकी आयु सौ वर्ष से ऊपर थी और उन संन्यासियों ने इतनी अधिक आयु के बावजूद अपने-आपको युवा, ऊर्जावान और शक्तिशाली बनाए रखा था। अधिक यात्रा करने पर उसे और चिरयुवा (जिनकी उम्र का पता नहीं था) योगियों के बारे में जानकारी मिली, जिनको मन पर नियन्त्रण और आध्यात्मिक जागृति की कला का पूर्ण ज्ञान था। उसने यह सब जितना अधिक देखा, मानव प्रकृति के इन चमत्कारों में निहित गतिविज्ञान को समझने की उसकी इच्छा इस उम्मीद के साथ और बढ़ी कि इन सिद्धान्तों को वह अपने जीवन में लागू कर सके।

अपनी यात्रा के प्रारम्भिक पड़ावों के दौरान जूलियन ने अनेक प्रसिद्ध तथा अत्यन्त सम्मानित गुरुओं को ढूंढ़ निकाला। उसने मुझे बताया कि 'उनमें से प्रत्येक ने खुले हृदय से मेरा स्वागत किया और जो भी अनमोल ज्ञान रत्न उन्होंने अपने अस्तित्व से सम्बन्धित गूढ़ विषयों पर जीवन-भर तपस्या करके अर्जित किए थे, उनमें मुझे भी साझीदार बनाया।' जूलियन ने भारत की रहस्यमयी दृश्यावली में बिखरे हुए प्राचीन मन्दिरों के सौन्दर्य का भी वर्णन किया। ये भव्य इमारतें युगों पुराने ज्ञान के वफादार प्रहरी के रूप में खड़ी थीं। उसने कहा कि वह इनके चारों तरफ के वातावरण की पवित्रता से बहुत प्रभावित हुआ।

''जॉन, यह मेरे जीवन का अद्‌भुत समय था। यहां पर मैं एक थका हुआ प्रौढ़ वकील था, जिसने अपने रेस के घोड़े से लेकर रॉलेक्स (एक महंगी घड़ी) तक बेच दी थी और जो कुछ बचा था उसे सैलानियों और पहाड़ पर चढ़नेवालों द्वारा पीठ पर ले जाए जानेवाले कपड़े के थैले में रख लिया था। यह थैला मेरा निरन्तर साथी रहा। जब मैंने पूर्व की अनन्त परम्पराओं की भूमि की साहसिक यात्रा की।''

अपनी उत्सुकता का दबाने में असमर्थ होकर मैंने जोर से आश्चर्य में कहा, ''क्या यह सब छोड़ पाना मुश्किल था?''

''यथार्थ में यह सबसे आसान कार्य था जो मैंने कभी किया था अपनी वकालत की प्रैक्टिस और भौतिक सम्पत्ति छोड़ना स्वाभाविक था। एलबर्ट कैमस ने एक बार कहा था, 'वर्तमान में जो कुछ भी है उसे दे देने में ही भविष्य के प्रति वास्तविक उदारता है।' अच्छा, ठीक यही मैंने किया। मैं जानता था कि मुझे बदलना है इसलिए मैंने अपने दिल की बात सुनने और इसे नाटकीय ढंग से करने का निर्णय लिया। जब मैंने अतीत का सब सामान पीछे छोड़ दिया तो मेरा जीवन सादा और अर्थपूर्ण हो गया। जिस क्षण मैंने जीवन के बड़े-बड़े सुखों के पीछे भागना बन्द किया उसी क्षण से मुझे छोटी-छोटी चीजों में आनन्द आने लगा, जैसे – चांदनी रात में तारों को नृत्य करते हुए देखना या किसी भी शानदार गर्मी की प्रातः सूर्य की किरणों में भीग कर सरोबार हो जाना। और भारत बौद्धिक रूप से इतना उन्नत है कि मैंने शायद ही कभी जो कुछ छोड़ा था उसके विषय में सोचा हो।''

उस विदेशी संस्कृति के ज्ञानी और विद्वान् लोगों से उसकी प्रारम्भिक मुलाकातें यद्यपि दिलचस्प थीं फिर भी उनसे जूलियन जिस ज्ञान को प्राप्त करने की अपेक्षा रखता था, वह प्राप्त नहीं हुआ। वह ज्ञान और वे व्यावहारिक तरीके, जिनसे उसको अपने जीवन का स्तर बदल देने की आशा थी, उसकी यात्रा के प्रारम्भिक दिनों में उसके हाथ नहीं लगे। जब जूलियन को भारत में आए सात महीने बीत गए तब उसको पहला वास्तविक ब्रेक लगा।

यह तब हुआ जब वह कश्मीर में था। हिमालय के चरणों में स्थित यह एक प्राचीन और रहस्यमय राज्य है। यहीं जूलियन का सौभाग्यवश एक भद्रपुरुष से मिलना हुआ, जिसका नाम योगी कृष्णन था। यह घुटे हुए सिर का दुबला-पतला व्यक्ति भी पहले वकील था। योगी कृष्णन मजाक में इसे अपना पहला अवतार कहते थे।

आधुनिक नई दिल्ली की तेज रफ्तार जिन्दगी से ऊबकर उन्होंने भी अपनी भौतिक सम्पत्ति त्याग दी और सादगी-भरी दुनिया में चले

गए। गांव के मन्दिर की देखभाल करते हुए कृष्णन को अपने बारे में और जीवन की वृहद् योजना में अपने स्थान के बारे में ज्ञान हुआ।

"लम्बे अर्से तक हवाई हमले की कवायद के समान अपना जीवन जीते हुए मैं थक गया था। मुझे अनुभव हुआ कि मेरे जीवन का उद्देश्य दूसरों की सेवा करना है और इस संसार को किसी तरह बेहतर स्थान बनाने में योगदान करना है। अब मैं देने के लिए जीता हूं," उसने जूलियन को बताया। "मैं दिन-रात इस मन्दिर में कठोर किन्तु परिपूर्ण जीवन जीता हूं। जो भी यहां प्रार्थना करने आते हैं उनके साथ मैं आत्मदर्शन के अनुभव बांटता हूं। जिनको आवश्यकता होती है मैं उनकी सेवा करता हूं। मैं पुजारी नहीं हूं। मैं तो सिर्फ एक ऐसा व्यक्ति हूं, जिसे अपनी आत्मा का ज्ञान हो गया है।"

वकील से योगी बने कृष्णन को जूलियन ने अपनी कहानी बताई। उसने अपने पिछले जीवन की प्रसिद्धि और विशेषाधिकार के बारे में बताया। उसने योगी कृष्णन को धन के प्रति अपनी तीव्र लालसा और अत्यधिक काम करने की प्रवृति के बारे में बताया। उसने बहुत ही भावुक होकर अपने आंतरिक झंझावत और आत्मिक संकट के बारे में बताया जिसका अनुभव उसने असन्तुलित जीवन-शैली के कारण जब उसकी जीवन ज्योति बुझने लगी, तब किया।

"मैं भी इसी मार्ग पर चल चुका हूं, मेरे मित्र। मैंने भी उस दर्द का अनुभव किया है जिसका तुमने किया है फिर भी मुझे ज्ञात हो गया है कि हर घटना के पीछे कोई-न-कोई कारण होता है," योगी कृष्णन ने सहानुभूतिपूर्वक कहा। "प्रत्येक घटना का कोई मतलब होता है और प्रत्येक असफलता शिक्षाप्रद होती है। मैंने अनुभव किया है कि प्रत्येक असफलता चाहे वह व्यक्तिगत हो या व्यावसायिक अथवा आध्यात्मिक स्तर की, व्यक्तित्व के विकास के लिए आवश्यक होती है। इससे आंतरिक उन्नति होती है तथा अनेक मनोवैज्ञानिक लाभ मिलते हैं। कभी भी अपने अतीत पर पश्चाताप न करो। बल्कि इसको गले लगाओ क्योंकि यह तुम्हारा शिक्षक है।"

जूलियन ने मुझे बताया कि इन शब्दों को सुनकर उसे बहुत

प्रसन्नता हुई। शायद योगी कृष्णन के रूप में उसे जिस गुरु की तलाश थी वह मिल गया था। एक व्यक्ति जो पहले प्रसिद्ध तेज-तर्रार वकील रहा था तथा जिसने अपनी आध्यात्मिक यात्रा के दौरान बेहतर जीवन जीने का तरीका खोज लिया था। उससे अच्छा अधिक सन्तुलित, आकर्षक और आनन्दपूर्ण जीवन जीने के गूढ़ रहस्य उसको सिखाने वाला भला और कौन हो सकता था?

"कृष्णन मुझे आपकी सहायता की आवश्यकता है। मैं यह जानना चाहता हूं कि अधिक समृद्ध और पूर्ण जीवन कैसे जिया जाए।"

योगी ने कहा, "यह तो मेरे लिए सम्मान की बात होगी कि मैं आपकी किसी तरह कुछ सहायता कर सकूं, लेकिन क्या मैं आपको एक सुझाव दे सकता हूं।"

"अवश्य।"

"जबसे मैं इस छोटे-से गांव में इस मन्दिर की देखभाल कर रहा हूं, मैंने हिमालय की ऊंची पहाड़ियों पर संन्यासियों के एक रहस्यमय समुदाय के बारे में उड़ते-उड़ते सुना है। किंवदन्ती है कि उन लोगों ने इस प्रकार की कोई पद्धति खोज निकाली है, जो किसी के भी जीवन की गुणवत्ता में अभूतपूर्व सुधार कर देगी। ऐसा समझा जाता है कि यह पद्धति मन, शरीर और आत्मा की गुप्त शक्तियों को मुक्त करने के अजर-अमर सिद्धान्तों और तकनीकों का सम्पूर्ण मिला-जुला समूह है।"

जूलियन यह सुनकर मन्त्र-मुग्ध हो गया। उसको यह ठीक लगा। उसने पूछा, "इन संन्यासियों का निश्चित ठिकाना कहां है?"

"कोई नहीं जानता और मुझे दुःख है कि मैं इतना वृद्ध हो गया हूं कि मैं उन्हें खोज नहीं सकता। लेकिन एक बात मैं तुम्हें बता दूं, मेरे बहुत से मित्रों ने उनको ढूंढने की कोशिश की है और बहुतों को दुःखद परिणामों के साथ असफलता मिली है। हिमालय के ऊंचे रास्ते बहुत खतरनाक हैं। पहाड़ों पर चढ़ने में अत्यन्त कुशल व्यक्ति भी उनकी प्राकृतिक तबाही के सामने असहाय हो जाते हैं। लेकिन अच्छे स्वास्थ्य, अनन्त आनन्द और आन्तरिक परिपूर्णता को प्राप्त करने के

ज्ञान की जिस स्वर्ण कुंजी को तुम खोज रहे हो, वह ज्ञान मेरे पास नहीं है – उनके पास है।''

जूलियन आसानी से हार माननेवाला नहीं था। उसने कृष्णन से दोबारा पूछा, ''क्या तुम्हें वास्तव में कुछ भी पता नहीं है कि वे कहां रहते हैं?''

''मैं तुम्हें सिर्फ यही बता सकता हूं कि इस गांव के लोग उन्हें 'सिवाना के महान सन्त' के नाम से जानते हैं। उनके पौराणिक साहित्य में 'सिवाना' का अर्थ है – 'उच्चतम ज्ञान प्राप्त करने का स्थान'। इन सन्तों का देवताओं की तरह सम्मान किया जाता है। यदि मैं यह जानता कि वे कहां मिलेंगे तो मेरा यह कर्तव्य हो जाता कि वह स्थान मैं तुम्हें बता दूं। लेकिन ईमानदारी की बात यह है कि मैं इस बारे में नहीं जानता और कोई भी नहीं जानता।''

अगले दिन प्रातःकाल जब भारतीय सूर्य की किरणें रंगीन क्षितिज पर नृत्य करने लगीं तब जूलियन 'सिवाना' की भूमि को ढूंढ़ने के लिए यात्रा पर निकला। सर्वप्रथम उसने किसी शेरपा को पहाड़ों की चढ़ाई के मार्गदर्शन के लिए अपने साथ ले जाने के बारे में सोचा, लेकिन किसी अपरिचित कारणवश, उसको यह यात्रा स्वयं अकेले करने की अन्तः प्रेरणा मिली। अतः जीवन में शायद पहली बार उसने तर्कों की बेड़ियां काटकर आन्तरिक प्रेरणा पर विश्वास किया। उसने अनुभव किया कि वह सुरक्षित रहेगा। उसे किसी प्रकार यह आभास हो गया कि जो कुछ वह तलाश कर रहा है, उसे मिलकर रहेगा। इसलिए अपने लक्ष्य को हासिल करने के उत्साह के साथ उसने चढ़ाई आरम्भ कर दी।

पहले कुछ दिन चढ़ाई आसान थी। कभी–कभी उसे नीचे के गांव के प्रसन्नचित्त नागरिक कच्चे रास्ते पर जाते हुए मिल जाते थे, जो सम्भवतया नक्काशी के लिए सही लकड़ी की तलाश में थे या वह लोग जो इतनी ऊंचाई पर इस स्थान पर धार्मिक शरणास्थली की खोज के लिए साहसपूर्ण यात्रा कर रहे थे। और कभी–कभी रास्ते में वह अकेला भी होता था। अपने इस समय का उपयोग वह शान्ति-

पूर्वक यह सोचने में कर रहा था कि वह अपने जीवन में कहां था और अब वह कहां जा रहा था।

प्राकृतिक वैभव के अद्भुत चित्रपट पर नीचे वह गांव कुछ समय पश्चात् एक छोटी बुंदकी जैसा दिखाई पड़ने लगा। हिमालयपर्वत की बर्फ से ढकी चोटियों की शान-शौकत ने उसके हृदय की धड़कन बढ़ा दी। एक क्षण के लिए तो उसकी सांस रुक ही गई। उसने अपने चारों तरफ के वातावरण के साथ अपनत्व का अनुभव किया, एक ऐसा रिश्ता जैसे दो पुराने मित्र वर्षों बाद मिलने पर एक-दूसरे से मन की बात कहते-सुनते हैं और एक-दूसरे की मजाक पर हंसते हैं। पहाड़ों की ताजी हवा ने उसके मन को स्वच्छ कर दिया और आत्मा को ऊर्जा प्रदान की। दुनियां की कई बार यात्रा करने के बाद जूलियन सोचता था कि उसने सारी दुनिया देख ली है। लेकिन उसने ऐसा प्राकृतिक सौन्दर्य कभी नहीं देखा था। उस जादुई क्षण जो आश्चर्य उसको हुआ वह मानो प्राकृतिक संगीत के प्रति उसका उत्कृष्ट नजराना था। उसने तुरन्त ही प्रसन्नता, उल्लास और चिन्ताओं से मुक्ति अनुभव की। यहां मानवता से काफी ऊपर, जूलियन धीरे-धीरे साधारण आवरण से बाहर निकल आया और असाधारण क्षेत्र में विचरण करना शुरू कर दिया।

जूलियन ने कहा, "मुझे अभी भी वे शब्द याद हैं, जो उस समय वहां मेरे दिमाग में थे। मैंने सोचा कि जीवन अपने-अपने निर्णयों पर निर्भर करता है। किसी की भी तकदीर उसके निर्णयों पर निर्भर करती है और मैंने अनुभव किया कि मैंने जो निर्णय लिया था वह सही था। मैं जानता था कि मैं पहले जैसा जीवन नहीं जी सकता था और मेरे साथ कुछ आश्चर्यजनक यहां तक कि अलौकिक भी घटनेवाला था। यह चकित करनेवाली जागृति थी।"

जूलियन ने मुझे बताया, "ज्यों-ज्यों मैं हिमालय के अनजाने क्षेत्र की चढ़ाई करता गया त्यों-त्यों मेरी चिन्ता बढ़ती गई लेकिन यह उद्विग्नता ठीक उसी प्रकार की थी, जिस प्रकार किसी भी उत्तेजनापूर्ण केस के शुरू होने के एक रात पहले जब मैं घूम रहा होता था अथवा

उसके शुरू होने के जरा देर पहले जब न्यायालय की सीढ़ियों तक मीडिया मेरा पीछा कर रहा होता था, तब मुझे होती थी। और यद्यपि मेरे साथ न तो कोई मार्गदर्शक था और न ही मेरे पास उस स्थान का नक्शा, फिर भी रास्ता स्पष्ट था। एक संकरा रास्ता, जिस पर बहुत ही कम लोग चले होंगे, मुझे उन पहाड़ों के ऊंचे रहस्यमय क्षेत्र में ले गया। ऐसा लगा जैसे मेरे पास कोई आन्तरिक दिशासूचक यन्त्र है, जो मेरे लक्ष्य तक पहुंचने का संकेत कर रहा है। मैं समझता हूं कि यदि मैं अपनी चढ़ाई रोकना भी चाहता तो रोक नहीं सकता था।'' जूलियन के शब्द इस प्रकार मुखर हो रहे थे, जिस प्रकार बारिश के बाद किसी पहाड़ी जलधारा से पानी निकलता है।

वह दो दिन और उसी रास्ते पर यात्रा करता रहा और साथ ही यह प्रार्थना भी कि वह सिवाना पहुंच जाए। इस दौरान वह अपनी पिछली जिन्दगी पर विचार करता रहा। यद्यपि वह स्वयं को अपने पिछले जीवन के तनाव और दबाब से पूरी तरह मुक्त अनुभव कर रहा था, फिर भी उसे अचम्भा हो रहा था कि क्या वह हार्वर्ड लॉ स्कूल से निकलने के बाद, जो कानूनी व्यवसाय की बौद्धिक चुनौतियों को झेलता आया था, उनके बिना अपना बाकी जीवन व्यतीत कर सकेगा। वह फिर जगमगाते शहर की गगनचुम्बी इमारत में स्थित अपने ऑफिस के बारे में और छुट्टियां बिताने के लिए जो समर होम था, जिसे उसने बहुत थोड़े दामों में बेच दिया था, के बारे में विचार करने लगा। वह अपने उन पुराने मित्रों के बारे में सोचने लगा जिनके साथ वह सबसे अधिक शान-शौकतवाली जगहों पर स्थित सर्वोत्तम रेस्ट्रॉज में बहुधा जाया करता था। उसे अपनी सबसे प्रिय बहुमूल्य गाड़ी फ़रारी का भी ध्यान आया, जिसका इंजन चलाते ही उसका दिल भी उसी रफ्तार से उड़ने लगता था।

इस रहस्यमय दुर्गम स्थान की साहसपूर्ण यात्रा करते समय उसके मस्तिष्क में अतीत सम्बन्धी विचार आ रहे थे। लेकिन उस समय आश्चर्यजनक चमत्कार से वे बाधित हुए। जब वह प्राकृतिक विलक्षणता के अनुदान से अभिभूत था, कुछ चौंकानेवाली बात हुई।

अपनी आंखों की कोर से उसने एक दूसरी आकृति देखी, जिसने लाल रंग का लम्बा लहराता चोगा, जिसका गर्दन और सिर ढकने का भाग गहरा नीला था, पहन रखा था और वह उसी रास्ते पर उससे जरा आगे जा रहा था। जिस निर्जन स्थान पर पहुंचने में जूलियन को सात भयानक दिन लगे थे, वहां किसी अन्य को देखकर उसे अचम्भा हुआ। मानव सभ्यता से जूलियन मीलों दूर था और 'सिवाना' जो उसका ठिकाना था, उसका अब भी कहीं अता-पता नहीं था। उसने अपने साथी यात्री को पुकारा।

उस आकृति ने जूलियन की पुकार का कोई उत्तर नहीं दिया। उल्टे अपनी गति तेज कर दी। उसने उसकी पुकार पर पीछे मुड़कर देखने का शिष्टाचार भी नहीं निभाया। शीघ्र ही वह रहस्यमय यात्री दौड़ने लगा। उसका लाल चोंगा हवा में लहराता हुआ ऐसा प्रतीत हो रहा था मानो शान से नृत्य कर रहा हो। ठीक उसी प्रकार जिस प्रकार कि कलफ लगी कॉटन की चादरें रस्सी पर टंगी हुई पतझड़ के एक तूफानी दिन में लहरा रही हों।

जूलियन ने चीखकर कहा, "मित्र, 'सिवाना' ढूंढ़ने में मेरी सहायता कीजिए। मैं सात दिन से बहुत थोड़े से भोजन-पानी पर निर्भर रह कर यात्रा कर रहा हूं। मुझे लगता है कि मैं भटक गया हूं।"

आकृति अचानक रुक गई। जूलियन सावधानी से आगे बढ़ा जबकि यात्री काफी शान्ति से स्थिर खड़ा रहा। न उसका सिर हिला और न ही उसके हाथ। उसके पांव जमीन पर स्थित थे। जूलियन को हुड के नीचे उसके चेहरे का कुछ भी भाग दिखाई नहीं दिया। यात्री के हाथों में छोटी-सी टोकरी थी। उसमें रखी हुई चीजों से उसे विस्मय हुआ। टोकरी के अन्दर अत्यन्त नाजुक और सुन्दर फूल रखे थे वैसे फूल जूलियन ने अपने जीवन में पहले कभी नहीं देखे थे। जूलियन के और निकट आने पर, उस व्यक्ति ने टोकरी को और अधिक कसकर पकड़ लिया मानो इस प्रकार वह अपनी प्रिय वस्तु के प्रति प्यार और उस लम्बे पश्चिमवासी के प्रति अविश्वास प्रकट कर रहा हो। जिसका उस स्थान पर होना उतना ही असाधारण है जितना कि रेगिस्तान में ओस की बूंद का होना।

जूलियन ने यात्री की ओर उत्सुकतापूर्ण नजरों से देखा। ढीली–ढाली फिटिंग वाले हुड के नीचे उसके चेहरे पर अचानक सूर्य की किरण पड़ी। जूलियन ने इस तरह का व्यक्ति कभी नहीं देखा था। यद्यपि वह जूलियन की उम्र का ही रहा होगा, लेकिन उस व्यक्ति में कुछ ऐसी अद्‌भुत विशेषता थी, जिससे जूलियन मन्त्रमुग्ध होकर उसकी ओर टकटकी लगाकर देखता ही रह गया। ऐसा लगा मानो समय थम गया हो। उसकी बिल्ली जैसी आंखें इतनी अन्तर्भेदी थीं कि जूलियन को दूसरी ओर देखने के लिए मजबूर होना पड़ा। जैतून के रंग जैसी उसकी त्वचा लचीली और चिकनी थी। उसका शरीर मजबूत और शक्तिशाली था यद्यपि उस व्यक्ति के हाथों से ऐसा लगता था कि वह युवा नहीं था लेकिन वह यौवन और ऊर्जा से इतना अधिक दैदीप्यमान हो रहा था कि जूलियन तो उसे देखकर इस प्रकार सम्मोहित हो गया जिस प्रकार कोई पहली बार जादू के शो को देखकर जादूगर के प्रति हो जाता है।

जूलियन ने सोचा 'यह सिवाना के महान सन्तों में से एक है,' इस तथ्य की खोज से उसे अपनी प्रसन्नता को काबू में रखना मुश्किल हो गया।

"मैं जूलियन मेंटले हूं। मैं सिवाना के सन्तों से ज्ञान प्राप्त करने आया हूं। क्या आप जानते हैं कि वे मुझे कहां मिलेंगे?" उसने पूछा। उस व्यक्ति ने सहृदयता से पश्चिम से आए इस थके हुए आगन्तुक की ओर देखा। अपनी गम्भीर और शान्त मुद्रा के कारण वह स्वभाव से देवदूत जैसा और वास्तव में ज्ञान प्राप्त व्यक्ति दिखाई पड़ता था।

वह मनुष्य धीरे–से लगभग फुसफुसाने की आवाज में बोला, "मित्र, तुम इन सन्तों को क्यों ढूंढ़ रहे हो?"

यह अनुमान लगाकर कि उसने वास्तव में उन रहस्यमय सन्तों में से एक को खोज लिया है जो अब तक न जाने कितने लागों से बचते रहे, जूलियन ने उसके सामने अपने मन की इच्छा को प्रकट किया और कठिन पहाड़ों की साहसपूर्ण यात्रा की कहानी सुनाई। उसने उसे अपनी पिछली जिन्दगी के बारे में सभी कुछ बताया कि कैसे

उसने अपने स्वास्थ्य और ऊर्जा को विधि व्यवसाय में सफलता प्राप्त करने में लगा दिया और उस व्यवसाय को छोड़ते समय उसे कितना आत्मिक संघर्ष करना पड़ा। उसने यह भी बताया किस प्रकार उसने अपने आत्मिक मूल्यों का सौदा मोटे बैंक बैलेंस से और 'तेज जियो, युवावस्था में ही मर जाओ' वाली जीवनशैली से कर दिया। उसने उस व्यक्ति को रहस्यपूर्ण भारत की यात्रा और योगी कृष्णन से अपनी मुलाकात के बारे में भी बताया, जो पहले नई दिल्ली में वकालत करते थे और अब आंतरिक एकात्मता और अनन्त शान्ति प्राप्त करने की आशा में अपनी पिछली जिन्दगी को त्याग चुके हैं।

यात्री चुप और स्थिर खड़ा रहा। जूलियन ने जब ज्ञान प्राप्ति और उन्नत जीवन के लिए प्राचीन सिद्धान्तों को जानने की अपनी तीव्र इच्छा प्रकट की तब उस यात्री ने उसके कन्धे पर अपना हाथ रखा और नम्रतापूर्वक कहा, "यदि तुम सच में हृदय से बेहतर जीवन जीने का तरीका जानने की इच्छा रखते हो, तब तो तुम्हारी सहायता करना मेरा कर्तव्य है। जिन सन्तों की खोज में तुम यहां तक आए हो, मैं वास्तव में उनमें से एक हूं। पिछले कई वर्षों में हमें खोज पाने वाले तुम पहले व्यक्ति हो। बधाई, मैं तुम्हारे दृढ़ निश्चय की प्रशंसा करता हूं। तुम जरूर एक अच्छे वकील रहे होगे।"

वह रुका, मानो अनिश्चय की स्थिति में हो कि अब क्या किया जाए और फिर कहा, "यदि तुम्हें पसन्द हो, तो तुम मेरे साथ मेरे अतिथि के रूप में हमारे मन्दिर चल सकते हो। यह मन्दिर इस पहाड़ी क्षेत्र के गुप्त स्थान पर स्थित है। अभी भी यहां से घंटों की चढ़ाई है। मेरे भाई-बहन तुम्हारा खुले हृदय से स्वागत करेंगे। हम उनके साथ तुम्हें प्राचीन सिद्धान्त और योजनाएं, जो हमारे पूर्वजों ने युगों पहले हमें सिखाए थे, सिखाएंगे।

"इससे पहले कि मैं तुम्हें अपनी गुप्त दुनिया में ले जाऊं और वहां तुम्हारे जीवन को अधिक खुशहाल, अधिक ऊर्जावान और अधिक अर्थपूर्ण बनाने के लिए अपने संग्रहीत ज्ञान को तुम्हारे साथ बांटूं, तुम्हें मुझसे एक वादा करना होगा," उस सन्त ने प्रार्थना की। "इन अजर

और अमर सत्य तथ्यों को जानकर तुम पश्चिम में अपनी मातृभूमि को लौट जाओगे और यह ज्ञान उन सबके साथ बांटोगे, जो उसको जानना चाहते हैं। यद्यपि इन जादुई पर्वतों पर हम दुनिया से अलग रहते हैं फिर भी तुम्हारी दुनियां में जो उपद्रव चल रहे हैं उनके बारे में हमें जानकारी है। अच्छे लोग अपने रास्ते से भटक रहे हैं। जिस उम्मीद के वे अधिकारी हैं वह तुम्हें उन्हें देनी होगी और महत्त्वपूर्ण बात यह है कि तुम्हें उनके सपनों को पूरा करने के लिए साधन उपलब्ध कराने होंगे। बस, यही मैं चाहता हूं।"

जूलियन ने फौरन सन्त की शर्त मंजूर कर ली और यह वादा किया कि उनका बहुमूल्य सन्देश वह पश्चिम में ले जाएगा। दोनों व्यक्ति उस खोये हुए गांव सिवाना के लिए पहाड़ी चढ़ाई पर आगे बढ़ने लगे, तभी भारतीय सूर्य अस्त होना शुरू हो गया यानी आग का लाल गोला लम्बे थकानपूर्ण दिन के बाद जादुई निद्रा में जाने लगा। जूलियन ने मुझे बताया कि उस गौरवशाली क्षण को वह कभी नहीं भुला पाया। चिरयुवा भारतीय संन्यासी के साथ चलते हुए उसने उसके प्रति भ्रातृ-प्रेम का अनुभव किया। वह उसके साथ उस स्थान पर जा रहा था जहां से उसे सारे आश्चर्य और बहुत से रहस्यों का पता चलना था।

"यह मेरे जीवन का सबसे यादगार दिन था।" उसने मुझे बताया। जूलियन का विश्वास था कि जीवन में महत्त्वपूर्ण क्षण कभी-कभी ही आते हैं। यह उन्हीं में से एक था। अपनी अन्तर्आत्मा में उसको किसी प्रकार यह आभास हो गया कि उसके बाकी जीवन का यह प्रथम क्षण था – यह जीवन उसके पिछले जीवन से कहीं अधिक महत्त्वपूर्ण होगा।

अध्याय–4

•••

सिवाना के सन्तों के साथ अद्‌भुत भेंट

घंटों पथरीले जटिल रास्तों और घास की पगडंडियों पर चलकर दोनों यात्री हरी–भरी घाटी में पहुंचे। घाटी के एक ओर हिमालयपर्वत की बर्फ ढकी श्रृंखलाएं संरक्षण प्रदान कर रही थीं। मानो मौसम की मार सहनेवाले सैनिक अपने सेनापतियों के विश्राम स्थल पर पहरा दे रहे हों। दूसरी ओर देवदार के वृक्षों का घना जंगल था, जो इस मन्त्रमुग्ध करनेवाले कल्पनालोक के लिए एक पूर्ण तथा प्राकृतिक नजराना था।

सन्त ने जूलियन की ओर देखा और मुस्कुराकर कहा, "सिवाना के निर्वाण में आपका स्वागत है।"

वे दोनों व्यक्ति एक दूसरे कम चलनेवाले रास्ते पर उतर गए, जो घाटी की तलहटी में स्थित जंगल में होकर जाता था। देवदारु और चन्दन की सुगन्ध पहाड़ों की ठंडी, स्वास्थप्रद वायु में बह रही थी। जूलियन अपने दर्द से पीड़ित पैरों को आराम पहुंचाने के लिए अब नंगे पैर यात्रा कर रहा था। उसने अपने पैरों की अंगुलियों के नीचे गीली काई महसूस की। वह रंग–बिरंगे फूलों के बगीचे देखकर आश्चर्यचकित रह गया। और भी बहुत तरह के सुन्दर–सुन्दर फूल वृक्षों पर नृत्य कर रहे थे मानो इस छोटे–से स्वर्ग के सौन्दर्य और वैभव को देखकर खुशियां मना रहे हों।

दूर से जूलियन को सौम्य आवाजें सुनाई दे रहीं थीं, जो कानों को मधुर लग रहीं थीं और प्रसन्नता प्रदार करनेवाली थीं। वह सन्त का बिना बोले अनुकरण करता रहा। पन्द्रह मिनट और चलने

के बाद वे दोनों एक खुली जगह पर पहुंच गए। उसके सामने एक ऐसा दृश्य था जिसकी कल्पना दुनियादारी में निपुण और मुश्किल से चकित होनेवाला जूलियन मेंटले कभी भी नहीं कर सकता था – एक छोटा-सा गांव जो गुलाब के फूलों से निर्मित था। गांव के बीचों-बीच एक छोटा-सा मन्दिर था। यह उसी प्रकार का मन्दिर था जैसे उसने थाईलैंड और नेपाल की यात्रा के दौरान वहां देखे थे। लेकिन यह मन्दिर लाल, सफेद और गुलाबी फूलों से बना हुआ था, जिनको रंग-बिरंगे तारों और टहनियों से गूंथा गया था। बाकी खाली स्थान पर छोटी-छोटी झोपड़ियां बनी हुई थीं, जो सन्तों के कड़ाई से नियम पालन करने वाले घर थे। ये भी गुलाब के फूलों से बने हुए थे। जूलियन मूक खड़ा था।

जो सन्त इस गांव में निवास करते थे वे सभी जूलियन को अपने साथी सन्त यात्री की तरह दिखाई दिए। उस सन्त ने अपना नाम जूलियन को सन्त योगी रमन बताया। उसने स्पष्ट किया कि वह सिवाना के सन्तों में सबसे बड़ा है और इस समुदाय का मुखिया है। इस स्वप्नवत नगर के नागरिक आश्चर्यजनक रूप से यौवनपूर्ण थे और उनकी गतिविधियां सन्तुलित और उद्देश्यपूर्ण थीं। उनमें से कोई भी नहीं बोला। सभी चुपचाप शान्तिपूर्वक अपने-अपने कार्य करते हुए इस स्थान की शान्ति को बनाए थे।

वहां लगभग दस व्यक्ति थे। उन्होंने योगी रमन जैसा ही चोगा पहन रखा था और जब जूलियन ने गांव में प्रवेश किया, तो उन्होंने उसकी ओर देखकर शालीनता से मुस्कुरा दिया। उनमें से प्रत्येक शान्त, स्वस्थ और गहराई तक सन्तुष्ट दिखाई पड़ता था। हमारी आधुनिक दुनिया में जो तनाव हमें परेशान करते हैं, उनके लिए उस गम्भीर शिखर पर कोई स्थान नहीं था तथा वे कहीं और आमन्त्रण की सम्भावना से वहां से तिरोहित हो गए थे। बहुत वर्षों बाद कोई नया चेहरा उनके बीच आया था लेकिन उनका स्वागत बहुत ही नियन्त्रित था। उन्होंने इस आगन्तुक का, जो इतनी दूर यात्रा करके वहां पहुंचा था सिर झुकाकर अभिवादन किया।

महिलाएं भी उतनी ही प्रभावशाली थी। उन्होंने गुलाबी सिल्क की साड़ी पहन रखी थी और अपने एकदम काले बाल सफेद कमल के पुष्पों से सजा रखे थे। वे असाधारण गरिमा के साथ गांव में सक्रियता के साथ आ-जा रही थीं।

किसी भी तरह से यह उस प्रकार की अनियन्त्रित क्रियाशीलता नहीं थी, जो हमारे समाज में पाई जाती है। इसके बजाय उनका तरीका सरल और गरिमापूर्ण था। कुछ लोग मन्दिर के अन्दर जेन की तरह एकाग्रता से कुछ कर रहे थे। ऐसा लगता था शायद किसी उत्सव की तैयारी कर रहे हों। दूसरे लोग जलाने की लकड़ियां और बहुत सुन्दर कढ़ी हुई दीवारदरी ले जा रहे थे। सभी उत्पादनशील गतिविधियों में संलग्न थे।

बुनियादी रूप से, सिवाना के सन्तों के चेहरे जीवन जीने की शक्ति से पूरिपूर्ण थे। वे स्पष्टतया प्रौढ़ और परिपक्व थे लेकिन उनमें से प्रत्येक का चेहरा बाल सुलभ गुणों से दैदिप्यमान था। उनके नेत्र यौवन की ऊर्जा से चमक रहे थे। उनमें से किसी के भी चेहरे पर झुर्रियां नहीं थीं न ही किसी के बाल सफेद थे और न ही कोई वृद्ध दिखाई देता था।

जूलियन जो कुछ देख रहा था तथा अनुभव कर रहा था उस पर मुश्किल से वह विश्वास कर पा रहा था। उसको ताजा फलों और विदेशी सब्जियों की दावत दी गई। यही भोजन सन्तों के आदर्श स्वास्थ्य का मूलमन्त्र था, जिसका ज्ञान उसे आनेवाले समय में होना था। भोजन के बाद योगी रमन उसको रहने के लिए एक निवास-स्थान में ले गए, वह निवास-स्थान क्या था एक फूलों से भरी कुटिया थी, जिसमें एक छोटा-सा पलंग था, जिस पर एक खाली जर्नल पैड रखा था। आनेवाले समय में यही उसका घर था।

जूलियन ने सिवाना की जादुई दुनिया जैसा कभी कुछ नहीं देखा था फिर भी उसे ऐसा अनुभव हुआ मानो वह अपने घर लौट आया हो। स्वर्ग में उसकी वापसी हुई हो, जिसे वह बहुत पहले से जानता

हो। कुछ भी हो यह गुलाब के फूलों का गांव उसके लिए अजनबी नहीं था। उसकी छठी इन्द्रीय बता रही थी कि वह यहां से जुड़ा अवश्य था, चाहे थोड़े समय के लिए ही। यही वह स्थान है जहां वह सही जीवन जीने की अभिलाषा को पुनः प्रज्वलित करेगा, जो उसनें पहले थी। विधि व्यवसाय ने उसकी आत्मा का हरण कर लिया था। यही वह पवित्र स्थान है जहां उसकी कुचली हुई आत्मा धीरे-धीरे स्वस्थ हो जाएगी। और इस प्रकार जूलियन का जीवन सिवाना के सन्तों के साथ शुरू हुआ – एक ऐसा जीवन जो सादगी, गाम्भीर्य और एकात्मता से पूर्ण था। जल्दी ही सबकुछ अच्छा होने लगा।

अध्याय–5

•••

सन्तों का आध्यात्मिक विद्यार्थी

महान स्वप्नकारों के स्वप्न पूरे ही नहीं होते बल्कि वे उनसे भी आगे जाते हैं।

– अलफ्रेड लॉर्ड व्हाइट हैड

इस समय रात्रि के आठ बजे थे और मुझे कल न्यायालय में प्रस्तुत होने के लिए तैयारी करनी थी। मैं इस पुरातन कानूनी योद्धा के अनुभवों से सम्मोहित हो गया था। उसने भारत के अद्‌भुत सन्तों के सम्पर्क में आकर उनके मार्गदर्शन में अध्ययन करके अपने जीवन को नाटकीय ढंग से रूपान्तरित कर दिया था। मैंने विचार किया कि यह कितना आश्चर्यजनक और असाधारण रूपान्तरण है। मैं मन–ही–मन विस्मय कर रहा था कि जूलियन ने दूर पहाड़ी के गुप्त स्थान पर जाकर जिन रहस्यों का ज्ञान प्राप्त किया है, क्या वे मेरे जीवन का स्तर सुधार सकते हैं और जिस दुनिया में हम रहते हैं उसके प्रति मेरी आश्चर्य की भावना की पूर्ति कर सकते हैं। मैंने जितना अधिक जूलियन की बातों को सुना उतना ही मैंने अनुभव किया कि मेरी अपनी आत्मा कमजोर हो गई है। जब मैं अपेक्षाकृत युवा था तब मेरे प्रत्येक कार्य में असाधारण उत्साह हुआ करता था लेकिन अब उसको क्या हुआ? उन दिनों साधारण–से–साधारण बातें भी मेरे अन्दर आनन्द भर देती थीं। हो सकता है यह समय मेरे लिए भी तकदीर को पुनः गढ़ने का हो।

अपनी साहसपूर्ण पहाड़ों की आध्यात्मिक यात्रा के प्रति मेरा सम्मोहन और उन्नत जीवन जीने की पद्धति के प्रति मेरी उत्सुकता

को भांपकर उसने अपनी कहानी जारी रखते हुए अपनी गति तेज कर दी। उसने मुझे बताया कि किस प्रकार उसकी ज्ञान पिपासा और कुशाग्रबुद्धि के कारण, जो न्यायालय में वर्षों कानूनी लड़ाई लड़ते-लड़ते और तेज हो गई थी, वह सिवाना समुदाय का सर्वप्रिय सदस्य बन गया। जूलियन के प्रति अपने स्नेह के प्रतीक के रूप में संन्यासियों ने उसे इस विशेष परिस्थिति में अपने समुदाय का सम्मानित सदस्य बना लिया और उसे अपने विस्तृत परिवार का एक सदस्य समझकर व्यवहार किया।

मस्तिष्क, शरीर और आत्मा की कार्यप्रणाली के बारे में अपना ज्ञान बढ़ाने और आत्मनियन्त्रण सीखने के लिए उत्सुक जूलियन ने अपना हर क्षण योगी रमन के मार्गदर्शन में व्यतीत किया। सन्त उसके लिए शिक्षक के बजाय पिता जैसे अधिक हो गए थे यद्यपि उनमें उम्र का अन्तर कुछ वर्षों का ही था। यह बात तो स्पष्ट है कि उनमें अनेकों जीवन का ज्ञान संग्रहीत था और वह यह ज्ञान प्रसन्नतापूर्वक जूलियन के साथ बांटने के लिए तैयार थे।

दिन निकलने से पहले ही योगी रमन अपने जोशपूर्ण विद्यार्थी के साथ बैठ जाते और उसको जीवन का मर्म तथा अधिक ऊर्जा, क्रियाशीलता और सम्पूर्णता से जीने की अज्ञात तकनीकें समझाते। उन्होंने जूलियन को वह प्राचीन सिद्धान्त सिखाए जिनको सीखकर कोई भी यौवन से भरपूर दीर्घायु प्राप्त कर सकता था और कहीं अधिक प्रसन्नता का अनुभव कर सकता था। जूलियन ने पश्चिम वापस लौटने पर वहां के अस्त-व्यस्त जीवन के संकटों से, जो यहां आने से पहले उसके जीवन में थे, बचने के लिए आत्मनियन्त्रण तथा आत्मदायित्व नामक दोनों अनुशासनों के बारे में सीखा। ज्यों-ज्यों सप्ताह महीनों में बदलने लगे। मस्तिष्क के अन्दर सुप्तावस्था की गुप्त शक्ति का महत्व उसकी समझ में आने लगा, जिसको जाग्रत करके उच्चतम उद्देश्यों की पूर्ति के लिए उपयोग किया जा सकता है। कभी-कभी गुरु-शिष्य सिर्फ बैठे रहते और भारतीय चमकदार सूर्य को

नीचे हरी घास के मैदानों में से निकलते हुए देखते रहते। कभी-कभी वे शान्त ध्यान में बैठ जाते और मौन के लाभों का अनुभव करते और कभी-कभी वे दोनों दर्शनशास्त्र के सिद्धान्तों पर चर्चा करते हुए तथा एक-दूसरे के सान्निध्य का सुख अनुभव करते हुए देवदार के जंगल में विचरण करते।

जूलियन ने कहा कि सिवाना पहुंचने के केवल तीन सप्ताह बाद ही उसने अपने अन्दर व्यक्तिगत विकास के प्रथम लक्षण अनुभव किए। उसे अत्यन्त साधारण चीजों में भी सौन्दर्य-बोध होने लगा। चाहे तारों-भरी रात का आश्चर्य हो या वर्षों के बाद मकड़ी के जाले का सम्मोहन, जूलियन सबको जज्ब करने लगा। उसने यह भी बताया कि उसकी नई जीवन-शैली और उससे सम्बन्धित नई आदतों ने उसकी अन्तर की दुनिया पर गहन प्रभाव डालना शुरू किया। सन्तों द्वारा बताए गए सिद्धान्तों और तकनीकों को अपने जीवन में अपनाकर वह अपने अन्दर अत्यन्त शान्ति और आन्तरिक गाम्भीर्य का अनुभव करने लगा, जिनसे पश्चिम के अपने इतने वर्षों के जीवन में वह वंचित रहा था। वह प्रत्येक गुजरनेवाले दिन के साथ अधिक आनन्दपूर्ण, स्वच्छन्द, अधिक ऊर्जावान और क्रियाशील होने लगा।

जूलियन के दृष्टिकोण में परिवर्तन आने से उसको शारीरिक ऊर्जा और आध्यात्मिक शक्ति प्राप्त हुई। उसकी काया जो कभी अधिक वजन से पीड़ित थी, वह अब छरहरी और बलशाली हो गई और बीमारों जैसा पीला रंग जो उसके चेहरे की विशेषता थी, स्वास्थ्य की शानदार चमक से दमकने लगा। वस्तुतः वह अनुभव करने लगा कि वह कुछ भी कर सकता है, कुछ भी बन सकता है तथा अनन्त गुप्त शक्ति जो हम सबमें निहित है उसे जाग्रत कर सकता है। वह जीवन की कद्र करने लगा और इसके हर पहलू में उसे देवत्व झलकने लगा। सन्तों के इस रहस्यमय समुदाय की प्राचीन पद्धति ने अपने चमत्कार दिखाने शुरू कर दिए।

कुछ देर के लिए रुककर, मानो अपनी ही कहानी पर उसे अविश्वास हो रहा हो, जूलियन दार्शनिक हो उठा। "मैंने एक अत्यन्त

महत्त्वपूर्ण बात का अनुभव किया है, जॉन। दुनिया, जिसमें मेरी आन्तरिक दुनिया भी शामिल है बहुत ही खास जगह है। मैंने यह भी देखा है कि बाहरी सफलता तभी मायने रखती है जब आपके अन्तर में भी सफलता हो। किसी के सकुशल होने में और सम्पन्न होने में बहुत अन्तर है। जब मैं तेज-तर्रार वकील था, मैं उन सब लोगों की हंसी उड़ाया करता था, जो अपनी आंतरिक और बाह्य दुनिया को सुधारने में लगे रहते थे। मैं सोचता था, 'जीवन जी लो!' लेकिन मैं जान गया हूं कि आत्मनियन्त्रण, मन, शरीर, और आत्मा की निरन्तर देखभाल अपना उच्चतम आत्मस्वरूप पहचानने के लिए और अपने सपनों का जीवन जीने के लिए आवश्यक है। तुम दूसरों की देखभाल कैसे कर सकते हो, यदि तुम अपनी देखभाल भी नहीं कर सकते? तुम दूसरों का भला कैसे कर सकते हो यदि स्वयं अच्छा अनुभव नहीं करते? मैं आपको प्यार नहीं कर सकता, यदि मैं अपने-आपसे प्यार नहीं करता?" जूलियन ने कहा।

अचानक जूलियन व्यग्र और कुछ बेचैन हो उठा। "इस तरह से खुलकर अपने मन की बात मैंने अब से पहले किसी से नहीं कही है। जॉन, इसके लिए मैं तुमसे क्षमा चाहता हूं। ऐसा इसलिए हुआ कि मुझे उन पहाड़ों पर इतना भावोन्नयन हुआ, ब्रह्मांड की शक्तियों के प्रति इतनी आध्यात्मिक जागृति हुई कि मैं यह अनुभव करता हूं, जो कुछ मैं जानता हूं उसे दूसरों को भी जानने की जरूरत है।" यह देखकर कि देर हो रही थी, जूलियन ने तत्परता से मुझसे कहा कि अब वह मुझसे विदा लेगा और उसने मुझसे अलविदा कहा।

"जूलियन तुम अभी नहीं जा सकते। हिमालय में जो ज्ञान तुमने प्राप्त किया मैं उसे सुनना चाहता हूं और उस सन्देश को भी सुनना चाहता हूं, जिसके लिए तुमने अपने गुरु से वादा किया था कि जब तुम पश्चिम लौटोगे तो यहां के लोगों को उससे अवगत कराओगे। तुम मुझे संशय में छोड़कर नहीं जा सकते – तुम जानते हो कि मैं यह बर्दाश्त नहीं कर सकता।"

"मेरे मित्र विश्वास रखो मैं वापस आऊंगा। तुम मुझे जानते हो। एक बार जब मैं अच्छी कहानी कहने लगता हूं तो रुक नहीं सकता। लेकिन तुम्हें अपना काम करना है और मुझे भी कुछ व्यक्तिगत काम हैं।"

"अच्छा! तब मुझे एक बात बताओ। क्या वे तरीके जो तुमने सिवाना में सीखे मेरे काम आएंगे?"

"जब शिष्य तैयार है तो गुरु को आना ही पड़ेगा।" जूलियन ने तुरन्त उत्तर दिया। हमारे समाज में अन्य बहुत से लोगों के साथ तुम भी उस ज्ञान को प्राप्त करने को तैयार हो जो मेरे पास है। सन्तों के सिद्धान्तों को हममें से प्रत्येक को जानना चाहिए। हममें से प्रत्येक को उससे लाभ मिलेगा। हममें से प्रत्येक को उस सर्वोच्च कोटि की स्थिति को जानना चाहिए, जो उनकी स्वाभाविक स्थिति है। मैं वादा करता हूं कि मैं उनके प्राचीन ज्ञान के बारे में तुम्हें अवश्य बताऊंगा। धीरज रखो। मैं कल रात इसी समय तुम्हारे घर तुमसे मिलने आऊंगा। तब मैं तुम्हें बताऊंगा कि तुम अपने जीवन को और अधिक जीने योग्य कैसे बना सकते हो। क्या यह ठीक है?"

"हां, जब इतने वर्षों तक मैं इसके बिना रहा हूं, तो अगले चौबीस घंटों में मर नहीं जाऊंगा," मैंने निराशा से उत्तर दिया।

तब प्रवीण वकील जो पूर्व से ज्ञान प्राप्त कर योगी बन गया था चला गया। मेरे दिमाग में अनुत्तरित प्रश्न और अधूरे विचार छोड़कर।

जब मैं शान्तिपूर्वक अपने ऑफिस में बैठा हुआ था, मैंने जाना कि हमारी दुनिया वास्तव में कितनी छोटी है। मैंने उस ज्ञान के सागर के बारे में सोचा जिसकी क, ख, ग का भी मुझे पता नहीं था। मैंने सोचा कि मैं कैसा अनुभव करूंगा जब जीने के प्रति उत्साह और युवावस्था की उत्सुकता मैं पुनः प्राप्त कर लूंगा। मुझे कितना अच्छा लगेगा जब मैं दीर्घायु अनुभव करूंगा और मुझमें अपार शक्ति होगी। हो सकता है कि मैं भी कानूनी व्यवसाय छोड़ दूं। हो सकता है मुझे भी उच्चतर स्थान से कोई पुकार रहा हो? मस्तिष्क में इन महत्त्वपूर्ण विचारों को लिए, मैंने बत्ती बुझा दी और ऑफिस का दरवाजा बन्द करके मैं फिर से ग्रीष्म रात्रि की भीषण गर्मी में बाहर निकल गया।

अध्याय 6

•••

व्यक्तिगत परिवर्तन का ज्ञान

"मैं जीवन जीने की कला में निपुण हूं – मेरे काम करने की कला ही मेरा जीवन है।"

– *सुजुकी*

अपने वादे के अनुसार जूलियन मेरे घर अगली शाम को आ गया। लगभग सवा सात बजे मैंने अपने घर के मुख्य्य दरवाजे पर चार बार तेजी से खटखटाने की आवाज सुनी। मेरा घर केप कोड डिजाइन का था। इसके पर्दे प्रभावशाली गुलाबी रंग के थे। मेरी पत्नी का मानना था कि इसी कारण हमारा घर 'आर्किटेक्चरल डाईजेस्ट' से भिन्न दिखाई पड़ता था। पहले दिन से जूलियन स्वयं भी काफी भिन्न दिखाई दिया। उसका स्वास्थ्य बहुत अच्छा था और उसके चेहरे पर आश्चर्यजनक शान्ति थी। उस दिन जो वस्त्र उसने पहन रखे थे उससे मैं असहज हो गया था।

कोमल दिखाई देनेवाले शरीर पर उसने लम्बा लाल चोगा पहन रखा था जिसके सिरे पर सजावटी कढ़ा हुआ नीला हुड था। और भले ही यह जुलाई की एक चिपचिपी रात्रि थी, उसका सिर हुड से पूरी तरह ढंका हुआ था।

जूलियन ने उत्साहित होकर कहा, "नमस्कार मेरे मित्र।"

"नमस्कार।"

"इतने चौंके हुए क्यों दिखाई दे रह हो? क्या तुम मुझसे अरमानी पहनने की आशा करते थे?"

हम दोनों हंसने लगे, पहले धीरे-धीरे और फिर शीघ्र ही हमारी

ही-ही-हा-हा अट्टहास में बदल गई। निश्चय ही जूलियन हंसना नहीं भूला था। उसके इस स्वभाव से मैं पहले बहुत आनन्दित हुआ करता था।

हम दोनों मेरे अस्त-व्यस्त किन्तु आरामदायक लिविंग रूम में सुस्ताने लगे। तभी मैंने उसकी गर्दन पर सुसज्जित लकड़ी की जप माला लटकती देखी।

"ये क्या हैं? वास्तव में यह सुन्दर हैं?"

"इनके बारे में अधिक बात बाद में करेंगे," उसने कुछ दानों को अपने अंगूठे और तर्जनी से रगड़ते हुए कहा। "आज रात हमें बहुत बातें करनी हैं।"

"हमें अब शुरू कर देना चाहिए। मैं अपनी इस मीटिंग के बारे में इतना उत्सुक था कि आज कुछ काम नहीं कर सका।"

उसका संकेत सुनकर जूलियन ने फौरन अपने व्यक्तिगत रूपान्तरण और कितनी आसानी से यह हो गया, उसके बारे में बताना शुरू किया। उसने मुझे उन प्राचीन तकनीकों के बारे में बताया, जो उसने मानसिक नियन्त्रण और चिन्ता करने की आदत को समाप्त करने के लिए सीखी थीं, जिससे आज हमारे जटिल समाज में बहुत ज्यादा लोग पीड़ित हैं। अधिक उद्देश्यपूर्ण और फलदायक जीवन जीने का जो ज्ञान वह योगी रमन और दूसरे सन्तों से सीखकर आया था उसके बारे में बताया और उसने यौवन और ऊर्जा का स्रोत, जो हममें से प्रत्येक के अन्दर सुप्तावस्था में है, को जाग्रत करने के अनेक तरीके बताए।

यद्यपि जिस दृढ़विश्वास के साथ वह बोला वह स्पष्ट था, फिर भी मुझे सन्देह हुआ। क्या मैं किसी मजाक का शिकार हो गया? आखिर यह हार्वर्ड से ट्रेनिंग प्राप्त वकील फर्म में अपने व्यावहारिक मजाक के लिए प्रसिद्ध था। फिर उसकी कहानी कल्पना से अधिक कुछ भी नहीं थी। जरा सोचिए – देश का सबसे प्रसिद्ध वकील प्रैक्टिस छोड़ देता है, अपनी सारी सांसारिक सम्पत्ति बेच देता है और भारत की आध्यात्मिक कष्टपूर्ण पहाड़ी यात्रा पर चला जाता है, वहां हिमालय की पर्वत श्रृंखलाओं से एक बुद्धिमान् सन्त बनकर वापस आने के लिए। यह सब सच नहीं हो सकता।

"जूलियन बहुत हो चुका। मेरी टांग खिंचाई बन्द करो। इस पूरी कहानी में तुम्हारे मजाक की गन्ध आ रही है। मैं शर्त लगाकर कह सकता हूं कि तुमने यह लाल चोगा मेरे ऑफिस के सामने सड़क के पारवाली दुकान से किराये पर लिया है, मैंने आशंका से दांत निपोरते हुए कहा।"

जूलियन ने उत्तर देने में तत्परता दिखाई। ऐसा प्रतीत हुआ मानो उसे मेरे अविश्वास की आशंका थी, "न्यायालय में तुम अपना केस कैसे साबित करते हो?"

"मैं विश्वास दिलाने में समर्थ प्रत्यक्ष प्रमाण देता हूं।"

"ठीक है अब उस प्रत्यक्ष प्रमाण की तरफ देखो जो मैंने तुम्हें दिया है। मेरे चिकने झुर्रियोंरहित चेहरे की ओर देखो। मेरे शारीरिक गठन को देखो। क्या तुम्हें आभास नहीं है कि मेरे अन्दर कितनी अधिक ऊर्जा है। मैं कितना शान्त हूं – यह देखो। निश्चय ही तुम देख सकते हो कि मैं बदल गया हूं।"

उसकी दलील सही थी। यह वही व्यक्ति था, जो कुछ वर्ष पूर्व अपनी उम्र से दसियों वर्ष बूढ़ा दिखाई देता था।

"तुम किसी प्लास्टिक सर्जन के पास नहीं गए। गए थे क्या ?"

"नहीं," उसने मुस्कुराकर कहा। "वे सिर्फ बाहरी व्यक्तित्व की ओर ध्यान देते हैं। मुझे अन्दर की चिकित्सा की आवश्यकता थी। मेरे असन्तुलित व अस्त-व्यस्त जीवन ने मुझे बहुत दुःख दिया। हृदयाघात से कहीं अधिक भयंकर बीमारी से मैं पीड़ित था। मेरी अन्तर्आत्मा टूक-टूक हो गई थी।"

"लेकिन तुम्हारी कहानी बहुत रहस्यपूर्ण और असाधारण है।"

जूलियन शान्त और धैर्यवान बना रहा मेरे विरोध के बावजूद। चाय का बर्तन जो टेबल पर मैंने उसके पास ही छोड़ दिया था, उठाकर चाय मेरे खाली कप में करने लगा। वह डालता गया जब तक कि मेरा कप भर नहीं गया – लेकिन वह फिर भी डालता रहा। चाय कप के किनारों से प्लेट में गिरती रही और फिर प्लेट से मेरी पत्नी के कीमती पारसी कालीन पर गिरने लगी। पहले तो मैं चुपचाप देखता रहा। फिर मैं और अधिक बर्दाश्त नहीं कर सका।

"जूलियन तुम क्या कर रहे हो? मेरा कप लबालब भर गया है। तुम कितनी भी कोशिश कर लो अब इसमें और अधिक नहीं आएगी!" मैंने अधीर होकर चीखते हुए कहा।

उसने कुछ क्षण मेरी ओर देखा। "कृपया इसे गलत मत समझना। जॉन, सच में मैं तुम्हारी बहुत इज्जत करता हूं पहले भी हमेशा की है। किसी भी प्रकार तुम भी इसी कप की तरह हो। तुम भी अपने निजी विचारों से भरे हुए दिखाई देते हो। उसमें फिर कैसे कुछ और जा सकता है... जब तक कि पहले तुम अपना कप खाली न करो?"

मैं उसके शब्दों के सत्य से प्रभावित हुआ। वह सही था। मैंने बहुत से वर्ष रूढ़िवादी कानून की दुनिया में प्रतिदिन वही काम उन्हीं लोगों के साथ जो हमेशा एक-सा ही सोचते थे करते हुए बिताए थे। उसी से मेरा दिमागी प्याला ऊपर तक भरा हुआ था। मेरी पत्नी जैनी हमेशा मुझसे कहा करती थी कि हमें नए लोगों से मिलना चाहिए और नई चीजें खोजनी चाहिए। 'मैं कामना करती हूं कि जॉन काश तुम थोड़े और साहसी होते।' वह कहा करती थी।

मुझे वह समय याद नहीं है जब आखिरी बार मैंने कोई ऐसी पुस्तक पढ़ी हो, जो कानून से सम्बन्धित न हो। विधि व्यवसाय ही मेरा जीवन था। मैं अनुभव करने लगा था कि जिस बंजर दुनिया का मैं अभ्यस्त हो गया था उसने मेरी क्रियाशीलता को कम किया है तथा मेरा दृष्टिकोण सीमित कर दिया है।

"ठीक है मैं तुम्हारी बात समझ गया," मैंने स्वीकार किया। "शायद इतने वर्ष एक वकील की तरह बिताकर मैं पक्का सन्देहवादी बन गया हूं। कल जब मैंने तुम्हें अपने ऑफिस मे देखा था उसी समय मेरे गहन अन्तर में किसी ने कहा था कि तुम्हारा रूपान्तरण वास्तविक है और इससे मुझे भी कुछ शिक्षा मिलेगी। हो सकता है कि मैं अभी इस पर विश्वास नहीं करना चाहता था।"

"जॉन, आज की रात तुम्हारे नए जीवन की पहली रात है। मैं तुम से सिर्फ यही कहूंगा कि जो ज्ञान और योजनाएं मैं तुम्हें बताऊंगा उन

पर विश्वास के साथ एक महीने की अवधि तक तुम्हें चलना है। उन तरीकों की प्रभावोत्पादकता पर विश्वास करना होगा। कोई कारण है जिसकी वजह से वे हजारों वर्षों से चलते आ रहे हैं – वे काम करते हैं।"

"एक महीने की अवधि लम्बा समय लगता है।"

"क्या तुम नहीं सोचते कि आंतरिक परिश्रम छह सौ बहत्तर घंटे तुम्हारे बाकी जीवन के हर जागते हुए क्षण को पूरी तरह सुधारने के लिए एक सस्ता सौदा है। अपने ऊपर समय लगाना सबसे अच्छा निवेश होगा, जो तुम करोगे। यह तुम्हारा ही जीवन नहीं सुधारेगा, बल्कि तुम्हारे आस-पास रहनेवालों का जीवन भी सुधार देगा।"

"ऐसा कैसे होगा?"

"यह तभी होगा जब तुम अपने-आप को प्यार करने की कला में माहिर हो जाओगे, तभी तुम सचमुच दूसरों को प्यार कर सकोगे। यह तभी होगा जब तुम अपना हृदय खोल दोगे तभी दूसरों के हृदय को छू सकोगे। जब तुम एकाग्र और चैतन्य होते हो, तब बेहतर इंसान बनने की स्थिति में होते हो।"

मैंने संजीदगी से पूछा, "उन छह सौ बहत्तर घंटों में जिनसे एक महीना बनता है, मैं क्या घटित होने की आशा कर सकता हूं?"

"तुम अपने मस्तिष्क, शरीर और आत्मा की कार्यप्रणाली में परिवर्तन अनुभव करोगे, जिससे तुम्हें आश्चर्य होगा। तुममें उससे अधिक ऊर्जा, उत्साह और आन्तरिक एकात्मता आएगी, जितनी पहले थी या पूरे जीवन में थी। लोग वास्तव में तुमसे कहने लगेंगे कि तुम पहले से युवा और अधिक प्रसन्न दिखाई देते हो। कुशलता और सन्तुलन का स्थायी भाव तेजी से तुम्हारे जीवन में वापस आ जाएगा। सिवाना पद्धति के अन्य लाभों में से ये कुछ लाभ हैं।"

"अच्छा।"

"जो कुछ तुम आज की रात सुनोगे उससे तुम्हारा जीवन सुधरेगा–न केवल व्यक्तिगत या व्यावसायिक रूप से बल्कि आध्यात्मिक

रूप से भी। सन्तों की सलाह आज भी उतनी ही सामयिक है जितनी पांच हजार वर्ष पूर्व थी। यह न केवल तुम्हारी आन्तरिक दुनिया को समृद्ध करेगा वरन् तुम्हारी बाहरी दुनिया का भी विस्तार करेगा और जो कुछ तुम करोगे वह अधिक प्रभावशाली होगा। यह ज्ञान वास्तव में अत्यन्त शक्तिशाली प्रेरकशक्ति है, जिससे मैं कभी परिचित हुआ। यह स्पष्ट है, व्यावहारिक है और शताब्दियों से जीवन की प्रयोगशाला में परीक्षित है। सबसे महत्त्वपूर्ण बात यह है कि यह सभी के लिए काम करेगा। लेकिन इससे पहले कि मैं अपना ज्ञान तुम्हारे साथ बांटूं, मुझे तुमसे एक वादा लेना होगा।''

मैं जानता था इससे जुड़ा कुछ-न-कुछ बन्धन अवश्य होगा। मेरी प्यारी मां कहा करती थीं, 'मुफ्त में भोजन नहीं मिलता।'

''एक बार जब तुम सिवाना के सन्तों ने जो ज्ञान और तरीके मुझे बताए हैं उनकी शक्ति परख लोगे और उनके द्वारा अपने जीवन में नाटकीय परिवर्तन देख लोगे तब तुम्हें यह लक्ष्य बनाना होगा कि तुम यह ज्ञान दूसरों को दोगे ताकि उससे उनको भी लाभ मिल सके। सिर्फ यही मैं तुमसे मांगता हूं। इस बात से सहमत होकर तुम योगी रमन से जो मैंने वादा किया है उसको भी पूरा करने में मेरी सहायता करोगे।''

मैं बिना किसी आपत्ति के सहमत हो गया। जूलियन मुझे वह पद्धति सिखाने लगा जिसे वह पवित्र मानता था। अपने प्रवास के दौरान जो तकनीकें जूलियन ने सीखी थीं वह विभिन्न थीं। सिवाना पद्धति सात आधारभूत सिद्धान्तों पर आधारित थी, सात मूलभूत सिद्धान्त जो आत्मनेतृत्व, व्यक्तिगत उत्तरदायित्व तथा आध्यात्मिक जागृति की कुंजी थे।

जूलियन ने मुझे बताया कि सिवाना में कुछ महीनों पश्चात् योगी रमन पहले व्यक्ति थे जिन्होंने सात सद्गुणों के बारे में उसे जानकारी दी। एक स्वच्छ रात्रि को जब सब दूसरे जन गहरी नींद में सोये हुए थे, योगी रमन ने धीरे-से जूलियन की कुटिया का द्वार खटखटाया।

एक भद्र मार्गदर्शक की आवाज में उन्होंने अपने मन की बात कही, "जूलियन, मैंने काफी दिनों से तुम्हारा निकटता से अवलोकन किया है। मेरा विश्वास है कि तुम एक भले आदमी हो और तुम्हारी तीव्र इच्छा है कि तुम अपने जीवन को अच्छाइयों से भरो। जब से तुम यहां आए हो तुमने हमारी परम्पराओं का सम्मान किया है तथा उन्हें अपना समझकर हृदय से अपनाया है। तुमने हमारी बहुत-सी दैनिक आदतों को सीख लिया है और उनके स्वास्थ्यप्रद प्रभाव को देख लिया है। तुम हमारे तरीकों का सम्मान करते हो। हमारे लोगों ने यह सादा और शान्तिपूर्ण जीवन अनगिनत युगों से जिया है और हमारी कार्यप्रणाली कुछ ही लोग जानते हैं। संसार को प्रबुद्ध जीवन जीने के लिए हमारे सिद्धान्तों को जानने की आवश्यकता है। आज सिवाना में तुम्हारे तीसरे महीने की पूर्व सन्ध्या पर मैं तुम्हें अपनी पद्धति की अन्दर की कार्यप्रणाली बताना प्रारम्भ करूंगा, न सिर्फ तुम्हारे लाभ के लिए बल्कि उन सभी के लाभ के लिए जो पश्चिम में रहते हैं। मैं तुम्हारे साथ प्रतिदिन उसी प्रकार बैठूंगा जिस प्रकार मैं अपने पुत्र के साथ बैठता था, जब वह छोटा था। यह दुःख की बात है कि वह कुछ वर्ष पूर्व गुजर गया। उसका समय आ गया था और मैं उसके जाने पर कोई प्रश्न नहीं करता। मैं उसके साथ अच्छा समय बिताता था और अब उन स्मृतियों को संजोये हुए हूं। अब मैं तुम्हें अपना पुत्र समझता हूं और मैं कृतज्ञ होऊंगा कि इतने वर्षों तक मौन तपस्या करके जो कुछ मैंने सीखा है वह अब आगे तुम्हारे अन्दर रहेगा।"

मैंने जूलियन की ओर देखा, तो पाया कि उसकी आंखें बन्द हैं मानो वह अपने-आपको परियों की कहानीवाले देश में ले गया हो, जहां उसे ज्ञान रूपी आशीर्वाद प्राप्त हुआ था।

"योगी रमन ने मुझे बताया कि जो सात सूत्र आन्तरिक शान्ति, आनन्द और आध्यात्मिक सम्पदा के उपादानों से लबालब भरे जीवन को जीने के लिए आवश्यक थे वो एक रहस्यपूर्ण तथा अलौकिक शिक्षाप्रद कहानी में निहित थे। यह शिक्षाप्रद कहानी इन सबका

निचोड़ थी। उन्होंने मुझसे आंखें बन्द करने को कहा जैसे मैंने यहां तुम्हारे लिविंग रूम के फर्श पर कर रखी हैं। फिर उसने मुझसे यह दृश्य अपने मस्तिष्क की आंखों के सामने लाने को कहा –

"तुम एक हरे-भरे भव्य बगीचे में बैठे हो। यह बगीचा ऐसे असाधारण फूलों से भरा हुआ है जैसे तुमने शायद ही कभी देखे हों। वातावरण में एकदम शान्ति और निःस्तब्धता है। इस बगीचे के एन्द्रिय सुख का रसपान करो मानो इस दुनियां में सारे समय तुम्हें इस प्राकृतिक नखलिस्तान का आनन्द लेना है। जब तुम चारों ओर देखोगे तो पाओगे कि इस जादुई बाग के बीचों-बीच छह मंजिल ऊंचा लाल प्रकाश घर (लाईट हाउस) बना हुआ है। अचानक बगीचे की शान्ति प्रकाश घर के निचले तल के दरवाजे के खुलने पर चरमराने की तेज आवाज से भंग होती है। नौ फुट लम्बा और नौ सौ पौंड का जापानी सूमो पहलवान दरवाजे से बाहर आता है। वह कभी-कभी बाग के बीचों-बीच घूमता है।

"अब अच्छी तरह समझ में आएगा।" जूलियन ने दबी हंसी से कहा, "जापानी पहलवान नंगा है। वह वस्तुतः पूरी तरह नंगा नहीं है। उसने गुलाबी तारों से अपने गुप्त अंगों को ढक रखा है।

"जब यह सूमो पहलवान बाग में घूमना प्रारम्भ करता है, तो उसे एक सोने की चमकदार सुईवाली घड़ी मिलती है जिसे वर्षों पहले कोई छोड़ गया था। वह इसपर फिसल जाता है और जमीन पर भयंकर आवाज के साथ गिर जाता है। सूमो पहलवान बेहोश हो जाता है और वहां शान्त और स्थिर पड़ा रहता है। जब तुम यह सोचने लगते हो कि वह मर चुका है, पहलवान होश में आ जाता है वह शायद पास में ही खिल रहे गुलाब के पीले फूलों की सुगन्ध से गति में आकर जाग जाता है। ऊर्जा प्राप्त करके तेजी से अपने पैरों पर उछलता है और सहजभाव से अपने बाईं ओर देखने लगता है। वह जो कुछ देखता है उससे चौंक जाता है। झाड़ियों में से बाग के किनारे वह एक लम्बा घुमावदार रास्ता देखता है, जो करोड़ों चमकदार

हीरों से ढका हुआ है। कोई चीज पहलवान को उस रास्ते पर चलने के लिए निर्देश देती है और वह उस रास्ते पर चल देता है। यह रास्ता उसे कभी समाप्त न होने वाले आनन्द और अनन्त सुख के मार्ग पर ले जाता है।"

जिन्हें ज्ञान का प्रकाश पहले ही प्राप्त हो चुका था ऐसे महान सन्त के बराबर में बैठे हुए हिमालय पर्वत की ऊंचाइयों पर यह अद्भुत कहानी सुनकर जूलियन ने बताया कि उसे निराशा हुई बिल्कुल साधारण तरीके से उसने कहा कि वह तो सोच रहा था कि वह कुछ धमाकेदार सुननेवाला था – ऐसा ज्ञान जिससे वह गति में आ जाए, या शायद वह उसे रुला दे। इसके बजाय जो कुछ उसने सुना वह एक प्रकाश घर (लाईट हाउस) में सुमो पहलवान की बेवकूफी-भरी कहानी थी।

योगी रमन समझ गए कि जूलियन कहानी सुनकर निराश हुआ है, "कभी भी सादगी की शक्ति को नजरअन्दाज मत करो।" जूलियन से उन्होंने कहा।

सन्त ने कहा, "हो सकता है तुम्हारी आशा के अनुसार यह दांव-पेच-भरी कहानी न हो, लेकिन इसके सन्देश में समझदारी का ब्रह्मांड निहित है तथा उसके लक्ष्य में पवित्रता। जब से तुम यहां आए हो मैंने इस बारे में बहुत मनन किया है कि मैं अपना ज्ञान किस प्रकार तुम्हारे साथ बांटूं? सबसे पहले मैंने सोचा कि मैं महीनों तक लेक्चर देता रहूं किन्तु अनुभव किया कि यह परम्परागत तरीका, जो ज्ञान तुम प्राप्त करनेवाले हो उसकी चमत्कारी प्रवृत्ति के अनुकूल नहीं है। फिर मैंने सोचा कि मैं अपने सभी भाई-बहनों से कहूं कि हमारे सिद्धान्तों के बारे में तुम्हें प्रशिक्षण देने में वे अपना थोड़ा-थोड़ा समय लगाएं। किसी भी प्रकार यह तरीका भी तुम्हें वह ज्ञान सिखाने के लिए प्रभावशाली नहीं था, जो हम तुम्हें सिखाना चाहते हैं। काफी सोच-विचार करने के बाद मैं इस नतीजे पर पहुंचा कि पूरी सिवाना पद्धतिमय सातों सूत्रों को तुम्हें एक बहुत ही क्रियाशील और प्रभावपूर्ण तरीके से

समझाऊं... और इसीलिए यह रहस्यपूर्ण शिक्षाप्रद कहानी मैंने तुम्हें सुनाई है।''

सन्त ने आगे कहा, ''सर्वप्रथम यह कहानी तुम्हें बहुत मामूली और बालोचित लग सकती है लेकिन मैं तुम्हें विश्वास दिलाता हूं कि इस शिक्षाप्रद कहानी के हर तत्त्व में अच्छा जीवन जीने के लिए असीम सिद्धान्त हैं और बहुत गहरा अर्थ है। बगीचा, बिजली घर, सुमो पहलवान, गुलाबी तार, स्टॉपवाच, गुलाब, घुमावदार हीरों जड़ा रास्ता ये सब ज्ञान से प्रकाशित जीवन जीने के सात समयातीत सूत्रों के प्रतीक हैं। मैं तुम्हें विश्वास दिला सकता हूं कि यदि तुम इस छोटी-सी कहानी को और इसके मूलभूत सत्य को याद रखोगे, जिसका यह प्रतिनिधित्व करती है, तो तुम्हारे अन्दर वह सब पैदा हो जाएगा जिसकी तुम्हें अपने जीवन को उच्चतम स्तर तक ले जाने के लिए आवश्यकता होगी। तुम्हें वह सारी सूचनाएं और योजनाएं मिल जाएंगी जिनसे तुम अपना और अपने सम्पर्क में आनेवाले लोगों का जीवन स्तर सुधार सकोगे। जब तुम इस ज्ञान का उपयोग दैनिक आधार पर करोगे, तब तुम मानसिक, भावनात्मक, शारीरिक और आध्यात्मिक रूप से परिवर्तित हो जाओगे। कृपया यह कहानी अपने मस्तिष्क में लिख लो और अपने हृदय में उतार लो। यह तभी नाटकीय परिवर्तन करेगी जब तुम इसे बिना किसी आपत्ति के अपना लोगे।''

जूलियन ने कहा, ''सौभाग्यवश जॉन, मैंने इसे अपना लिया। एक बार कार्ल जंग ने कहा था, 'तुम्हारी दृष्टि तभी स्पष्ट होगी जब तुम अपने हृदय में झांककर देख सकोगे। जो बाहर की तरफ देखता है, वह स्वप्न देखता है, जो अन्दर की ओर देखता है, वह जाग जाता है। उस विशिष्ट रात्रि को, मैंने अपने अन्तर में गहराई तक झांककर देखा और मस्तिष्क को समृद्ध करनेवाले, शरीर को ताकतवर बनानेवाले तथा आत्मा को पोषण देनेवाले युगों पुराने उन रहस्यों को जान गया। अब मेरी बारी है कि मैं उन्हें तुम्हारे साथ बांटूं।''

अध्याय–7

•••

एक अत्यन्त असाधारण बगीचा

"अधिकांश व्यक्ति किसी–न–किसी रूप से चाहे शारीरिक रूप से, बौद्धक रूप से या नैतिक रूप से अपनी क्षमता के संकुचित दायरे में रहते हैं। हम सबमें जीवनीशक्ति का भंडार है, जिसके उपयोग के बारे में हम स्वप्न तक में नहीं सोचते।"

–विलियम जेम्स

जूलियन ने कहा, "इस शिक्षाप्रद कहानी में बगीचा मस्तिष्क का प्रतीक है यदि तुम अपने मस्तिष्क की देखभाल करोगे, इसे पोषण दोगे, इसे उपजाऊ व सम्पन्न बगीचे की तरह संवारोगे, तो यह तुम्हारी आशाओं से कहीं अधिक विकसित होगा। लेकिन यदि तुम इसमें जंगली घास जमने दोगे, तो तुम्हारे मन की अनन्त शान्ति और गहरी आंतरिक एकात्मता भी तुमसे सदा दूर भागती रहेगी।"

"जान, मुझे तुमसे एक साधारण प्रश्न पूछना है। यदि मैं तुम्हारे घर के पिछवाड़े, जहां तुम्हारा बगीचा है और जिसके बारे में तुम मुझे इतना कुछ बताया करते थे, चला जाऊं और विषैले अवशिष्ट पदार्थ तुम्हारे सारे कीमती पिटूनियाज पर डाल दूं, तो क्या तुम्हें खुशी होगी?"

"यह बात मानता हूं।"

"जैसे कि बात की सच्चाई है, वस्तुतः सबसे श्रेष्ठ बागवान अपने बगीचों की रक्षा स्वाभिमानी सैनिकों की भांति करता है और इस बात का ध्यान रखता है कि वहां किसी भी प्रकार का दूषण न हो। लेकिन

जरा देखो अधिकांश लोग अपने मस्तिष्क के उपजाऊ बगीचे में प्रतिदिन विषैले अवशिष्ट रखते हैं– परेशानियां, चिन्ता, अतीत पर रोना, भविष्य के बारे में जानना और ये स्वनिर्मित डर तुम्हारे अन्तर्मन में भी उथल-पुथल मचाते हैं। सिवाना के सन्तों की जातीय भाषा में हजारों वर्षों से चिन्ता को चिता के समान बताया गया है। योगी रमन ने मुझे बताया कि ऐसा संयोगवश नहीं हुआ। चिन्ता दिमाग की अधिकांश शक्ति का हरण कर लेती है और जल्दी या देर से यह आत्मा को भी क्षति पहुंचाती है।

"जीवन को पूर्णतया से जीने के लिए तुम्हें अपने मन रूपी बगीचे के द्वार पर पहरा देना चाहिए और सिर्फ अच्छी सूचनाओं को ही अन्दर जाने देना चाहिए। एक भी नकारात्मक विचार अन्दर न जाने पाए। इस दुनिया के अत्यधिक प्रसन्न, शक्तिशाली और सन्तुष्ट व्यक्ति तुमसे या हमसे बनावट में भिन्न नहीं हैं। हम सब हाड़-मांस के बने हैं। हम सबका वही सार्वभौमिक स्रोत है। वे व्यक्ति जो जीने के अतिरिक्त भी बहुत कुछ करते हैं, जो अपनी मानवीय क्षमता को बहुत अधिक बढ़ा लेते हैं और वास्तव में जीवन के जादुई नृत्य का रसास्वादन करते हैं, वे उन लोगों से भिन्न काम करते हैं जिनका जीवन साधारण स्तर का होता है। सबसे अधिक महत्त्वपूर्ण काम वे यह करते हैं कि अपना रुख दुनिया और जो कुछ इसमें है उसके प्रति सकारात्मक रखते हैं।"

जूलियन ने आगे कहा, "सन्तों ने मुझे बताया कि औसतन एक दिन में एक औसत व्यक्ति के मन में साठ हजार विचार आते हैं। जिस बात से मुझे बहुत आश्चर्य हुआ वह यह कि उनमें से नब्बे प्रतिशत विचार वही होते हैं, जो एक दिन पहले थे।"

मैंने पूछा, "क्या आप गम्भीर हैं?"

"मैं बहुत गम्भीर हूं। यह घटिया सोच की विडम्बना है। जो व्यक्ति वही विचार, प्रतिदिन सोचते हैं जिनमें से अधिकांश नकारात्मक होते हैं – अस्वस्थ मानसिकता के शिकार होते हैं। जीवन में जो कुछ

भी अच्छा है उस पर ध्यान केन्द्रित करने के बजाय, तथा स्थिति को और भी बेहतर बनाने के उपायों पर विचार करने की अपेक्षा वे अपने अतीत के गुलाम बने रहते हैं। उनमें से कुछ असफल सम्बन्ध या आर्थिक समस्याओं के बारे में चिन्ता करते हैं। कुछ अपने अपूर्ण बचपन से क्षुब्ध रहते हैं। कुछ ऐसे भी व्यक्ति होते हैं जो छोटी-छोटी बातों को भी तूल देते हैं। जैसे – स्टोर क्लर्क का व्यवहार सही नहीं था या उनके साथी ने जो फिकरा कसा उसमें उसकी उनके प्रति दुर्भावना झलकती थी। जिनका मस्तिष्क इस दिशा में काम करता है, उनकी जीवनीशक्ति, चिन्ता छीन लेती है। वे अपने जीवन में चमत्कार और जो कुछ भी वे भावनात्मक स्तर पर, भौतिक स्तर पर और आध्यात्मिक स्तर पर चाहते हैं उसे देने में सक्षम अपने मस्तिष्क के विशाल शक्ति भंडार में गतिरोध उत्पन्न करते हैं। ये लोग इस बात को कभी नहीं समझ पाते कि मस्तिष्क का सही संचालन ही जीवन संचालन का सार है।

"आदत के अनुसार ही सोचने का तरीका होता है – पवित्र और सादा।" जूलियन ने दृढ़विश्वास के साथ आगे कहा, "अधिकांश व्यक्ति अपने मस्तिष्क की विशाल शक्ति के बारे में नहीं जानते। मुझे ज्ञात है कि सबसे महान विचारक भी अपनी मानसिक शक्ति के भंडार में से सिर्फ एक हजार एक सौ प्रतिशत वां भाग ही काम में लाते हैं। सिवाना में सन्त अपनी मानसिक शक्ति के अनन्त निर्झर का प्रयोग नियमित रूप से करते थे और इसका परिणाम भी चौंकानेवाला था। योगी रमन ने नियमित और अनुशासित अभ्यास से अपने मस्तिष्क को इस प्रकार नियन्त्रित कर लिया था कि अपने हृदय की धड़कन को अपनी इच्छानुसार कम कर सकते थे। उन्होंने अपने-आपको ऐसा प्रशिक्षण दिया था कि वह बिना नींद के हफ्तों रह सकते थे। मैं कभी यह सलाह नहीं दूंगा कि तुम यह सब करो। मेरा तो यह सुझाव है कि तुम अपने मस्तिष्क को उस काम के लिए देखो जिस काम के लिए यह है – प्रकृति का सबसे बड़ा उपहार।"

"क्या कोई इस प्रकार का व्यायाम है, जिनको करके मैं मानसिक शक्ति का ताला खोल सकूं ? अपने हृदय की धड़कन को कम करके

मैं निश्चय ही कॉकटेल पार्टी में हिट हो जाऊंगा।'' मैंने मुस्कुराते हुए कहा।

''उसके बारे में चिन्ता न करो जॉन। मैं तुम्हें कुछ ऐसी व्यावहारिक तकनीकें बताऊंगा, जिनको तुम बाद में कर सकते हो। तब तुम्हें प्राचीन टेक्नॉलॉजी की शक्ति का ज्ञान होगा। अब तुम्हारे लिए यह समझना जरूरी है कि मानसिक दक्षता यथेष्ट स्थिति से आती है – न अधिक और न कम। जिस क्षण से हम हवा में प्रथम श्वांस लेते है, हममें से अधिकांश एक जैसे कच्चे तत्त्वों से बने होते हैं – फिर उन व्यक्तियों को जो जीवन में दूसरों से सब-कुछ अधिक प्राप्त करते हैं और जो दूसरों से अधिक सुखी रहते हैं क्या चीज अलग करती है। यह उनका तरीका है कि किस प्रकार वे उन कच्चे तत्त्वों का उपयोग करते हैं और उनका शोधन करते हैं। जब आप अपनी आंतरिक दुनिया (अन्तर्आत्मा) को परिवर्तित करने में लग जाते हैं, आपका जीवन शीघ्र ही साधारण से असाधारण क्षेत्र में प्रवेश कर जाता है।''

मेरे गुरु उस समय अधिक आवेश में आ रहे थे, जब वह मस्तिष्क के चमत्कार और उसके द्वारा अच्छाई की सम्पदा की निश्चित प्राप्ति के बारे में बता रहे थे, उनकी आंखें चमक रही थीं।

''तुम जानते हो जॉन, जब सब-कुछ कहा और किया जा चुका है, तो सिर्फ एक चीज रह जाती है जिस पर हमें पूर्ण नियन्त्रण रखना है।''

''हमारे बच्चे?'' मैंने मुस्कुराते हुए सहृदयता से कहा।

''नहीं, मेरे मित्र, हमारा मस्तिष्क। हम मौसम, यातायात या अपने आस-पास के लोगों के मिजाज को नियन्त्रित करने में समर्थ नहीं हैं। लेकिन हम निश्चयपूर्वक इनके प्रति अपने व्यवहार को नियन्त्रित कर सकते हैं। हम सबमें यह शक्ति है कि हम किसी भी प्रदत्त समय में क्या सोचेंगे इसके बारे में निर्णय कर सकें। यही योग्यता हमें मानव बनाती है। तुम्हें पता है अपनी पूर्व की यात्राओं के दौरान सांसारिक ज्ञान के मौलिक सिद्धान्तों में से एक बहुमूल्य सिद्धान्त जो मैंने सीखा, अत्यधिक साधारण है।''

जूलियन फिर रुका मानो उस अनमोल उपहार को मंगवा रहा हो।

''और वह क्या हो सकता है?''

''वास्तविक सत्य या यथार्थ की दुनिया जैसी कोई चीज नहीं है। कोई भी चीज पूर्ण नहीं होती। तुम्हारे सबसे बड़े दुश्मन का चेहरा मेरे सबसे अच्छे मित्र का चेहरा हो सकता है। एक घटना जो किसी के लिए दुर्घटना है दूसरे के लिए असीमित अवसरों की सम्भावना को जन्म दे सकती है। उन लोगों को जो आदतन आशावादी हैं तथा प्रसन्न रहते हैं, उन लोगों से जो निरन्तर दुःखी रहते हैं, जो चीज वास्तव में पृथक करती है वह यह तथ्य है कि वे जीवन की परिस्थितियों को किस प्रकार लेते हैं और किस प्रकार उनसे निबटते हैं।''

''जूलियन कोई भी दुःखद घटना दुःखद घटना के अलावा क्या हो सकती है?''

''बहुत ही मर्मस्पर्शी उदाहरण है। जब मैं कलकत्ता में यात्रा कर रहा था, तो मुझे मलिका चन्द नामक एक स्कूल अध्यापिका मिलीं। उन्हें शिक्षण कार्य पसन्द था और वह विद्यार्थियों के साथ अपने बच्चों जैसा व्यवहार करती थीं। वह बड़ी सहृदयता के साथ उनकी शक्तियों का विकास कर रही थीं। उनका सदाबहार सिद्धान्त वाक्य था, 'तुम्हारा आई कैन' (मैं कर सकता हूं) (तुम्हारी जानकारी) तुम्हारे 'आई क्यू' से अधिक महत्त्वपूर्ण है। वह अपने पूरे समाज में ऐसे व्यक्ति के रूप में जानी जाती थीं, जो देने के लिए ही जीती थीं, जो हर जन की निःस्वार्थ सेवा करती थीं। बड़े दुःख की बात है कि उनका प्रिय स्कूल, जो बच्चों की कई पीढ़ियों की सन्तोषजनक उन्नति का मूक गवाह था उसे एक रात किसी ने आग लगाकर खाक कर दिया। समाज के सभी व्यक्तियों ने इस हानि को महसूस किया। समय बीतने के साथ उनका क्रोध संवेदनशून्यता में बदल गया और उन्होंने चुपचाप यह बात मान ली कि उनके बच्चे बिना स्कूल के रहेंगे।''

"मलिका का क्या हुआ ?"

"वह इनसे भिन्न थीं। एक अनन्य आशावादी यदि कोई हो सकता था। सबसे अलग उनको जो कुछ हुआ, उसमें सुअवसर दिखाई दिया। उन्होंने सभी माता-पिताओं से कहा कि हर विपत्ति लाभ लेकर आती है यदि किसी के पास उसे जानने का समय हो। यह घटना भी विपत्ति के रूप में वरदान थी। स्कूल जो जलकर खाक हो गया था वह पुराना और जर्जर था। उसकी छतें टपकती थीं और हजारों छोटे-छोटे बच्चों के पैरों की धमा-चौकड़ी से फर्श टूट-फूट गया था। यह एक सुअवसर था जिसकी उन्हें प्रतीक्षा थी ताकि साथ मिलकर सबके सहयोग से एक पहले से बेहतर स्कूल बनाया जाए, जो आनेवाले वर्षों में अधिक बच्चों की सेवा कर सके और इस प्रकार इस चौंसठ वर्षीय ऊर्जावान महिला के निर्देशन में उन्होंने धन एकत्रित करने की व्यवस्था की और एक बढ़िया स्कूल बनवाने लायक फंड इकट्ठा कर लिया। वह शानदार नया स्कूल विपत्ति के समय भी दिवास्वप्न की शक्ति का सजीव उदाहरण है।"

"इस प्रकार सह उस पुरानी कहावत की तरह है कि कप को आधा भरा हुआ देखो न कि आधा खाली।"

"इस प्रकार देखने का यह सही तरीका है। तुम्हारे जीवन में जो कुछ भी होता है तुम स्वयं ही उसका सही उत्तर देने में सक्षम हो। जब तुम्हारी आदत हर परिस्थिति में सकारात्मक पहलू देखने की हो जाएगी, तुम्हारा जीवन उच्चतम आयाम में प्रवेश कर लेगा। प्राकृतिक नियमों में यह सबसे बड़ा नियम है।"

"और यह शुरू होता है जब तुम अपने मस्तिष्क का उपयोग अधिक प्रभावपूर्ण ढंग से करते हो।"

"बिल्कुल ठीक, जॉन। जीवन में सारी सफलता चाहे भौतिक हो या आध्यात्मिक, यह जो बारह पौंड का पिंड तुम्हारे दोनों कन्धों के बीच रखा है, उससे मिलती है और विशेषतौर से उन विचारों से, जो तुम प्रतिदिन के प्रत्येक मिनट के प्रत्येक क्षण में अपने मस्तिष्क में

रखते हो। तुम्हारी बाहरी दुनिया तुम्हारी आंतरिक दुनिया का प्रतिबिम्ब है। जो विचार तुम सोचते हो उनको नियन्त्रित करके और जीवन में घटनेवाली घटनाओं के प्रति जो तुम्हारा रुख होता है, उसी से तुम अपने भाग्य को नियन्त्रित करने लगते हो।''

''यह तो बहुत ज्ञान की बात है। मेरा अनुमान है कि मेरा जीवन इतना अधिक व्यस्त रहा है कि मैंने इन बातों को सोचने के लिए कभी समय नहीं दिया। जब मैं लॉ स्कूल में था तो मेरे सबसे अच्छे मित्र अलेक्स को प्रेरणास्पद पुस्तकें पढ़ने का बहुत शौक था। उसका कहना था कि ये पुस्तकें उसे हमारे भयानक काम के दबाव के बावजूद क्रियाशील और ऊर्जावान रखती हैं। मुझे याद है उसने एक बार मुझसे कहा था उसकी किसी पुस्तक में चाइनीज करेक्टर 'क्राइसिस' दो सब केरेक्टर्स से बना है – एक का अर्थ है 'खतरा' दूसरे का अर्थ है 'अवसर'। मेरा अनुमान है कि प्राचीन चीनी भी जानते थे कि अंधेरी परिस्थिति का उजला पक्ष भी होता है। यदि आपमें उसे परखने का साहस है।

''योगी रमन ने इसको इस प्रकार कहा, 'जीवन में कोई त्रुटि नहीं होती – सिर्फ शिक्षा मिलती है। नकारात्मक अनुभव जैसी कोई चीज नहीं है, सिर्फ अवसर है बढ़ने के लिए, सीखने के लिए और आत्मनियन्त्रण के मार्ग पर आगे जाने के लिए। संघर्ष से शक्ति आती है। पीड़ा भी आश्चर्यजनक शिक्षक का काम कर सकती है।''

''पीड़ा?'' मैंने विरोध किया।

''बिल्कुल। पीड़ा को इन्द्रियातीत करने के लिए पहले तुम्हें इसे अनुभव करना होगा या इसे यदि दूसरे तरीके से कहा जाए – सबसे नीची घाटी में जाए बिना तुम पहाड़ की चोटी पर पहुंचने का सुख कैसे जान सकते हो। क्या तुम मेरी बात समझ रहे हो?''

''अच्छे का स्वाद लेने से पहले बुरे का स्वाद भी जानना चाहिए।''

''हां। लेकिन मेरा सुझाव है कि तुम घटनाओं को नकारात्मक या सकारात्मक पहलू से जांचना-परखना बन्द कर दो। बल्कि सिर्फ

उनका अनुभव करो, उनका आनन्दोत्सव मनाओ और उनसे शिक्षाएं लो। हर घटना तुम्हें शिक्षा देती है। ये छोटी–छोटी शिक्षाएं तुम्हारे अन्दर–बाहर का विकास करती हैं। उनके बिना तुम पठार से चिपके रह जाओगे। अपने निजी जीवन में जरा इसके बारे में सोचो अधिकांश व्यक्तियों ने सबसे अधिक उन्नति अपने सर्वाधिक चुनौतीपूर्ण अनुभवों से ही प्राप्त की है। यदि तुम्हें किसी काम को करने से ऐसा परिणाम मिलता है, जिसकी तुम्हें आशा नहीं थी और तुम निराशा का अनुभव करते हो, तो याद रखो कि प्रकृति का यह निश्चित नियम है कि यदि एक दरवाजा बन्द होता है, तो दूसरा खुल जाता है।''

जूलियन ने उत्तेजना में अपनी बांहें ऊपर कर लीं, जैसे कोई दक्षिण का मन्त्री अपने समुदाय में भाषण करते समय कर ले। ''एक बार तुम यह सिद्धान्त अपने दैनिक जीवन में अपना लो और अपने मस्तिष्क को ऐसी स्थिति में ले आओ कि वह प्रत्येक घटना को सकारात्मक रूप में ले जो तुम्हें शक्ति प्रदान करे, तुम्हारी चिन्ताएं हमेशा के लिए मिट जाएंगी। तुम अपने अतीत के गुलाम होना बन्द कर दोगे। इसके बजाय तुम अपने भाग्य निर्माता बन जाओगे।''

''ठीक है, मैं इस धारणा को समझता हूं। हर अनुभव चाहे वह सबसे बुरा हो, मेरे लिए शिक्षाप्रद है। इसलिए मुझे हर घटना से शिक्षा लेने के लिए अपने मस्तिष्क को खुला रखना चाहिए। इस प्रकार मैं अधिक शक्तिशाली और अधिक प्रसन्न हो जाऊंगा। इसके अतिरिक्त एक मध्यमवर्गीय वकील अपने जीवन को सुधारने के लिए क्या कर सकता है?''

''सर्वप्रथम अपनी कल्पना के वैभव से निकलकर बाहर रहना शुरू करो, स्मृति से नहीं।''

''जरा मुझे यह बात फिर से बताओ।''

''मैं जो कुछ कह रहा हूं वह यह है कि अपने मस्तिष्क, शरीर और आत्मा के गुप्त शक्तिभंडार को खोलने के लिए तुम्हें पहले अपनी कल्पनाशक्ति का विस्तार करना होगा। तुम्हें मालूम है, किसी भी काम

की रचना दो बार में होती है। पहले मस्तिष्क की कार्यशाला में और उसके बाद यथार्थ में। मैं इस प्रक्रिया को 'ब्लू प्रिंटिंग' कहता हूं, क्योंकि कोई भी काम जो तुम बाहरी दुनिया में करते हो वह पहले तुम्हारे अन्तर में तुम्हारे मस्तिष्क पटल पर तैयार होता है। जब तुम अपने विचारों पर नियन्त्रण करना सीख जाते हो और जो कुछ भी इस सांसारिक अस्तित्व से पाने की आशा करते हो, उसको पाने की इच्छा से विस्तार से कल्पना करने लगते हो, तब तुम्हारे अन्दर की सुप्त शक्तियां जाग्रत हो जाती हैं। तुम अपने जीवन को चमत्कारपूर्ण बनाने के लिए अपने मस्तिष्क की वास्तविक सुप्त शक्तियों का प्रयोग करने लगोगे और मेरा विश्वास है कि तुम इस योग्य हो। आज को रात से अतीत को भूल जाओ। यह स्वप्न देखने का साहस करो कि तुम अपनी वर्तमान परिस्थितियों से कहीं अधिक हो। सर्वोत्तम की अपेक्षा करो। तुम इसके परिणामों से आश्चर्यचकित हो जाओगे।

"तुम जानते हो, जॉन, उन वर्षों में जब मैं विधि व्यवसाय में था मैं सोचता था कि मैं बहुत कुछ जानता था। मैंने वर्षों सर्वोत्तम स्कूलों में शिक्षा प्राप्त की, जो भी कानून की किताबें मैं प्राप्त कर सका, मैंने पढ़ीं और सर्वोत्तम आदर्श लोगों के साथ काम किया। निश्चय ही मैं कानून के खेल में विजयी रहा। लेकिन अब मैं अनुभव करता हूं कि मैं जीवन के खेल में असफल रहा। मैं जीवन के बड़े-बड़े सुखों के पीछे भागता रहा और छोटे-छोटे सारे सुखों को खो दिया। मैंने उन महान पुस्तकों को कभी नहीं पढ़ा, जिन्हें पढ़ने के लिए मेरे पिताजी कहा करते थे। मैंने कोई अच्छा मित्र नहीं बनाया। मुझे महान संगीत की प्रशंसा करना नहीं आता। यह सब कहने के बाद मैं सोचता हूं कि मैं भाग्यशालियों में से एक हूं। दिल के दौरे ने मेरे जीवन में निर्णायक भूमिका निभाई। यह मेरे व्यक्तिगत जागरण की पुकार थी। तुम विश्वास करो या मत करो, इसने मुझे अधिक अच्छा और प्रेरणास्पद जीवन जीने का दूसरा मौका दिया। मलिका चन्द की तरह मैंने भी इस कष्टपूर्ण अनुभव में सुअवसर की सम्भावना देखी। इससे भी

महत्त्वपूर्ण बात यह है कि **मैंने इस सम्भावना** को पोषण देने का साहस किया।''

मैं देख सकता था कि जूलियन बाहर से जितना युवा हो गया था उससे कहीं अधिक अन्दर से बुद्धिमान् हो गया था। मैं जान गया कि आज की यह रात एक पुराने मित्र के साथ सम्मोहक वार्तालाप से कहीं अधिक बहुत कुछ मायने रखती है। मैंने अनुभव किया कि आज की रात मेरे जीवन में निर्णायक भूमिका निभा सकती है और एक नई शुरुआत के लिए स्पष्ट अवसर दे सकती है। मेरे मस्तिष्क ने मेरे जीवन में जो कुछ त्रुटिपूर्ण था, उस पर विचार करना शुरू कर दिया। निश्चय ही मेरा सम्पन्न परिवार था और एक प्रतिष्ठित वकील के रूप में मेरा काम भी स्थायी था लेकिन अपने शान्त क्षणों में मैं जानता था कि और भी कुछ होना चाहिए था। मुझे वह खालीपन, जो मेरे जीवन में व्याप्त होता जा रहा था, उसे भरना था।

जब मैं बालक था बड़े-बड़े स्वप्न देखता था। बहुधा मैं अपने-आपको स्पोर्ट्स हीरो अथवा बहुत बड़े उद्योगपति के रूप में देखा करता था। मेरा सचमुच यह विश्वास था कि मैं कुछ भी कर सकता था और जो चाहता वह प्राप्त कर सकता था। पश्चिमी समुद्रतट पर छिटकी हुई धूप में मैं जब नवयुवक के रूप में बड़ा हो रहा था, उस समय जो मेरा सोचने का तरीका था वह भी मुझे याद है। साधारण सुखों में मुझे आनन्द आता था। चमकती धूप में तीसरे पहर नंगे बदन समुद्र में गोता लगाने में और जंगल में अपनी साइकिल पर सवारी करने में मुझे बहुत आनन्द आता था। जीवन के प्रति मुझमें बहुत उत्सुकता थी। मुझे जोखिम उठाने का शौक था। भविष्य में मेरे लिए सम्भावनाओं की कोई सीमा नहीं थी। ईमानदारी की बात यह है कि पिछले पन्द्रह वर्षों में मैंने उस तरह की स्वतन्त्रता और आनन्द का अनुभव नहीं किया है। ऐसा क्या हुआ?

जब मैं प्रौढ़ हो गया और प्रौढ़ों की तरह व्यवहार करने लगा, तब शायद मेरे सपने मेरी दृष्टि से ओझल हो गए। हो सकता है वे तभी

ओझल हो गए हों जब मैं लॉ स्कूल में पढ़ने गया और वहां, जैसे वकीलों से आशा की जाती है, उसी तरह बातें करने लगा। किसी भी प्रकार जब जूलियन एक कप ठंडी चाय पर अपने हृदयगत विचारों को मेरे सामने प्रकट कर रहा था, मैंने निश्चय किया कि अब अपना इतना अधिक समय आजीविका के लिए न लगाकर जीवन का निर्माण करने में व्यतीत करूंगा।

"ऐसा लगता है कि तुम भी अपने जीवन के बारे में सोच रहे हो।" जूलियन ने कहा, "परिवर्तन के लिए अपने उन स्वप्नों के बारे में सोचना शुरू करो जब तुम एक छोटे बच्चे थे। जोनस साक ने बहुत ही अच्छा लिखा है, 'मुझे स्वप्न भी आते थे और दुःस्वप्न भी। मैंने दुःस्वप्नों पर अपने सपनों की वजह से विजय प्राप्त कर ली।' जॉन, अपने स्वप्नों पर धूल, झोंकने का कार्य मत करो। जीवन पर पुनर्विचार करो और इसके सब आश्चर्यों पर आनन्दोत्सव मनाओ। घटनाओं को अपने अनुकूल बनाने की अपने मस्तिष्क की शक्ति के प्रति जाग्रत हो जाओ। एक बार यदि तुम ऐसा कर लोगे, तो ब्रह्मांड तुम्हारे जीवन में चमत्कार करने में तुम्हारा साथ देगा।"

जूलियन ने तब अपने चोगे में हाथ डाला और एक छोटा कार्ड, जो बिजनेस कार्ड जैसा था, बाहर निकाल लिया। इस कार्ड पर दोनों ओर आंसू बहने जैसे निशान थे, जो निरन्तर महीनों से प्रयोग में आने के कारण पड़ गए थे।

"एक दिन जब योगी रमन और मैं साथ-साथ पहाड़ी मार्ग पर चहलकदमी कर रहे थे, तो मैंने उनसे पूछा कि उनका प्रिय दार्शनिक कौन था। उन्होंने मुझे बताया कि उनके ऊपर कई लोगों का प्रभाव था और उनमें से किसी एक को अपनी प्रेरणा का स्रोत बताना कठिन था। एक उद्धरण का उनके हृदय पर गहरा प्रभाव था। जीवन-भर जो एकान्त में उन्होंने ध्यान साधना की थी और जिन मूल्यों को वे महत्त्व देते थे वे सब उसमें निहित थे। उस भव्य स्थान पर इस पूर्व के महान सन्त ने मुझे इसके बारे में बताया। मैंने भी उसके शब्दों को अपने हृदय में उतार लिया। हम जो कुछ हैं और जो कुछ हो सकते हैं –

उसकी ये प्रतिदिन याद दिलाते हैं। ये शब्द भारत के महान दार्शनिक पंतजलि के हैं। ध्यान करने बैठने से पहले प्रतिदिन प्रातःकाल उनको दोहराने से मेरे पूरे दिन पर बहुत अच्छा प्रभाव पड़ता था। याद रखो, जॉन, शब्दशक्ति का शाब्दिक स्वरूप है।''

तब जूलियन ने मुझे कार्ड दिखाया। उद्धरण इस प्रकार था :

जब तुम किसी महान लक्ष्य, किसी असाधारण योजना से प्रेरित होते हो, तुम्हारे सारे विचार बन्धनमुक्त हो जाते हैं : तुम्हारा मस्तिष्क सीमाओं को पार कर जाता है, तुम्हारी चेतना हर दिशा में अपना विस्तार करती है और तुम अपने-आप को एक नई, महान और आश्चर्यजनक दुनिया में पाते हो, सुप्तशक्तियां, कार्य क्षमता और उच्च मानसिक योग्यता सभी चैतन्य हो जाते हैं और तुम अपने-आपको जैसा कभी सपने में सोचा हो, उससे भी महान व्यक्ति के रूप में पाते हो।

उस क्षण मुझे शारीरिक शक्ति और मानसिक क्षमता में सम्बन्ध दिखाई दिया। जूलियन का स्वास्थ्य बहुत अच्छा था और जब हम पहली बार मिले थे तब से उम्र में कई वर्ष छोटा दिखाई पड़ रहा था। वह शक्ति और ऊर्जा से लबालब भरा हुआ था। ऐसा प्रतीत होता था मानो उसकी ऊर्जा, उत्साह और आशावाद की कोई सीमा नहीं थी। मैं देख सकता था कि उसने अपनी पुरानी जीवनशैली में बहुत से परिवर्तन किए थे, लेकिन यह बात स्पष्ट थी कि उसका शानदार परिवर्तन उसके मानसिक स्वास्थ्य के कारण था। बाहरी सफलता वास्तव में अन्दर की सफलता से प्रारम्भ होती है और अपने विचारों में परिवर्तन लाकर मेंटले ने अपना जीवन बदल दिया था।

''मैं ठीक से सकारात्मक, शालीन और स्फूर्तिवान रुख कैसे विकसित कर सकता हूं जूलियन? इतने वर्षों की मेरी रुटीन से मेरी मानसिक मांसपेशियां थोड़ी ढीली हो गई होंगी। इसके बारे में यदि मैं सोचूं, तो बात यह है कि मेरे मस्तिष्क के बगीचे में जो विचार घूम रहे हैं उन पर मेरा कोई नियन्त्रण नहीं है,'' मैंने गम्भीरतापूर्वक कहा।

"मस्तिष्क एक आश्चर्यजनक नौकर है लेकिन एक खतरनाक स्वामी। यदि तुम नकारात्मक सोचवाले व्यक्ति हो, तो ऐसा इसलिए है क्योंकि तुमने अपने मस्तिष्क की देखभाल नहीं की है और न ही इसको सिर्फ अच्छा सोचने के लिए प्रशिक्षण दिया है। विसंटन चर्चिल ने कहा है, 'महानता की कीमत प्रत्येक विचार के प्रति तुम्हारा उत्तरदायित्व है।' तब तुम्हें मस्तिष्क को स्पन्दनशील रखना आवश्यक होगा। याद रखो, मस्तिष्क वास्तव में तुम्हारे शरीर में किसी दूसरी मांसपेशी की तरह ही है। इसका उपयोग करो, नहीं तो तुम इसे कमजोर बना दोगे।"

"क्या तुम यह कह रहे हो कि यदि मैं अपने मस्तिष्क का उपयोग नहीं करूंगा, तो यह कमजोर हो जाएगा?"

"हां, इसे इस प्रकार देखो। यदि तुम अपनी भुजाओं की मांसपेशियों को अधिक शक्तिशाली बनाना चाहते हो, तो तुम्हें उन्हें प्रशिक्षित करना होगा। यदि तुम अपनी टांगों की मांसपेशियों को और अधिक कठोर बनाना चाहते हो, तो तुम्हें उन्हें खटाना होगा। इसी प्रकार तुम्हारा मस्तिष्क तभी आश्चर्यजनक काम करेगा यदि तुम इसे करने दोगे। जीवन में जो कुछ भी तुम पाने की आशा करते हो, उसे यह आकर्षित करेगा, यदि तुम इससे प्रभावपूर्ण काम कराना सीख जाते हो। यदि तुम इसकी उचित देखभाल करो, तो यह आदर्श स्वास्थ्य का निर्माण करेगा। यह अपनी स्वाभाविक शान्ति में वापस आ जाएगा यदि तुम ऐसा चाहोगे। सिवाना के सन्तों की एक विशेष कहावत है, 'अपने जीवन की सीमाएं तुमने ही बनाई हैं।'

"मेरी समझ में कुछ नहीं आया, जूलियन।"

"ज्ञान प्राप्त विचारक जानते हैं कि उनके विचार ही उनकी दुनिया बनाते हैं और किसी के भी जीवन का स्तर उसके विचारों के स्तर के अनुरूप होता है। यदि तुम अधिक शान्तिपूर्ण और अर्थपूर्ण जीवन जीना चाहते हो, तो तुम्हें अधिक शान्तिपूर्ण और अर्थपूर्ण विचार सोचने चाहिए।"

"जूलियन मुझे 'क्विक-फिक्स' जैसा कोई उपाय बाताओ।"

"तुम्हारा क्या मतलब है?" जूलियन ने बढ़िया कपड़े की पोशाक पर सामने की ओर अपनी उंगलियां फिराते हुए भद्रतापूर्वक पूछा।

"जो कुछ तुम कह रहे हो उसे सुनकर मैं उत्तेजना में हूं। लेकिन मुझमें धैर्य की कमी है। क्या तुम्हारे पास ऐसा कोई व्यायाम और तकनीक नहीं है, जिन्हें मैं अपने मस्तिष्क के सोचने के तरीके को बदलने के लिए अभी यहीं इसी लिविंग रूम में प्रयोग कर सकूं?"

"क्विक-फिक्सेज से काम नहीं चलता। स्थायी आंतरिक परिवर्तन के लिए समय और प्रयास की आवश्यकता है। सतत् प्रयास करने से ही व्यक्तिगत परिवर्तन सम्भव है। मैं यह नहीं कह रहा कि तुम्हें अपने जीवन में परिवर्तन लाने में वर्षों लगेंगे। यदि तुम मेहनतपूर्वक उन योजनाओं पर जो मैं तुम्हें बता रहा हूं, अपने जीवन में प्रतिदिन सिर्फ एक महीने तक अमल करके देखोगे तो तुम परिणाम देखकर स्वयं ही आश्चर्यचकित रह जाओगे। तुम अपनी क्षमता के सर्वोच्च स्तर पर पहुंच जाओगे और चमत्कार के क्षेत्र में प्रवेश कर जाओगे। लेकिन इस लक्ष्य पर पहुंचने के लिए तुम्हें तुरन्त परिणाम प्राप्त करने के पीछे नहीं रहना चाहिए। इसके बजाय तुम्हें व्यक्तिगत विस्तार और विकास की प्रक्रिया में सुख प्राप्त करना चाहिए। यह विडम्बना है कि तुम परिणाम पर जितना कम ध्यान दोगे उतनी जल्दी ही यह तुम्हें मिलेगा।"

"ऐसा कैसे होगा?"

"यह उस युवा लड़के की प्रामाणिक कहानी की तरह है जिसने अपने घर से एक महान गुरु से शिक्षा प्राप्त करने के लिए बड़ी दूर की यात्रा की। जब वह उस बुद्धिमान् वृद्ध व्यक्ति से मिला, तो उसका पहला प्रश्न था, 'आपके जैसा बुद्धिमान् बनने में मुझे कितना समय लगेगा?'

"उन्होंने तुरन्त उत्तर दिया, 'पांच वर्ष।'

" 'यह तो बहुत लम्बा समय है,' लड़के ने उत्तर दिया।

" 'यदि मैं दूनी मेहनत करूं, तब कितना समय लगेगा?'

" 'तब दस वर्ष लगेंगे,' गुरु ने उत्तर दिया।

" 'दस। यह तो बहुत लम्बी अवधि है। यदि मैं दिन रात अध्ययन करूं तो कितना समय लगेगा?'

"सन्त ने कहा, 'पन्द्रह वर्ष।'

" 'मेरी समझ में नहीं आता मैं हर बार जितना अधिक समय अपने लक्ष्य की प्राप्ति में लगाने के लिए कहता हूं आप उतना ही अधिक समय बताते हो। क्यों?'

" 'उत्तर बहुत आसान है। एक आंख लक्ष्य पर लगी रहेगी और दूसरी इसकी प्राप्ति के लिए तुम्हारा मार्गदर्शन करेगी।' "

"वकील साहब, पॉइन्ट ठीक है," मैंने सहृदयता से सहमत होते हुए कहा, "यह मेरे जीवन की कहानी की तरह है।"

"धैर्य रखो और यह बात जान लो कि जिन चीजों को तुम प्राप्त करना चाहते हो वह तुम्हें अवश्य मिलेंगी लेकिन यदि तुम उसके लिए तैयारी करते हो और उसकी आशा करते हो तब।"

"लेकिन जूलियन मैं कभी भी इतना भाग्यशाली नहीं रहा कि मुझे कुछ भी आसानी से और भाग्य से प्राप्त हो जाए। जो कुछ कभी मुझे मिला है वह सिर्फ सतत् प्रयास से ही मिला है।"

"भाग्य क्या है, मेरे मित्र ?" जूलियन ने दयालुता से उत्तर दिया, "यह तैयारी का अवसर से मेल है और कुछ नहीं।"

जूलियन ने धीरे-से आगे कहा, "इससे पहले कि सिवाना के सन्तों द्वारा बताए गए सही तरीके मैं तुम्हें बताऊं, उससे पहले मुझे तुम्हें कुछ मुख्य सिद्धान्त बताने हैं। सबसे पहले, हमेशा याद रखो कि मन पर स्वामित्व पाने के लिए एकाग्रता अत्यन्त आवश्यक है।"

"गम्भीरतापूर्वक?"

"मैं जानता हूं। इससे मुझे भी आश्चर्य हुआ। लेकिन यह सत्य है। तुम यह बात जान चुके हो कि मस्तिष्क असाधारण कार्य कर सकता है। इस तथ्य का कि तुम्हारी कोई इच्छा है या सपना है मतलब है कि तुममें इसे पूरा करने की क्षमता है। सिवाना के सन्तों को इस

महान सार्वभौमिक सत्य का ज्ञान था। मस्तिष्क की शक्ति को आजाद करने के लिए, तुम्हें इसे साधना चाहिए और इसको जो काम हाथ में हो उस पर केन्द्रित करना चाहिए। जिस क्षण तुम अपने मस्तिष्क को किसी एक लक्ष्य पर केन्द्रित करोगे, तो असाधारण उपहार तुम्हें जीवन में मिलने लगेंगे।''

''एकाग्रचित्त मस्तिष्क इतना महत्त्वपूर्ण क्यों है ?''

''मैं तुम्हें एक पहेली देता हूं। उससे तुम्हारे प्रश्न का सही उत्तर मिल जाएगा। सर्दियों की एक दोपहर तुम जंगल में खो गए हो। तुम्हें गर्मी की सख्त आवश्यकता है। तुम्हारी पीठ पर जो थैला है उसमें सिर्फ एक पत्र है, जो तुम्हारे सबसे अच्छे मित्र ने भेजा है, एक अमेरिकन मछली तूना का टिन है और एक छोटा-सा मैग्नीफाईंग शीशा है, जिसे तुम अपनी आंखें कमजोर होने के कारण साथ रखते हो, ताकि अच्छी तरह देख सको। सौभाग्यवश तुम्हें जलाने के लिए कुछ सूखी लकढ़ियां मिल जाती हैं, लेकिन दुर्भाग्यवश तुम्हारे पास दियासलाई नहीं है। तुम आग कैसे जलाओगे?''

अच्छे दुःख की बात है। जूलियन ने मुझे निरुत्तर कर दिया था। मुझे इसके उत्तर के बारे में कुछ पता नहीं था।

''मैं हार गया।''

''यह तो बहुत आसान है। पत्र को सूखी लकड़ियों के बीच में रख दो और उसके ऊपर मैग्निफाईंग शीशे को पकड़कर रखो। सूर्य की किरणें केन्द्रित होकर कुछ ही क्षणों में अग्नि प्रज्जवलित कर देंगी।''

''और तूना के टिन का क्या होगा?''

''ओह, उसका समावेश तो मैंने तुम्हारा ध्यान सही उत्तर से हटाने के लिए किया था।'' जूलियन ने मुस्कुराकर उत्तर दिया। ''लेकिन इस उदाहरण का सार यह है कि पत्र को सूखी लकड़ियों पर रखने से कुछ नहीं होगा। जिस क्षण तुम मेग्निफाईंग शीशे का प्रयोग सूर्य की बिखरी हुई किरणों को पत्र के ऊपर एकत्रित करने के लिए करोगे, आग जल उठेगी। यही बात मस्तिष्क के साथ है। जब तुम

इसकी विशाल शक्ति को निश्चित और अर्थपूर्ण लक्ष्यों पर केन्द्रित करते हो, तो तुम्हारी व्यक्तिगत शक्ति के गुप्त स्रोत प्रज्ज्वलित हो उठते हैं और आश्चर्यजनक परिणाम प्रदान करते हैं।''

''किसकी तरह?'' मैंने पूछा।

''सिर्फ तुम ही इस प्रश्न का उत्तर दे सकते हो। तुम किस चीज को तलाश रहे हो? क्या तुम एक बेहतर पिता बनना चाहते हो और अधिक सन्तुलित और अधिक प्रतिफल देनेवाला जीवन जीना चाहते हो? क्या तुम आध्यात्मिक आकांक्षाओं की पूर्ति चाहते हो? क्या तुम यह अनुभव करते हो कि जोखिमपूर्ण कार्य या हंसी-खुशी की तुम्हारे जीवन में कमी है? इस पर थोड़ा विचार करो।''

''अनादि-अनन्त आनन्द के बारे में कैसा रहेगा?''

''आगे बढ़ो या घर पर रुको।'' उसने दबी हंसी से कहा, ''छोटे काम से भी शुरुआत की जा सकती है। तुम भी ऐसा कर सकते हो।''

''कैसे?''

''सिवाना के सन्तों को आनन्द के रहस्य के बारे में गत पांच हज़ार वर्षों से पता है। सौभाग्यवश वे इस उपहार को मेरे साथ बांटना चाहते थे। क्या तुम इसे सुनना चाहते हो?''

''नहीं, मैंने सोचा कि मैं थोड़ा ब्रेक ले लूं और पहले गैरेज पर वाल पेपर लगा दूं।''

''हुंह?''

''निःसन्देह मैं अनन्त आनन्द का रहस्य सुनना चाहता हूं, जूलियन। क्या हर कोई आखिर में इसकी तलाश नहीं करता?''

''सत्य है। अच्छा यह इस प्रकार है... क्या मैं तुम्हें दूसरी बार एक कप चाय के लिए कष्ट दे सकता हूं?''

''आओ भी, व्यास की गद्दी छोड़ दो।''

''ठीक है। आनन्द का रहस्य साधारण है: इस बात का पता लगाओ कि तुम वास्तव में क्या करना पसन्द करोगे और तब अपनी सारी शक्ति इसको पूरा करने में लगा दो। यदि तुम सबसे अधिक

प्रसन्न, सबसे अधिक स्वस्थ और सबसे अधिक सन्तुष्ट व्यक्तियों के जीवन का अध्ययन करोगे, तो तुम्हें पता चलेगा कि उनमें से प्रत्येक को अपने जीवन में उत्साहपूर्ण रुचि और लगाव का उद्देश्य मिल गया था और उन्होंने अपना समय उनको पूरा करने में लगा दिया। एक बार यदि जिस काम से तुम्हें प्यार है उसे पूरा करने के लिए अपने मस्तिष्क की शक्ति और ऊर्जा को एकाग्र कर लेते हो, तो तुम्हारा जीवन बाहुल्य से भर जाएगा और तुम्हारी सब इच्छाएं आसानी से तथा शान से पूरी हो जाएंगी।''

''इसलिए सिर्फ यह ज्ञात करो कि तुम्हें क्या करना है और फिर उसको करने में जुट जाओ?''

''यदि यह करने योग्य काम है,'' जूलियन ने कहा।

''तुम्हारा 'करने योग्य' से क्या तात्पर्य है?''

''जैसा कि मैंने कहा जॉन, तुम्हारे जीवन का ध्येय दूसरों का जीवन सुधारना अथवा उनकी सेवा करना होना चाहिए। विक्टर फ्रेंक्ल ने इसको मुझसे कहीं अधिक परिष्कृत रूप में कहा है। जब उसने लिखा, *'सफलता का आनन्द की तरह पीछा नहीं किया जा सकता। इसको तो परिणामस्वरूप आना चाहिए। अपने स्वार्थ से महान दूसरे कारण के प्रति किसी की व्यक्तिगत लगन हो तब यह उसके प्रभाव से बिना इरादे के आती है।'* एक बार जब तुम्हें यह पता चल जाएगा कि तुम्हारे जीवन का महत्त्वपूर्ण काम क्या है, तो तुम्हारी दुनिया सजीव हो उठेगी। तुम प्रत्येक प्रातःकाल असीमित शक्ति और उत्साह के भंडार के साथ जागोगे। तुम्हारे सारे विचार तुम्हारे निश्चित लक्ष्य पर केन्द्रित होंगे। तुम्हारे पास बर्बाद करने के लिए समय नहीं होगा। अतः अमूल्य मानसिक शक्ति तुच्छ विचारों पर नष्ट नहीं होगी। तुम्हारी चिन्ता करने की आदत अपने-आप ही दूर हो जाएगी और तुम कहीं अधिक प्रभावशाली और उत्पादनशील बन जाओगे। दिलचस्प बात यह है कि तुम्हारे अन्दर आंतरिक एकात्मता का एक गहरा भाव होगा, मानो तुम्हारे लक्ष्य की पूर्ति के लिए तुम्हें

किसी प्रकार का मार्गदर्शन मिल रहा है। यह आश्चर्यजनक अहसास है। मुझे यह पसन्द है।'' जूलियन ने प्रसन्नतापूर्वक कहा।

''बहुत सुन्दर और मुझे अच्छा अनुभव करते हुए जागना बहुत अच्छा लगा। जूलियन ईमानदारी की बात यह है कि ज्यादातर मैं यह चाहता हूं कि मुंह ढके पड़ा रहूं। ट्रैफिक को झेलना, नाराज मुवक्किलों से मिलना, आक्रामक विरोधियों का सामना करना और नकारात्मक प्रभावों के निरन्तर बहाव को रोकना इन सबसे यह कहीं अच्छा है। इससे मैं बहुत थक जाता हूं।''

''क्या तुम्हें पता है अधिकांश लोग इतना अधिक क्यों सोते हैं?''

''क्यों?''

''क्योंकि उनके पास करने के लिए कुछ नहीं होता। जो सूर्य निकलने के समय उठते हैं उनमें एक बात समान होती है।''

''पागलपन?''

''अच्छा मजाक है। नहीं उन सबके पास एक लक्ष्य होता है जो उनकी आन्तरिक शक्ति स्रोत की ज्योति को प्रज्जवलित रखता है। वे अपनी प्राथमिकता के आधार पर चलते हैं लेकिन अस्वस्थ और पूर्वाग्रह ग्रस्त तरीके से नहीं। यह अधिक प्रयासरहित और अच्छा तरीका है। अपने जीवन में जो कुछ वे कर रहे हैं उसके प्रति उत्साह और प्यार देकर ऐसे व्यक्ति वर्तमान में जीते हैं। उनका सारा ध्यान पूरी तरह से जो काम हाथ में होता है उस पर होता है। अतः उनकी शक्ति का रिसाव नहीं होता। यह लोग, अगर इनसे कभी तुम्हें मिलने का सौभाग्य प्राप्त हो, अत्यधिक ऊर्जा और शक्ति से सम्पन्न होते हैं।''

''शक्ति का रिसाव? जूलियन यह सुनने में नई बात लगती है। मैं शर्त लगाकर कह सकता हूं कि तुमने यह हार्वर्ड स्कूल में नहीं सीखा है।''

''सच है। यह सिवाना के सन्तों की धारणा थी। यह धारणा शताब्दियों से चली आ रही है लेकिन इसका उपयोग आज भी उतना

ही प्रासंगिक है जितना कि पहली बार विकसित होने पर रहा होगा। हममें से बहुतों को अनावश्यक और अन्तहीन चिन्ताएं समाप्त कर देती हैं। इससे हमारी स्वाभाविक शक्ति और ऊर्जा निचुड़ जाती हैं। क्या तुमने किसी साइकिल का अन्दर का टायर देखा है?''

''निःसन्देह, देखा है।''

''जब यह पूर्णतया भरा होता है, तो यह आपको आपके गन्तव्य तक आसानी से ले जा सकता है। लेकिन इसमें छेद होने पर यह पिचक जाएगा और तुम्हारी यात्रा अचानक रुक जाएगी। इसी तरह दिमाग काम करता है। चिन्ताओं से तुम्हारी मानसिक ऊर्जा और शक्ति रिसने लगती है, जैसे ट्यूब के अन्दर से हवा छेद होने पर निकलने लगती है। शीघ्र ही तुम शक्तिहीन हो जाते हो। तुम्हारी सारी क्रियाशीलता, आशावाद और गतिशीलता तुम्हें थका हुआ छोड़कर बह जाती है।''

मैं इसे अच्छी तरह महसूस कर सकता हूं। मैं अक्सर अपने दिन अस्त-व्यस्तता के संकट में बिताता हूं। मुझे तुरन्त ही हर जगह उपस्थित होना पड़ता है और मैं किसी को भी प्रसन्न नहीं कर पाता। उन दिनों, मैंने इस बात पर ध्यान दिया है कि हालांकि मैं शारीरिक श्रम बहुत कम करता हूं, चिन्ताएं मुझे शाम तक बिल्कुल पस्त कर देती हैं। घर पहुंचने पर मैं सिर्फ एक काम कर पाता हूं कि अपने लिए स्कॉच का पेग बना लूं और रिमोटकन्ट्रोल लेकर चुपचाप लेटा रहूं।''

''बिल्कुल ठीक। अत्यधिक दबाव के कारण ऐसा होता है। एक बार तुम्हें तुम्हारा उद्देश्य मिल जाए, फिर तो जीवन बहुत आसान और प्रतिफल देनेवाला हो जाता है। जब तुम सच में अपना ध्येय अथवा लक्ष्य जान जाते हो, तो फिर जीवन में कभी दोबारा तुम्हें काम नहीं करना पड़ता।''

''क्या जल्दी अवकाश प्राप्त हो जाएगा?''

''नहीं,'' जूलियन ने समझदारीपूर्ण लहजे में कहा, जिसमें वह प्रसिद्ध वकील होने के नाते पारंगत हो गया था। ''तुम्हारा काम खेल जैसा हो जाएगा।''

''क्या अपना काम छोड़कर अपने जीवन का उद्देश्य और लक्ष्य ढूंढ़ना मेरे लिए जोखिमपूर्ण कार्य नहीं होगा? मेरा तात्पर्य है कि मेरा परिवार है और कुछ वास्तविक जिम्मेदारियां भी हैं। चार व्यक्ति मेरे ऊपर निर्भर हैं।''

''मैं यह नहीं कह रहा हूं कि तुम्हें विधि व्यवसाय कल ही छोड़ना है। लेकिन तुम्हें खतरा तो उठाना ही पड़ेगा। अपने जीवन को थोड़ा हिलाओ–डुलाओ। चिन्ता रूपी मकड़ी के जालों से छुटकारा पाओ। वह रास्ता अपनाओ जिस पर कम लोग चले हों। अधिकांश लोग अपने–आपको आराम के क्षेत्र में सीमित रखते हैं। योगी रमन प्रथम व्यक्ति थे जिन्होंने मुझे यह समझाया कि सबसे अच्छा काम जो तुम अपने लिए कर सकते हो वह यह है कि नियमित रूप से इसके आगे बढ़ते जाओ। इस तरीके से स्थायी व्यक्तिगत नियन्त्रण प्राप्त किया जा सकता है और अपने मानवीय उपादानों की असली ताकत को पहचाना जा सकता है।''

''और वे क्या हो सकते हैं?''

''तुम्हारा मस्तिष्क, तुम्हारा शरीर और तुम्हारी आत्मा।''

''अतः मुझे क्या खतरा मोल लेना चाहिए।''

''इतना अधिक व्यावहारिक होना बन्द कर दो। उन कामों को करना शुरू कर दो जिनको तुमने हमेशा करना चाहा है। मैं उन वकीलों को जानता हूं, जिन्होंने स्टेज पर अभिनय करने के लिए वकालत छोड़ दी और उन खजांचियों को जानता हूं, जो शोरगुल पसन्द संगीतज्ञ बन गए। इस प्रक्रिया में उन्हें इतनी अधिक खुशी मिली जो इतने दिनों तक कभी नहीं मिली थी। तो क्या हुआ अगर वे एक साल में दो बार छुट्टियों पर न जा सकें या सेमेंस में उनके पास समर होम न हो? निश्चित जोखिम लेने से भारी लाभ मिलेगा। तुम तीसरी सीढ़ी पर कैसे चढ़ोगे यदि तुम्हारा एक पैर दूसरी पर रखा रहेगा?''

''मैं तुम्हारी बात समझ गया।''

''इसलिए सोचने के लिए समय निकालो। संसार में होने का

वास्तविक कारण खोजो और तब उसे पूरा करने के लिए साहस रखो।''

''मैं आदरपूर्वक कह रहा हूं जूलियन कि अब मुझे सोचना है। यथार्थ में मेरी समस्या का एक पहलू यह भी है कि मैं सोचता बहुत हूं। मेरा मस्तिष्क कभी रुकता नहीं है। इसमें हर समय कुछ-न-कुछ विचार चलते रहते हैं, कभी-कभी मैं विक्षिप्त जैसा हो जाता हूं।''

''जो सुझाव मैं दे रहा हूं वह कुछ अलग है। सिवाना के सभी सन्त प्रतिदिन मौन रहकर विचार करते थे न सिर्फ यह कि वे कहां थे बल्कि यह भी कि वह कहां जा रहे थे। वे अपने उद्देश्य पर विचार करते थे और प्रतिदिन वे किस प्रकार का जीवन जी रहे थे, इस बात पर विचार करते थे। सबसे महत्त्वपूर्ण बात यह है कि वे गहराई से असलियत में यह सोचते थे कि अगले दिन वे अपने जीवन में कैसे सुधार लाएंगे। प्रतिदिन के बढ़े हुए सुधार स्थायी परिणाम देते हैं जिसके कारण सकारात्मक परिवर्तन होता है।''

''इसलिए मुझे नियमित रूप से अपने जीवन पर विचार करना चाहिए।''

''हां, प्रतिदिन सिर्फ दस मिनट अपने जीवन के बारे में एकाग्रचित्त होकर विचार करने से तुम्हारे जीवन के स्तर पर बहुत अच्छा प्रभाव पड़ेगा।''

''जूलियन मैं समझता हूं कि तुम कहां से आ रहे हो। समस्या यह है कि एक बार मेरे दिन का पहिया घूमना शुरू हो जाए, तो मुझे दोपहर का भोजन खाने के लिए दस मिनट भी नहीं मिलते।''

''मेरे मित्र, यह कहना कि तुम्हारे पास तुम्हारे विचार और तुम्हारा जीवन सुधारने के लिए समय नहीं है यह कहने के समान है कि तुम्हें गैस लेने के लिए समय नहीं है क्योंकि गाड़ी चलाने में बहुत व्यस्त हो। आखिरकार यह तुम्हें प्रभावित करेगी।''

''हां, मैं जानता हूं। जूलियन, तुम मुझे कुछ तकनीकें बतानेवाले थे,'' जिस ज्ञान के बारे में मैं सुन रहा था उस पर अमल करने के लिए मैंने कुछ कारगर तरीके सीखने की आशा से कहा।

"मस्तिष्क पर नियन्त्रण करने के लिए एक तकनीक है, जो बाकी सबसे उत्तम है। सिवाना के सन्तों को यह तकनीक प्रिय है। इसे इन्होंने मुझे बहुत भरोसे और विश्वास के साथ सिखाया है। इसका सिर्फ इक्कीस दिन तक अभ्यास करके मैंने अपने-आपको बहुत अधिक ऊर्जावान, उत्साहपूर्ण और जीवन्त अनुभव किया। जितना मैंने पिछले वर्षों में कभी नहीं किया था। यह अभ्यास चार हजार वर्ष पुराना है। इसे 'द हार्ट ऑफ द रोजेज' कहते हैं।"

"मुझे इसके बारे में और अधिक बताओ।"

"इस व्यायाम को करने के लिए तुम्हें एक गुलाब के फूल और शान्त स्थान की आवश्यकता है। प्राकृतिक वातावरण हो, तो सबसे उत्तम है लेकिन एक शान्त कमरे से भी काम चल जाएगा। गुलाब के पुष्प के केन्द्र/हृदय की ओर टकटकी लगाकर देखो। योगी रमन ने मुझे बताया कि गुलाब का पुष्प जीवन की तरह है। इसको पाने के लिए तुम्हें रास्ते में कांटे मिलेंगे लेकिन यदि तुम्हें अपने सपनों पर भरोसा और विश्वास है, तो कांटों से आगे बढ़कर पुष्प का वैभव प्राप्त कर लोगे। गुलाब की ओर टकटकी लगाकर देखते रहो। इसका रंग, बनावट, और डिजाइन ध्यानपूर्वक देखो। इसकी सुगन्ध का रसपान करो और जो आश्चर्यजनक चीज तुम्हारे सामने है सिर्फ उसी के बारे में सोचो। पहले दूसरे विचार तुम्हारे मस्तिष्क में आने शुरू होंगे, गुलाब के केन्द्र/हृदय से तुम्हारा ध्यान हटाने के लिए। यह अप्रशिक्षित मस्तिष्क की पहचान है। लेकिन तुम्हें चिन्ता करने की आवश्यकता नहीं है। शीघ्र ही तेजी से सुधार आएगा। सिर्फ अपने ध्यान को इस पर केन्द्रित करो। शीघ्र ही तुम्हारा मस्तिष्क शक्तिशाली और अनुशासित होने लगेगा।"

"इसमें इतना ही है? यह तो काफी आसान लगता है।"

"जॉन, यही तो इसकी सुन्दरता है," जूलियन ने उत्तर दिया। "इस प्रक्रिया को प्रभावपूर्ण बनाने के लिए इसको प्रतिदिन करना चाहिए। शुरू के कुछ दिनों में इस व्यायाम को करने में तुम्हें पांच मिनट बिताने भी

मुश्किल होंगे। अधिकांश इतनी अधिक जल्दबाजी में जीते हैं कि निःस्तब्धता और मौन कुछ बाहरी और असहज चीजें लगती हैं। अधिकांशतः लोग मेरी बात सुनकर कहेंगे कि उनके पास बैठने और एक फूल की ओर टकटकी लगाकर देखने के लिए समय नहीं है। ये वही व्यक्ति हैं, जो आपसे कहेंगे कि उनके पास बच्चों की हंसी में सुख प्राप्त करने के लिए या बारिश में नंगे पांव घूमने के लिए बिल्कुल समय नहीं है। इन व्यक्तियों का कहना है कि वे इतने व्यस्त हैं कि ऐसे काम नहीं कर सकते। उनके पास मित्र बनाने के लिए भी समय नहीं होता क्योंकि मित्रता भी समय लेती है।''

''तुम ऐसे व्यक्तियों के बारे में बहुत कुछ जानते हो।''

''मैं भी उन्हीं में से एक था।'' जूलियन ने कहा। तब वह रुका और शान्त बैठ गया। उसकी गहरी दृष्टि दादा की दीवार घड़ी पर, जो मेरी दादी ने जैनी को घर को स्नेहपूर्ण बनाने के लिए उपहार में दी थी, जम गई।

''जब मैं उन लोगों के बारे में सोचता हूं, जो अपना जीवन इस प्रकार जीते हैं, तो मुझे एक पुराने ब्रिटिश उपन्यासकार के शब्द याद आ जाते हैं। मेरे पिता को इसकी पुस्तकें पढ़ना अच्छा लगता था। उस उपन्यासकार ने लिखा, 'किसी को भी घड़ी और केलेंडर द्वारा इस तथ्य को नहीं भूलना चाहिए कि जीवन का हर क्षण अलौकिक है – और एक रहस्य है।'

''जारी रखो और गुलाब के बीचों-बीच उसके केन्द्र / हृदय में देखने कि अवधि बढ़ाते जाओ,'' जूलियन ने अपनी रूखी और कड़ी आवाज में कहना जारी रखा। ''एक या दो सप्ताह बाद तुम इस तकनीक को बीस मिनट तक अपने मस्तिष्क को दूसरे विषयों पर भटकाए बिना कर सकोगे। यह तब उसी बात पर केन्द्रित होगा जिस बात पर तुम इसे केन्द्रित करना चाहोगे। तब यह आश्चर्यजनक रूप से तुम्हारा सेवक हो जाएगा, तुम्हारे लिए असाधारण काम करने योग्य। याद रखो या तो तुम अपने मस्तिष्क पर नियन्त्रण रखते हो या यह तुम पर नियन्त्रण रखता है।

"व्यावहारिक रूप से कहूं, तो तुम देखोगे कि तुम पहले से बहुत अधिक शान्त हो गए हो। तुम चिन्ता करने की आदत, जिसने अधिकांश जनसंख्या को त्रस्त कर रखा है, को समाप्त करने के लिए महत्त्वपूर्ण कदम उठा चुके होगे और तुम अधिक शक्ति और आशावाद का सुख भोग रहे होगे। सबसे महत्त्वपूर्ण बात यह है कि तुम अपने अन्दर एक आनन्द की भावना को प्रवेश करते हुए देख रहे होगे। इस क्षमता के साथ कि जो कुछ उपहार तुम्हारे चारों तरफ बिखरे पड़े हैं उनकी प्रशंसा कर सको। प्रतिदिन चाहे तुम कितने ही व्यस्त क्यों न हो और कितनी ही चुनौतियां तुम्हारे सामने क्यों न आएं, तुम गुलाब के केन्द्र/हृदय को देखने की प्रक्रिया जारी रखना। यह तुम्हारा नखलिस्तान है। यह तुम्हारा शान्त विश्रामस्थल है। यह तुम्हारे लिए शान्ति का द्वीप है। कभी मत भूलना कि मौन और शान्ति में शक्ति निहित है। शान्ति ज्ञान के अखिल स्रोत से जोड़नेवाली सीढ़ी है जिसका स्पंदन हर जीवित प्राणी में है।"

मैंने जो कुछ सुना उससे सम्मोहित हो गया। क्या सचमुच यह सम्भव था कि इतनी साधारण विद्या से मैं अपने जीवन के स्तर को अच्छी तरह सुधार सकता था?

"तुम्हारे अन्दर इतना नाटकीय परिवर्तन देखकर लगता है कि 'द हार्ट ऑफ द रोज' के अलावा और भी बहुत कुछ है।" मैंने आश्चर्यपूर्ण स्वर में जोर से कहा।

"हां, यह सच है। वास्तव में, अनेक प्रभावपूर्ण तकनीकों का सामंजस्य के साथ प्रयोग करने से ही मुझमें यह परिवर्तन आया है। चिन्ता मत करो – वे सब इतनी ही आसान हैं जितना कि यह अभ्यास जो मैंने अभी तुम्हें बताया है और उतनी ही शक्तिशाली। जॉन, तुम्हारे लिए परिवर्तन की कुंजी यह है कि सम्भावनाओं से सम्पन्न जीवन जीने के लिए अपनी क्षमताओं के प्रति अपने मस्तिष्क को सजग रखो।"

जूलियन ने ज्ञान के स्रोत सिवाना में जो कुछ सीखा था बताना जारी रखा। "मस्तिष्क को चिन्ताओं से और दूसरे नकारात्मक विचारों

से, जो जीवन पर विनाशकारी प्रभाव डालते हैं। मुक्ति दिलाने के लिए एक खास दूसरी अच्छी तकनीक है, जो योगी रमन के अनुसार विरोधी सोच (ओपोजीशन थिंकिंग) पर आधारित है। मुझे ज्ञात हुआ कि प्रकृति के महान नियमों के अन्तर्गत मस्तिष्क एक बार में एक ही विचार रख सकता है। अपने-आप आजमाकर देखो जॉन। तुम्हें पता चल जाएगा कि यह सत्य है।''

मैंने आजमाकर देखा और यह सत्य था।

''इस अप्रचलित विधि को जानकर कोई भी सरलतापूर्वक थोड़े समय में एक सकारात्मक क्रियाशील मस्तिष्क का निर्माण कर सकता था। प्रक्रिया एकदम सीधी-सादी है। जब भी अवांछनीय विचार तुम्हारे मस्तिष्क में घर कर जाएं, तो उसके स्थान पर तुरन्त ही उन्नत विचार ले आओ। यह इस प्रकार है मानो तुम्हारा मस्तिष्क एक बहुत विशाल स्लाइड प्रोजेक्टर है और हर विचार तुम्हारे मस्तिष्क में एक स्लाइड है। जब कभी एक नकारात्मक विचार तुम्हारे मस्तिष्क के पटल पर आए, उसे हटाकर तुरन्त ही सकारात्मक विचार ले आओ।

''ऐसे में मेरे गले में जो जपमाला है उसके दाने काम आते हैं,'' जूलियन ने बड़े उत्साह से आगे बताया, ''जब कभी मैं अपने-आपको नकारात्मक विचार सोचते हुए पाता हूं, मैं इस माला को उतार लेता हूं और एक दाना इसमें से निकाल देता हूं। और उस दाने को कप में डाल देता हूं जिस कप को मैं अपने पिठथैले में रखता हूं। एक साथ मिलकर वे मुझे शिष्टतापूर्वक याद दिलाते हैं कि अभी मुझे मन पर अधिकार करने के लिए और जो विचार मेरे मस्तिष्क में भरे होते हैं उनके उत्तरदायित्व के लिए कितनी दूरी का मार्ग तय करना है।''

''ओह, यह तो बड़ी बात है। यह वास्तव में व्यावहारिक मसला है। इस तरह की बात मैंने कभी नहीं सुनी। इस विरोधी सोच (ओपोजीशन थिंकिंग) के सिद्धान्त के बारे में मुझे कुछ और बताओ।''

''जीवन का जीता-जागता उदाहरण सामने है। मैं कहूं कि तुम्हारा न्यायालय में आज का दिन बड़ा कड़ा बीता। न्यायाधीश

तुम्हारे स्पष्टीकरण से सन्तुष्ट नहीं हुए। विरोधी वकील शत्रुवत् रहा और तुम्हारा मुवक्किल भी तुम्हारे काम से सन्तुष्ट नहीं हुआ। तुम घर आकर अपनी प्रिय कुर्सी पर निराशा से भरे हुए निढाल होकर गिर जाते हो। प्रथम कदम तो यह है कि तुम सचेत हो जाओ कि तुम इन हतोत्साहित करनेवाले विचारों को सोच रहे हो। मन पर अधिकार करने के लिए आत्मज्ञान पहला कदम है। दूसरा कदम यह है कि जितनी आसानी से तुमने उन उदास विचारों को अपने मस्तिष्क में प्रवेश करने दिया था उतनी ही आसानी से प्रसन्नतापूर्ण विचार तुम उनके स्थान पर स्थापित कर सकते हो। इस बात को हमेशा के लिए मान लो। अतः निराशा के विपरीत सोचो। प्रसन्न और ऊर्जावान बनने पर ध्यान केन्द्रित करो। अनुभव करो कि तुम प्रसन्न हो। शायद तुम मुस्कुराने लगो। अपने शरीर को इसी प्रकार हिलाओ जिस प्रकार जब तुम प्रसन्नता और उत्साह से भरे होते हो, तब हिलाते हो। एकदम सीधे बैठो, गहरा श्वास लो और अपने मस्तिष्क की शक्ति को सकारात्मक विचारों के लिए प्रशिक्षित करो। कुछ ही मिनटों में जो अनुभव तुम कर रहे थे, उसमें अन्तर दिखाई देगा। इससे भी अधिक महत्त्वपूर्ण यह है कि यदि तुम विरोधी सोच (ओपोजीशन थिंकिंग) का अभ्यास जारी रखोगे, उसे उन सभी नकारात्मक विचारों पर लागू करते हुए, जो आदतन तुम्हारे मस्तिष्क में आते हैं, कुछ ही सप्ताहों में तुम देखोगे कि उनमें कोई शक्ति नहीं रह गई है। क्या तुम्हारी समझ में आ रहा है जो कुछ मैं कह रहा हूं?"

जूलियन ने अपनी व्याख्या जारी रखते हुए कहा, "विचार शक्तिशाली जीवित वस्तुएं हैं, ऊर्जा के छोटे-छोटे बंडल हैं यदि तुम समझना चाहो तो। अधिकतम लोग अपने विचारों की प्रकृति पर कोई विचार नहीं करते लेकिन तुम्हारे विचारों की मूल्यवत्ता तो तुम्हारे जीवन के स्तर का निर्णय करती है। विचार इस भौतिक दुनिया का इसी प्रकार का हिस्सा हैं जैसे वह झील जिसमें तुम तैरते हो या वह सड़क जिस पर तुम चलते हो। एक मजबूत, अनुशासित मस्तिष्क, जिसका निर्माण

कोई भी दैनिक अभ्यास से कर सकता है, अलौकिक चीजें प्राप्त कर सकता है। यदि तुम जीवन परिपूर्ण ढंग से जीना चाहते हो, तो अपने विचारों की ऐसे ही देखभाल करो जैसे अपनी सबसे कीमती वस्तुओं की करते हो। आंतरिक अशान्ति को दूर करने के लिए कठोर परिश्रम करो। तुम्हें इसका प्रतिफल बहुतायत में मिलेगा।''

इस खोज पर आश्चर्यचकित होकर मैंने उत्तर दिया, ''जूलियन मैंने विचारों को कभी भी जीवित वस्तुओं के रूप में नहीं देखा। लेकिन मैं देख सकता हूं कि वे मेरी दुनिया की हर चीज को कितना प्रभावित करते हैं।''

''सिवाना के सन्तों का दृढ़विश्वास था कि किसी भी व्यक्ति को सिर्फ 'सात्विक' अथवा पवित्र विचार ही सोचने चाहिए। वे उस स्थिति में उन तकनीकों के द्वारा जो मैंने अभी-अभी तुम्हें बताई हैं, और दूसरे अभ्यासों के द्वारा पहुंचे थे। जैसे प्राकृतिक भोजन, सकारात्मक वाक्यों को बार-बार दोहराना या मन्त्रों की (वे इनको मन्त्र कहते थे) ज्ञानपूर्ण पुस्तकें पढ़ना और निरन्तर इस बात का ध्यान रखना कि उन्हें ज्ञान प्राप्त लोगों के साथ ही रहना है। यदि उनके मस्तिष्क में एक भी अपवित्र विचार आ गया, तो वे मीलों पैदल चलकर एक बड़े झरने के पास पहुंचकर उसके बर्फ जैसे ठंडे पानी में खड़े रहकर, जब तक कि उसका जमाव बिन्दुवाला तापमान असहनीय न हो जाए, अपने-आपको सजा देते थे।''

''मैं सोचता हूं कि तुमने यह कहा था कि ये सन्त बहुत बुद्धिमान् थे। हिमालय के पहाड़ों में झरने के बर्फ जैसे ठंडे पानी में खड़ा होना एक नगण्य नकारात्मक विचार के लिए मुझे तो उनके व्यवहार में कुछ ज्यादती लगती है।'' जूलियन ने बिजली की गति से उत्तर दिया। वर्षों तक संसार का प्रसिद्ध वकील रहने के कारण उसमें यह खूबी आ गई थी। ''जॉन, मैं साफ-साफ कहता हूं। तुम वास्तव में एक भी नकारात्मक विचार नहीं रख सकते।''

''वास्तव में?''

"हां वास्तव में। एक चिन्तापूर्ण विचार भ्रूण की तरह है: यह प्रारम्भ में छोटा होता है लेकिन बढ़ता ही जाता है। शीघ्र ही अपना जीवन धारण कर लेता है।"

जूलियन एक क्षण के लिए रुका और फिर मुस्कुराया। "क्षमा करना यदि मैं इस विषय पर, इस दर्शन पर जिसका मैंने अपनी यात्रा के दौरान ज्ञान प्राप्त किया बोलते हुए इसाई-धर्म के उपदेशक जैसा लगता हूं। बात यह है कि मैंने ऐसे यान्त्रिक उपकरण खोज लिए हैं जो बहुत से मनुष्यों का जीवन सुधार सकते हैं, ऐसे मनुष्य जिनकी इच्छाएं पूरी नहीं हुई हैं, जो हतोत्साहित हैं, और दुःखी हैं। उनकी दैनिक रूटीन में थोड़ा-सा सामंजस्य बिठाकर 'हार्ट ऑफ रोज' की तकनीक अपनाकर और विरोधी सोच (ओपोजीशन थिंकिंग) के निरन्तर अभ्यास से उन्हें जीवन में वह सब प्राप्त हो जाएगा जो वे चाहते हैं। मैं सोचता हूं कि उनको यह सब जानना ही चाहिए।"

"इससे पहले कि मैं योगी रमन की रहस्यपूर्ण कहानी के बगीचे से दूसरे तत्त्व की ओर चलूं, मैं तुम्हें एक और रहस्य बताना चाहता हूं जो तुम्हारे व्यक्तिगत जीवन के विकास में बहुत सहायता देगा। यह रहस्य प्राचीन सिद्धान्त पर आधारित है कि हर चीज दो बार में बनती है, पहले मस्तिष्क में और फिर यथार्थ में। मैं पहले ही बता चुका हूं कि विचार वस्तु है, भौतिक सन्देशवाहक है जिनको हम अपनी भौतिक दुनिया को प्रभावित करने के लिए भेजते हैं। मैंने तुम्हें यह भी बताया है कि यदि तुम अपनी बाहरी दुनिया में उल्लेखनीय सुधार करना चाहते हो तुम्हें अन्दर से शुरुआत करनी होगी और अपने विचारों में परिवर्तन लाना होगा।

"सिवाना के सन्तों के पास अपने विचारों को पवित्र और स्वास्थ्यकर बनाए रखने का एक आश्चर्यजनक सुरक्षित तरीका था। यह तकनीक उनकी इच्छाओं को चाहे वे कितनी भी साधारण क्यों न हो पूरा करने में काफी प्रभावपूर्ण थीं। यह तरीका किसी के लिए भी काम करेगा। यह एक वकील के लिए कारगर है जो आर्थिक सम्पत्ति बहुतायत में

चाहता है, यह एक मां के लिए भी कारगर है जो धनाढ्य पारिवारिक जीवन जीना चाहती है और यह एक सेल्समैन के लिए भी काम करेगा जो अधिक बिक्री करना चाहता है। इस तकनीक को सन्त झील का रहस्य कहते थे। इसका प्रयोग करने के लिए ये गुरु प्रातःकाल चार बजे उठ जाते थे क्योंकि उनका अनुभव था कि प्रातःकाल के समय में चमत्कारपूर्ण विशेषताएं थीं जिनका वे फायदा उठा सकते थे। सन्त ढालू और संकरे पहाड़ी मार्गों की श्रृंखला के सहारे नीचे उस क्षेत्र में पहुंचते थे जहां वे रहते थे। एक बार वहां पहुंचकर वे एक मुश्किल से दिखाई पड़नेवाले ऊबड़-खाबड़ रास्ते से जिसके सहारे शानदार देवदारु के वृक्ष लगे हुए थे तथा अद्भुत पुष्प खिले हुए थे, चलकर एक खुले हुए स्थान पर पहुंच जाते थे। इस खुले स्थान के किनारे नीले रंग के पानी की झील थी, जो छोटे कमल के हजारों पुष्पों से आच्छादित थी। झील का पानी आश्चर्यजनक रूप से स्थिर और शान्त था। यह वास्तव में एक अलौकिक दृश्य था। सन्तों ने मुझे बताया कि यह झील युगों से उनके पूर्वजों की मित्र रही है।"

मैंने अधीर होकर पूछा, "झील का रहस्य क्या था?"

जूलियन ने विस्तार से बताया कि "सन्त झील के स्थिर जल में देखते थे और उसमें अपने सपनों का कल्पनादर्शन करके उनको सत्य में परिणित होते हुए देखते थे। यदि वे अपने जीवन में अनुशासन के गुण की संवृद्धि करना चाहते थे, तो वे अपने-आपको दिन निकलने से पहले उठते हुए देखते थे, कठोर शारीरिक व्यायाम करते हुए बिना नागा और अपनी इच्छाशक्ति बढ़ाने के लिए कई दिनों का मौन रखते हुए कल्पनादर्शन करते थे। यदि वे जीवन में अधिक आनन्द चाहते थे, तो झील में देखकर अनियन्त्रित रूप से हंसते हुए या जब कभी अपने किसी भाई या बहन से मिलते उस समय मुस्कुराते हुए कल्पना-दर्शन करते थे। यदि उन्हें साहस की इच्छा थी, तो चुनौती अथवा संकट के समय वे अपनी तस्वीर ताकत के साथ अभिनय करते हुए देखते थे।

"योगी रमन ने एक बार मुझे बताया कि जब वह किशोरावस्था में थे तो उनमें आत्मविश्वास की कमी थी क्योंकि वह अपनी उम्र के दूसरे लड़कों से छोटे थे। जबकि वे लड़के अपने वातावरण के प्रभाव के कारण उनके प्रति दयालु और नम्र थे, फिर भी वह अपने–आपको असुरक्षित समझने लगे और स्वभाव से शर्मीले हो गए। इस कमजोरी को दूर करने के लिए, योगी रमन इस स्वर्गीय स्थान की यात्रा करते थे और जिस प्रकार का व्यक्ति बनने की आशा करते थे वैसी छवियों के लिए वह इस झील को पिक्चर स्क्रीन के रूप में प्रयोग करते थे। कुछ दिनों तक वह अपने–आपको एक मजबूत नेता के रूप में खड़ा हुआ, लम्बा और शक्तिशाली रौबदार आवाज में बोलता हुआ देखते। दूसरे दिनों में वह अपने–आपको उस रूप में देखते जैसा वह बड़े होने पर बनना चाहते थे: एक बुद्धिमान् सन्त जो विशाल आंतरिक शक्ति का भंडार और चरित्रवान हो। अपने जीवन में वह जो भी गुण विकसित करना चाहते थे उनको पहले वह झील की सतह पर देखते थे।

"कुछ ही महीनों में योगी रमन वह व्यक्ति बन गए जिसे उन्होंने मानसिक रूप से बनते हुए देखा था। तुम जानते हो जॉन, मस्तिष्क तस्वीरों द्वारा काम करता है। तस्वीरें तुम्हारी स्वयं की छवि को प्रभावित करती हैं तुम्हारे स्वयं की छवि तुम्हारे सोचने, काम करने के और प्राप्त करने के तरीके को प्रभावित करती है। यदि तुम्हारी आत्मछवि तुमसे यह कहती है कि एक सफल वकील बनने के लिए तुम अभी बहुत छोटे हो अथवा अपनी बेहतरी के लिए अपनी आदतों को बदलने के लिए तुम बहुत बड़े हो गए हो तो तुम्हें इन लक्ष्यों की प्राप्ति कभी नहीं होगी। यदि तुम्हारी आत्मछवि तुमसे यह कहती है कि उद्देश्यपूर्ण बढ़िया स्वास्थ्य और प्रसन्नता से परिपूर्ण जीवन उन लोगों के लिए है जिनकी पृष्ठभूमि तुम्हारी पृष्ठभूमि से भिन्न है, तो यह भविष्यवाणी आखिरकार सत्य सिद्ध हो जाएगी।

"लेकिन जब तुम अपने मस्तिष्क के चलचित्र पटल पर प्रेरणात्मक, कल्पनात्मक तस्वीरें दौड़ाते हो, तो तुम्हारे जीवन में आश्चर्यजनक

काम होने लगते हैं। आइसटीन ने कहा है, 'कल्पना ज्ञान से अधिक महत्त्वपूर्ण है।' तुम्हें प्रतिदिन थोड़ा समय, चाहे यह सिर्फ कुछ मिनट ही हो क्रियाशील कल्पनादर्शन के अभ्यास में अवश्य लगाना चाहिए। जैसा तुम बनना चाहते हो वैसे रूप मे अपने-आपको देखो. चाहे इसका तात्पर्य एक महान जज के रूप में सेवा करना हो, एक महान पिता के रूप में या अपने समाज के महान नागरिक के रूप में।''

मैंने भोलेपन से पूछा, ''क्या मुझे विशेष झील तलाश करनी पड़ेगी 'झील का रहस्य' प्रयोग करने के लिए?''

''नहीं। मस्तिष्क को निश्चित चित्रों द्वारा प्रभावित करने की युगों पुरानी तकनीक को सन्तों ने 'झील का रहस्य' नाम दे दिया था। तुम इस विधि का अभ्यास चाहो तो अपने लिविंग रूम में अथवा ऑफिस में भी कर सकते हो। अपना दरवाजा बन्द कर दो, टेलिफोन कॉल बन्द कर दो और अपनी आंखें बन्द करो। फिर कुछ गहरी सांस लो। दो या तीन मिनट बाद तुम आराम अनुभव करने लगोगे। इसके बाद अब जीवन में जो कुछ बनना चाहते हो, रखना चाहते हो, या प्राप्त करना चाहते हो, उसकी मानसिक तस्वीर मन की आंखों में देखो। यदि तुम दुनिया का सबसे अच्छा पिता बनना चाहते हो, तो कल्पनादर्शन में अपने-आपको बच्चों के साथ हंसते हुए, खेलते हुए देखो, उनके प्रश्नों का उत्तर खुले दिल से देते हुए देखो। तनाव की स्थिति में प्यार से और शालीनता से काम करते हुए अपनी तस्वीर देखो। इस प्रकार का दृश्य जब यथार्थ में तुम्हारे सामने उपस्थित होगा तब तुम अपने कर्तव्यों का संचालन किस प्रकार करोगे उसका मानसिक अभ्यास करो।

''मानस-दर्शन का चमत्कार बहुत-सी स्थितियों के लिए किया जा सकता है। तुम इसका प्रयोग न्यायालय में अधिक प्रभावपूर्ण होने के लिए, अपने सम्बन्धों को प्रगाढ़ करने के लिए और अपना आध्यात्मिक विकास करने के लिए कर सकते हो। इस विधि का निरन्तर अभ्यास करने से तुम्हें बहुलता से आर्थिक और भौतिक लाभ प्राप्त होंगे, यदि तुम्हारे लिए यह महत्त्वपूर्ण है, तो। हमेशा के लिए समझ लो कि तुम जीवन में जो कुछ भी पाने की इच्छा रखते हो उसे प्राप्त करने के

लिए तुम्हारे मस्तिष्क में चुम्बकीय शक्ति है। यदि तुम्हारे जीवन में कोई कमी है, तो इसका अर्थ है कि तुम्हारे विचारों में, तुम्हारी सोच में, कमी है। अपने मस्तिष्क की आंखों के सामने आश्चर्यजनक तस्वीरों को रखो। तुम्हारे मस्तिष्क के लिए एक भी नकारात्मक चित्र हानिकारक है। एक बार जब तुम इस प्राचीन पद्धति के प्रयोग से प्रसन्नता प्राप्त करोगे तब तुम्हें अपने मस्तिष्क के अनन्त शक्ति स्रोत का अनुभव होगा और फिर योग्यता और क्षमता का जो भंडार तुम्हारे अन्दर इस समय सुप्तावस्था में है – जाग्रत होने लगेगा।''

ऐसा लग रहा था मानो जूलियन विदेशी भाषा बोल रहा है। आध्यात्मिक और भौतिक सम्पत्ति को आकर्षित करने के लिए मस्तिष्क की चुम्बकीय शक्ति के बारे में कभी किसी को कहते हुए नहीं सुना था और न ही मैंने कभी किसी को मानसिक चित्रों की शक्ति और किसी के जीवन के हर पहलू पर इसके गहन प्रभाव के बारे में कहते हुए सुना था। फिर भी अपने अन्दर की गहराई में जूलियन जो कुछ कह रहा था उस पर विश्वास था। यह वह व्यक्ति था जिसका अनुमान और बौद्धिक सामर्थ्य त्रुटिहीन होता था। यह वह व्यक्ति था जिसकी विधि सम्बन्धी तेज समझ के लिए अन्तर्राष्ट्रीय स्तर पर सम्मान किया जाता था। यह वह व्यक्ति था जो उस मार्ग को छोड़ गया था जिस पर अब मैं चल रहा था। जूलियन को पूर्व के पहाड़ों की दुर्गम यात्रा में कुछ अवश्य प्राप्त हो गया था, यह बात स्पष्ट थी। उसकी शारीरिक शक्ति, स्पष्ट शान्त अवस्था, उसका रूपान्तरण देखकर मुझे विश्वास हो गया कि उसकी सलाह ध्यान से सुनने में ही बुद्धिमानी है।

जो कुछ मैं सुन रहा था उसके बारे में मैंने जितना अधिक सोचा उतना ही अधिक उसका अभिप्राय मेरी समझ में आया। निश्चित रूप से मस्तिष्क में शक्तिभंडार, जिसका हम वर्तमान में इस्तेमाल करते हैं, उससे कहीं अधिक होता है। नहीं तो माताएं इतनी भारी कारों को जिनका हिलाना-डुलाना भी असम्भव है, अपने रोते हुए बच्चे का जीवन बचाने के लिए, जो उसके नीचे आ गया है कैसे उठा लेती हैं? कैसे मार्शल आर्टिस्ट अपने हाथों के एक झपट्टे से ईंटों के ढेर को तोड़ देता है? कैसे पूर्व के योगी अपनी इच्छा के अनुसार अपने हृदय

की धड़कन को कम कर लेते हैं और असहनीय पीड़ा बिना पलक झपकाएं, बिना उफ किए सह लेते हैं? सम्भव है कि असली समस्या मुझ में ही हो, उन अद्‌भुत शक्तियों के प्रति विश्वास में कमी के कारण जो हर व्यक्ति में होती हैं। शायद इस सन्ध्या को एक पूर्व करोड़पति वकील जो अब हिमालय से संन्यासी बनकर लौटा था, के साथ बैठना मेरे जागरण का आह्‌वान बन गया।

"जूलियन, लेकिन इन व्यायामों को ऑफिस में करना?" मैंने उत्तर दिया, "मेरे साथी मुझे वैसे ही अनोखा समझते हैं।"

"योगी रमन और सभी सहृदय सन्त जिनके साथ वह रहते थे, अक्सर एक कहावत कहा करते थे, जो उन्हें पीढ़ियों से प्राप्त हुई थी। यदि मैं कहूं तो यह शाम हम दोनों के लिए ही महत्त्वपूर्ण हो गई है और यह मेरा विशेषाधिकार है कि इस कहावत को मैं तुम्हें बता दूं। वह शब्द इस प्रकार हैं : 'किसी दूसरे व्यक्ति से बड़ा होना कोई श्रेष्ठ बात नहीं है। वास्तविक श्रेष्ठता इस बात में है कि तुम स्वयं पहले से श्रेष्ठ हो गए हो।' वस्तुतः जो कुछ मैं कहना चाह रहा हूं वह यह है कि यदि तुम अपना जीवन सुधारना चाहते हो और वह सब प्राप्त करना चाहते हो जिसके तुम योग्य हो, तो तुम्हें अपनी दौड़ स्वयं दौड़नी होगी। दूसरे व्यक्ति तुम्हारे बारे में क्या कहते हैं इस बात का कोई महत्त्व नहीं है। महत्त्वपूर्ण बात यह है कि तुम अपने बारे में क्या कहते हो? जब तक तुम जानते हो कि जो कुछ तुम कर रहे हो वह सही है, तब तक दूसरों के निर्णय से प्रभावित मत हो। तुम जो कुछ भी करना चाहो कर सकते हो। जब तक यह तुम्हारे विवेक और हृदय के अनुसार सही है। जो चीज सही है उसे करने में कभी भी लज्जा का अनुभव मत करो; यह निर्णय करो कि क्या अच्छा है फिर उस पर जमे रहो। और भगवान के लिए अपनी हैसियत को दूसरों की हैसियत से नापने की ओछी आदत मत डालो। योगी रमन का उपदेश था : 'हर क्षण जिसे तुम किसी दूसरे के सपने के बारे में सोचते हुए बिताते हो, तुम अपना ही समय बर्बाद करते हो।' "

बारह बजकर सात मिनट हो चुके थे। उल्लेखनीय है कि मैं जरा भी थकान का अनुभव नहीं कर रहा था। जब मैंने यह बात जूलियन को बताई तो वह एक बार फिर मुस्कुराया। "तुमने प्रबुद्ध जीवन जीने

के लिए एक दूसरा सिद्धान्त भी सीख लिया है। अधिकांश रूप से थकान मस्तिष्क से होती है। जिनका जीवन दिशाहीन और स्वप्नहीन हैं उनके जीवन में थकान प्रभुत्व जमाती है। मैं तुम्हें एक उदाहरण देता हूं। क्या कभी ऐसा हुआ है कि तुम अपने ऑफिस में नीरस केस रिपोर्ट्स पढ़ रहे थे और तुम्हारा मस्तिष्क इधर-उधर भटकने लगा और तुम्हें नींद आने लगी?"

"कई बार ऐसा हुआ है।" मैंने उत्तर दिया। मैं यह नहीं बताना चाहता था कि मेरा तो काम करने का यही तरीका था। "यह बात निश्चित है कि हममें से अधिकांश को नियमित आधार पर, काम करने पर नींद आने लगती है।"

"लेकिन यदि तभी तुम्हारा कोई मित्र तुमसे फोन पर पूछे कि क्या तुम सान्ध्य नृत्योत्सव में जाओगे, गोल्फ के खेल में तुम्हारी राय पूछने लगे, तो तुम तुरन्त चैतन्य हो जाओगे। थकान का हर चिह्न गायब हो जाएगा। क्या मेरा अनुमान सही नहीं है?"

"यह बिल्कुल सही है, वकील साहब।"

जूलियन जानता था कि वह सफलता की ओर बढ़ रहा था। "अतः तुम्हारी थकान एक मानसिक उपज के अतिरिक्त कुछ नहीं है। जब तुम कोई थकानेवाला काम कर रहे होते हो, तो तुम्हारा मस्तिष्क जिसमें यह बुरी आदत पैदा हो गई है, बैसाखी की तरह सहारा लेने का काम करता है। आज की रात तुम मेरी कहानी से स्पष्टतः सम्मोहित हो गए हो और जो ज्ञान मुझे दिया गया है उसे सीखने के लिए उत्सुक हो। तुम्हारी रुचि और मानसिक एकाग्रता ने तुम्हें ऊर्जा प्रदान की है। आज की शाम तुम्हारा मन न तो अतीत में गया और न ही भविष्य में। यह सही तरीके से वर्तमान पर, हमारे वार्तालाप पर केन्द्रित रहा। जब तुम निरन्तर अपने मस्तिष्क को वर्तमान में रहने के लिए निर्देश दोगे, तो तुम्हें हमेशा अनियमित ऊर्जा प्राप्त होगी – इसमें इस बात का कोई मतलब नहीं है कि दीवार पर टंगी घड़ी क्या समय बता रही है।"

मैंने सहमति में सिर हिलाया। जूलियन का ज्ञान इतना स्पष्ट प्रतीत होता था फिर भी मुझे कभी अनुभव नहीं हुआ। मेरा अनुमान है

कि साधारण ज्ञान हमेशा इतना साधारण नहीं होता। मैं सोचने लगा जब मैं बड़ा हो रहा था तो मेरे पिताजी कहा करते थे, 'जो चाहेंगे सिर्फ वही प्राप्त करेंगे।' मैं चाहता था काश आज वह मेरे साथ होते।

अध्याय 7

क्रिया विधि का सार • जूलियन का ज्ञान संक्षेप में

प्रतीक

सद्‌गुण

- अपने मन पर अधिकार करो।

ज्ञान

- अपने मस्तिष्क को संवारो – यह तुम्हारी आशाओं से कहीं अधिक फलेगा–फूलेगा
- तुम्हारे जीवन का स्तर तुम्हारे विचारों की गुणवत्ता पर आधारित होता है
- त्रुटियां नहीं होतीं – सिर्फ शिक्षा मिलती है। प्रगति में अवरोधों को व्यक्तिगत विस्तार और आध्यात्मिक विकास के अवसर के रूप में देखो।

तकनीक

- गुलाब का रहस्य
- विरोधी सोच
- झील का रहस्य।

उद्धरण योग्य कथन

- प्रसन्नता का रहस्य साधारण है : पता लगाओ कि तुम वास्तव में क्या करना पसन्द करते हो और फिर अपनी सारी ऊर्जा इसे करने में लगा दो। एक बार तुम ऐसा करोगे, तो तुम्हारे जीवन में धन–सम्पत्ति का बाहुल्य होगा और तुम्हारी सभी इच्छाएं आसानी से और शान से पूरी हो जाएंगी।

द मांक हू सोल्ड हिज़ फ़रारी

अध्याय 8

• • •

अपनी अंतरज्योति को जगाइए

"अपने–आप पर विश्वास करो। इस तरह का जीवन निर्माण करो कि तुम सारी उम्र प्रसन्नतापूर्वक जी सको। सम्भावनाओं की छोटी आंतरिक चिंगारियों को उत्तेजित करके अपने लिए लाभप्रद उपलब्धियों की अग्निशिखा बनाओ।"

– फोस्टर सी.एम.सी. क्लेलन

"जिस दिन योगी रमन ने अपनी छोटी रहस्यवादी कहानी हिमालय के पहाड़ों पर मुझे सुनाई वह दिन कई तरह से वस्तुतः आज के दिन जैसा ही था।" जूलियन ने कहा।

"वास्तव में?"

"हमारी मुलाकात शाम को शुरू हुई और देर रात तक चलती रही। हम दोनों के बीच ऐसा ही सामंजस्य था। ऐसा प्रतीत होता था मानो हवा बिजली के साथ कड़कड़ा रही थी। जैसा कि मैंने तुमको पहले बताया है, कि जिस क्षण मैं रमन से मिला तो मुझे ऐसा लगा कि वह मेरा भाई है। मेरा कोई भाई नहीं था। आज यहां तुम्हारे पास बैठकर और तुम्हारे चेहरे पर दिलचस्पी का भाव देखकर मुझे प्रसन्नता हो रही है। मैं वही ऊर्जा और नैतिक बन्धन अनुभव कर रहा हूं। मैं तुम्हें यह भी अवश्य बताऊंगा कि मैंने तुम्हें हमेशा अपना छोटा भाई समझा है तभी से जब से हम मित्र बने हैं। सत्य बात तो यह है कि तुममें मैंने काफी हद तक अपने–आप को देखा है।"

"जूलियन, तुम एक आश्चर्यजनक वकील थे। मैं तुम्हारा शक्तिशाली प्रभाव कभी नहीं भूलूंगा।"

यह बात स्पष्ट थी कि उसको अपने अतीत के संग्रहालय में अनुसंधान करने में कोई दिलचस्पी नहीं थी।

"जॉन, योगी रमन की शिक्षाप्रद कहानी के तत्त्वों का रहस्य तुम्हें बताने से पहले मैं एक बात पक्की करना चाहता हूं। पहले ही तुम व्यक्तिगत परिवर्तन के लिए अनेक अत्यधिक प्रभावपूर्ण विधाओं के बारे में ज्ञान प्राप्त कर चुके हो। यदि तुम उनका निरन्तर प्रयोग करोगे, तो वे तुम्हारे लिए आश्चर्यजनक काम करेंगी। आज की रात मैं अपना हृदय खोलकर तुम्हारे सामने रख दूंगा और जो कुछ भी मैं जानता हूं वह सब तुम्हें बता दूंगा क्योंकि ऐसा करना मेरा कर्तव्य है। मैं इस बात से निश्चिन्त होना चाहता हूं और तुम अच्छी तरह समझते हो कि यह कितना महत्त्वपूर्ण है कि जब तुम्हारी बारी आए तो तुम इस ज्ञान को उन लोगों को दो जो इस प्रकार का मार्गदर्शन चाहते हैं। हम बहुत ही परेशानियों से भरी दुनिया में रह रहे हैं। नकारात्मकता इसमें फैल रही है और हमारे समाज में बहुत से लोग ऐसे हैं जैसे बिना पतवार के जहाज, थकी हुई आत्माएं प्रकाश घर (लाईट हाउस) की खोज में हैं, जो उन्हें पथरीली चट्टानोंवाले तट से टकराकर चूर-चूर हो जाने से रोक सके। तुम्हें तो जत्थे का कप्तान होना चाहिए। मैं तुम पर भरोसा कर रहा हूं कि तुम सिवाना के सन्तों का सन्देश उन लोगों को दे सको जिनको इसकी आवश्यकता है।"

कुछ सोच-विचारकर मैंने दृढ़विश्वास के साथ जूलियन से वादा किया कि मैं इस काम को स्वीकार करता हूं। उसने फिर भावनापूर्ण तरीके से कहना शुरू किया, "इस पूरे प्रयास का सौन्दर्य इस बात में है कि जैसे ही तुम दूसरों का जीवन सुधारने का प्रयत्न करते हो तुम्हारा स्वयं का जीवन बहुत ऊंचे आयाम धारण कर लेता है। यह सत्य असाधारण जीवन जीने के लिए एक पुरानी कहावत पर आधारित है।"

"मैं बहुत ध्यान से सुन रहा हूं।"

"मूल रूप से हिमालय के सिवाना के सन्तों ने अपने जीवन को एक साधारण नियम से निर्देशित किया कि जो सबसे अधिक सेवा करता है वह भावनात्मक रूप से, शारीरिक रूप से, मानसिक रूप से

और आध्यात्मिक रूप से, सबसे अधिक पाता है। आन्तरिक शान्ति और बाह्य परिपूर्णता प्राप्त करने का यही रास्ता है।"

मैंने एक बार पढ़ा था, जो व्यक्ति दूसरों का अध्ययन करते हैं, वे बुद्धिमान् होते हैं, और जो व्यक्ति अपना अध्ययन करते हैं वे ज्ञानी होते हैं। यहां शायद पहली बार मैंने वह आदमी देखा जो सचमुच अपने-आपको जानता था, शायद अपने उच्चतम स्वयं को। सादा लिबास में, युवा बुद्ध की अर्धमुस्कान से सुशोभित कोमल चेहरा ऐसा प्रतीत होता था मानो जूलियन मेंटले को सब-कुछ प्राप्त हो गया है – आदर्श स्वास्थ्य, प्रसन्नता और ब्रह्मांड के बहुमूर्तीदर्शी में सबसे बढ़कर उसकी भूमिका। फिर भी उसके पास कुछ नहीं था।

जूलियन ने अपना ध्यान, जो काम उसने ले रखा था, उस पर केन्द्रित करते हुए कहा, "यह मुझे प्रकाश घर (लाईट हाउस) की ओर ले जाता है।"

"मुझे अचम्भा हो रहा है कि यह कैसे योगी रमन की कहानी में फिट हो गया।"

"मैं समझाने का प्रयत्न करूंगा," उसने एक प्रशिक्षित प्रोफेसर की भांति उत्तर दिया बजाय एक वकील की भांति जो संसार के भौतिक सुखों को त्यागकर संन्यासी बन चुका था। "तुम अब जान चुके हो कि मस्तिष्क एक उपजाऊ बगीचे की तरह है और यह फले-फूले इसके लिए तुम्हें इसका प्रतिदिन पोषण करना चाहिए। अपवित्र विचारों और कार्यों की जंगली घास को अपने मस्तिष्क में मत जमने दो। अपने मस्तिष्क के द्वार पर पहरा दो। इसको स्वस्थ एवं मजबूत रखो – यह तुम्हारे जीवन में अलौकिक कार्य करेगा यदि तुम इसे करने दोगे।"

"तुम्हें स्मरण होगा कि बाग के मध्य में एक शानदार प्रकाश घर (लाईट हाउस) बना हुआ था। यह प्रतीक तुम्हें प्रबुद्ध जीवन जीने के लिए एक दूसरे प्राचीन सिद्धान्त की याद दिलाएगा। जीवन का उद्देश्य ही उद्देश्यपूर्ण जीवन है। जिन व्यक्तियों ने ज्ञान प्राप्त कर लिया है वे जानते हैं कि भावनात्मक स्तर पर, भौतिक स्तर पर,

शारीरिक स्तर पर और आध्यात्मिक स्तर पर वे जीवन से क्या चाहते हैं। तुम्हारे जीवन के हर पहलू के लिए स्पष्टतया सुनिश्चित प्रमुखताएं और लक्ष्य प्रकाश घर (लाईट हाउस) जैसी ही भूमिका निभाएंगे, तुम्हें मार्गदर्शन और शरण देकर जब संसार रूपी समुद्र तुम्हारे लिए विप्लवकारी हो जाएगा। देखा जॉन, कोई भी अपने जीवन में आमूल परिवर्तन ला सकता है यदि वह जिस दिशा में जा रहा है उसमें पूर्णतः परिवर्तन कर दे। लेकिन यदि तुम्हें पता ही न हो कि तुम जा कहां रहे हो, तो तुम वहां पहुंचकर भी कैसे जान पाओगे?"

जूलियन मुझे वापस वहीं ले आया जहां योगी रमन ने उसके साथ इस सिद्धान्त की जांच-पड़ताल की थी। उसने योगी के शब्द ज्यों-के-त्यों दोहराए। योगी रमन ने कहा, "जीवन मुश्किल से समझ में आनेवाली चीज है। कोई भी व्यक्ति सोचेगा कि जितना कम काम वह करेगा उतना ही अधिक अवसर उसे प्रसन्नता अनुभव करने का मिलेगा। कैसे भी हो, एक शब्द में प्रसन्नता का असली स्रोत उपलब्धि में है। स्थायी प्रसन्नता अपने लक्ष्यों को दृढ़तापूर्वक मेहनत करके पूरा करने से और अपने जीवन के उद्देश्य को पूरा करने की दिशा में आत्मविश्वास के साथ आगे बढ़ने से मिलती है। तुम्हारे अन्दर जो ज्योति है उसको जलाने का यही रहस्य है। मैं यह भी समझता हूं कि यह व्यंग्यपूर्ण है कि तुम उपलब्धि के या सफलता के दीवाने अपने समाज से हजारों मील दूर की यात्रा करके ऊंचे हिमालयपर्वत पर रहनेवाले रहस्यवादी सन्तों के समुदाय से सिर्फ यह ज्ञान प्राप्त करने आए हो कि प्रसन्नता का दूसरा अनन्त रहस्य उपलब्धि में पाया जा सकता है, लेकिन यह सच है।"

"काम के नशे में रहनेवाले संन्यासी?" मैंने जिंदादिली से कहा।

"ठीक इसके विपरीत। जबकि सन्त असाधारण तौर से उत्पादन-शक्ति से पूर्ण व्यक्ति हैं, उनकी उत्पादनशीलता सनक-भरी नहीं थी। इसके बजाय यह शान्त, केन्द्रित, जेन के समान थी।"

"ऐसा कैसे?"

"वे जो भी काम करते थे उसके पीछे कुछ उद्देश्य होता था। यद्यपि वे आधुनिक दुनिया से हटकर दूर चले गए थे, उनका आध्यात्मिक जीवन था और वे बहुत अधिक प्रभावपूर्ण थे। वह अपना समय दार्शनिक ग्रन्थों को संवारने में लगाते थे, दूसरे पौराणिक कथाओं को अलंकारयुक्त कविताओं के समृद्ध कलेवर में प्रस्तुत करने में लगे रहते थे, जो उनके बुद्धि कौशल को चुनौती देती थीं और उनकी क्रियाशीलता का नवीनीकरण करती थी। बाकी दूसरे सन्त शान्त स्थान पर पूर्ण ध्यान में अपना समय व्यतीत करते थे। प्राचीन पद्मासन में बैठे हुए, आध्यात्मिक प्रकाश से जगमगाते हुए वे मूर्ति जैसे दिखाई पड़ते थे। सिवाना के सन्त अपना समय बर्बाद नहीं करते थे। उनका सामूहिक विवेक उनसे कहता था कि उनके जीवन का एक उद्देश्य है और उनका कर्तव्य है कि वे उसे पूरा करें।

"योगी रमन ने मुझसे कहा, 'यहां सिवाना में जहां समय ठहरा हुआ प्रतीत होता है, तुम्हें आश्चर्य होता होगा कि साधारण और सम्पत्तिविहीन सन्तों के समुदाय को कभी क्या प्राप्त करने की आवश्यकता या आशा होगी। लेकिन उपलब्धि के लिए भौतिक होना आवश्यक नहीं है। व्यक्तिगत रूप से मेरा ध्येय मन की शान्ति, आत्म-नियन्त्रण और निर्वाण प्राप्त करना। यदि मैं अपने इन लक्ष्यों को प्राप्त करने में अपने जीवन के अन्त समय तक असफल रहता हूं, तो मैं निश्चित रूप से अपूर्ण और असन्तुष्ट भावना के साथ मरूंगा।' "

जूलियन ने मुझे बताया कि उस समय पहली बार सिवाना में अपने किसी गुरु के मुंह से उसने उनकी मरणशीलता के बारे में सुना। "और योगी रमन मेरी भावाभिव्यक्ति से यह बात समझ गए! 'मेरे मित्र, तुम्हें चिन्ता करने की कोई आवश्यकता नहीं है। मैं सौ वर्ष से ऊपर पहले ही जी चुका हूं और अभी जल्दी में प्रस्थान करने की मेरी कोई योजना नहीं है। मेरा मतलब सिर्फ यह है कि जब तुम स्पष्टतया यह जान लेते हो कि अपने जीवन में तुम कौन-सा लक्ष्य प्राप्त करना चाहते हो, चाहे वे भौतिक हों, भावना सम्बन्धी हों,

शारीरिक हों या आध्यात्मिक हों, तुम अपना समय उन्हें पूरा करने में लगा देते हो और आखिरकार तुम्हें अनन्त आनन्द की प्राप्ति होती है। तुम्हारा जीवन उतना ही आनन्दमय बन जाएगा जितना मेरा – और तुम्हें एक शानदार यथार्थ का भी ज्ञान हो जाएगा। लेकिन तुम्हें अपने जीवन का ध्येय पता होना चाहिए और निरन्तर मेहनत करके इस स्वप्न को सच्चाई में परिवर्तित कर देना चाहिए। हम सन्त इसे 'धर्म' कहकर पुकारते हैं। यह संस्कृत का शब्द 'जीवन के उद्देश्य' के लिए है।' "

"अपने धर्म का पालन करने से मुझे जीवन-भर सन्तोष मिलेगा?" मैंने पूछा।

"अवश्य, धर्म से आंतरिक एकात्मता और स्थायी सन्तोष मिलता है। धर्म इस प्राचीन सिद्धान्त पर आधारित है कि हममें से कोई भी जब इस पृथ्वी पर आता है उसका कोई-न-कोई नायकोचित लक्ष्य होता है। हमें प्रभु ने ऐसी शक्ति और गुण दिए हैं कि हम उनके द्वारा अपने जीवन के उद्देश्य को आसानी से पूरा कर सकते हैं। मुख्य बात यह है कि उनको खोजना आवश्यक है, जीवन के मुख्य उद्देश्य को खोजो।"

मैंने जूलियन को टोका, "यह कुछ इस तरह की बात हुई जैसा कि तुम पहले जोखिम लेने के लिए कह रहे थे।"

"हो भी सकता है और नहीं भी हो सकता।"

"मैं समझा नहीं।"

"हां, ऐसा लग सकता है कि तुम्हारे साथ जबर्दस्ती की जा रही है कि तुम जोखिम उठाकर यह पता लगाओ कि जीवन में तुम सबसे अच्छा क्या कर सकते हो और तुम्हारे जीवन के उद्देश्य का सार क्या है? बहुत से व्यक्ति अपना काम, जिसने उनकी उन्नति में बाधा डाल रखी है, उसी समय छोड़ देते हैं जब उन्हें अपने अस्तित्व के सही ध्येय का बोध होता है। हमेशा प्रत्यक्ष खतरा वह है जो स्वयं के निरीक्षण और आत्मपर्यवेक्षण से आता है लेकिन नहीं, क्योंकि अपने-

आपका खाजने में और अपने जीवन के उद्देश्य को खोजने में कभी जोखिम नहीं होता। आत्मज्ञान ही आत्मनिर्वाण का डी.एन.ए. है। यह एक बहुत अच्छी, वास्तव में आवश्यक चीज है।''

''तुम्हारा धर्म क्या है जूलियन?'' मैंने अचानक अपनी तीव्र उत्सुकता को छिपाने का प्रयास करते हुए पूछा।

''मेरा तो साधारण है : निःस्वार्थभाव से दूसरों की सेवा करना। याद रहे तुम्हें सच्चा सुख सोने में, आराम करने में या आलसी की तरह अपना समय बिताने में नहीं मिलेगा। जैसा बैंजामिन डिजरायली ने कहा है : 'सफलता का रहस्य लक्ष्य की एकनिष्ठता है। जिस प्रसन्नता को आप खोज रहे हैं, वह उन गुणवान लक्ष्यों के ऊपर विचार करने से, जिनको प्राप्त करने के लिए तुम समर्पित हो, और उनको आगे बढ़ाने के लिए प्रतिदिन कार्य करने से आती है। यह उस युगों पुराने सिद्धान्त का सीधा प्रयोग है जिसके अनुसार अत्यधिक महत्त्वपूर्ण चीजों का कम महत्त्वपूर्ण चीजों के लिए बलिदान नहीं करना चाहिए। योगी रमन की कहानी का प्रकाश घर (लाईट हाउस) तुम्हें हमेशा स्पष्टतया निश्चित, उद्देश्यपूर्ण लक्ष्यों को तय करने की शक्ति की और खासतौर से उनके अनुसार काम करने की सामर्थ्य रखने की याद दिलाएगा।''

अगले कुछ घंटों में मैं जूलियन से जान गया कि सभी अति विकसित और आशाओं को यथार्थ में परिणित करनेवाले व्यक्ति अपने विशिष्ट गुणों को, अपने व्यक्तिगत ध्येय को समझने का महत्त्व समझते हैं और फिर वे इन मानवीय शक्तियों का उपयोग इस आवाह्न की दिशा में करते हैं। कुछ व्यक्ति निःस्वार्थ भाव से मानवता की सेवा डॉक्टर के रूप में करते हैं दूसरे कलाकारों के रूप में। कुछ लोगों को पता चलता है कि वे शक्तिशाली संवादवाहक हैं और वे आश्चर्यजनक शिक्षक बन जाते हैं, जबकि दूसरे अनुभव करते हैं कि उनकी देन बिजनेस या विज्ञान के क्षेत्र में नवीनीकरण में होगी। भेद की बात यह है कि अपने नायकोचित उद्देश्य को निश्चित करते समय अनुशासन और कल्पनादृष्टि रखो और इस बात को सुनिश्चित करो कि इसको पूरा करने से दूसरे लोगों की सेवा होगी।

''क्या लक्ष्य निर्धारित करने का यही तरीका है?''

''लक्ष्य निर्धारण तो प्रारम्भ है। अपने उद्देश्यों और लक्ष्यों का नक्शा बनाने से क्रियाशीलता आती है जिससे तुम अपने ध्येय की प्राप्ति के मार्ग पर बढ़ते हो। विश्वास करो या न करो योगी रमन और दूसरे सन्त लक्ष्यों के प्रति बहुत संवेदनशील थे।''

''तुम मजाक कर रहे हो। अत्यन्त शक्तिशाली सन्त हिमालय की रहस्यमय पहाड़ियों पर सारी रात ध्यान करते थे और सारे दिन लक्ष्य निर्धारित करते थे, मुझे अच्छा लगा।''

''जॉन हमेशा परिणाम देखकर फैसला करो। मेरी ओर देखो। कभी-कभी तो जब मैं दर्पण में देखता हूं, तो अपने-आप को नहीं पहचान पाता। मेरे एक बार के अपूर्ण अस्तित्व का स्थान साहस, शहस्थ और उत्तेजनापूर्ण जीवन ने ले लिया है। मैं फिर से युवा हो गया हूं और स्पन्दनशील स्वास्थ्य का सुख पाता हूं।''

मैं सचमुच प्रसन्न हूं। जो ज्ञान मैं तुम्हें दे रहा हूं वह इतना कारगर, इतना महत्त्वपूर्ण और इतना जीवनप्रदायी है कि तुम्हें खुले मन से इसे ग्रहण करना चाहिए।''

''मैं कर रहा हूं जूलियन, वास्तव में मैं कर रहा हूं जो कुछ भी तुमने कहा है मैं अच्छी तरह समझ रहा हूं यद्यपि कुछ तकनीक जरा अजीब लगती हैं लेकिन मैंने उन्हें आजमाने का वादा किया है और मैं अवश्य करूंगा। मैं सहमत हूं कि यह जो ज्ञान की बात तुमने बताई है काफी प्रभावपूर्ण है।''

''यदि मैं औरों से आगे देख सकता हूं, तो यह सिर्फ इसलिए कि मैंने उन महान गुरुओं से शिक्षा प्राप्त की है,'' जूलियन ने नम्रतापूर्वक कहा। ''योगी रमन एक कुशल धनुर्धारी थे, एक निपुण धनुष चलानेवाले। किसी के जीवन के हर पहलू के स्पष्ट निश्चित उद्देश्य को तय करने और अपने ध्येय को पूर्ण करने के महत्त्व के बारे में अपने सिद्धान्त को उदाहरणसहित समझाने के लिए उन्होंने एक प्रदर्शन (डिमांसट्रेशन) किया जिसे मैं कभी नहीं भूलूंगा।''

''जहां हम बैठे हुए थे वहां एक विशाल बलूत का पेड़ था। सन्त

ने गुलाब के फूलों की माला में से, जो वह आदतन पहने रहते थे, एक फूल खींचकर निकाला और पेड़ के तनों के बीचों–बीच रख दिया। फिर उन्होंने अपने पिठथैले में से, जिसे जब कभी वह पहाड़ों पर जाते थे हमेशा साथ रखते थे, तीन चीजें बाहर निकालीं। प्रथम वस्तु उनका प्रिय धनुष था, जो चन्दन की आश्चर्यजनक सुगन्धवाली मजबूत लकड़ी से बना हुआ था। दूसरी वस्तु एक तीर था। तीसरी वस्तु थी लिली के फूल की तरह एक अत्यन्त सफेद रूमाल – जैसा कि जजों और जूरी के सदस्यों को प्रभावित करने के लिए अपने महंगे सूट की जेब में कभी मैं रखा करता था।" जूलियन ने क्षमा मांगते हुए कहा।

योगी रमन ने तब जूलियन से रूमाल से अपनी आंखों पर पट्टी बांधने के लिए कहा।

"मैं गुलाब के पुष्प से कितनी दूरी पर हूं?" योगी रमन ने अपने शिष्य से पूछा।

जूलियन ने अनुमान लगाकर कहा, "सौ फीट की दूरी पर।"

"क्या तुमने मुझे कभी धनुर्विद्या के इस प्राचीन खेल का दैनिक अभ्यास करते हुए देखा है?" सन्त ने प्रश्न किया, क्या उत्तर आने वाला था इसकी पूरी जानकारी होते हुए भी।

"मैंने आपको सांड़ की आंख में तीन सौ फीट की दूरी से तीर मारते हुए देखा है और मुझे स्मरण नहीं है कि कभी एक बार भी इतनी दूरी से आपका निशाना चूका हो।" जूलियन ने शिष्टतापूर्वक कहा।

आंखें कपड़े से ढकी हुई और पांव जमीन पर स्थिरता से रखे हुए, गुरु ने पूरी शक्ति के साथ धनुष खींचा और पेड़ से लटकते हुए गुलाब पर सीधा निशाना तानते हुए तीर छोड़ दिया। तीर जोरदार धमाके की आवाज करता हुआ विशाल बलूत पर जा लगा निशाना काफी दूर रह गया।

"मैं सोच रहा था कि तुम अपनी जादुई शक्तियों का प्रदर्शन कर रहे हो, योगी रमन। क्या हुआ?"

"हमने इतनी दूर की यात्रा सिर्फ एक कारण से की है। मैं तुम्हें अपना सारा सांसारिक ज्ञान देना चाहता हूं। आज का प्रदर्शन तुम्हारे जीवन के स्पष्ट निश्चित उद्देश्यों को तय करने और तुम किधर जा रहे हो उसको ठीक से जानने के महत्त्व पर अपनी सलाह को पुनः सशक्त करने के लिए किया गया था। जो तुमने अभी-अभी देखा उससे लक्ष्यों को प्राप्त करने का और जीवन का ध्येय पूर्ण करने का सबसे महत्त्वपूर्ण सिद्धान्त दृढ़ होता है कि तुम उस लक्ष्य को कभी प्राप्त नहीं कर सकते, जो तुम्हारी दृष्टि में नहीं है। लोग अपना सारा जीवन अधिक सुखी, अधिक ऊर्जावान और अधिक उत्साहपूर्ण जीवन जीने का स्वप्न देखते हुए बिता देते हैं। लेकिन वे एक महीने में दस मिनट भी अपने लक्ष्यों को लिखने और अपने जीवन के अर्थ पर, अपने धर्म पर विचार करने का महत्त्व नहीं समझते। लक्ष्य निर्धारण तुम्हारे जीवन को शानदार बना देगा। तुम्हारी दुनिया अधिक सम्पन्न; अधिक प्रसन्नतापूर्ण और अधिक चमत्कारपूर्ण हो जाएगी।

"देखो जूलियन, हमारे पूर्वजों ने हमें सिखाया है कि जो कुछ हम मानसिक, शारीरिक और आध्यात्मिक स्तर पर प्राप्त करना चाहते हैं, उनके लिए स्पष्ट सुनिश्चित उद्देश्य निर्धारित करने से उनकी प्राप्ति निश्चित रूप से सम्भव है। जिस दुनिया से तुम आए हो वहां के लोग आर्थिक और भौतिक लक्ष्य रखते हैं। इसमें कुछ बुराई नहीं है यदि तुम इन्हें महत्त्व देते हो। फिर भी स्व पर स्वामित्व और पूर्ण आन्तरिक ज्ञान प्राप्त करने के लिए तुम्हें दूसरे क्षेत्रों के लिए भी ठोस उद्देश्य निर्धारित करने चाहिए। क्या तुम्हें यह जानकर आश्चर्य होगा कि मेरे सुनिश्चित स्पष्ट लक्ष्य हैं मन की शान्ति के लिए, जो मैं चाहता हूं, ऊर्जा के लिए जो मैं प्रतिदिन अर्जित करता हूं और उस प्यार के लिए जो मैं प्रतिदिन अपने आस-पास के लोगों में बांटता हूं। लक्ष्य निर्धारण करना सिर्फ तुम्हारे जैसे प्रतिष्ठित वकीलों के लिए ही नहीं है, जो भौतिक आकर्षण से भरी दुनिया में रहते हैं। कोई भी व्यक्ति जो अपने आंतरिक और बाह्य जीवन का स्तर सुधारना चाहता है, वह एक

कागज लेकर उस पर अपने जीवन के उद्देश्यों को लिख ले। जिस क्षण यह काम होता है, उसी समय से प्राकृतिक शक्तियां उन स्वप्नों को यथार्थ में परिवर्तित करने के कार्य में लग जाती हैं।''

जो कुछ मैं सुन रहा था उससे मन्त्रमुग्ध हो गया। जब हाई स्कूल में मैं फुटबाल का खिलाड़ी था, तो हमारे कोच, हम प्रत्येक गेम से क्या चाहते थे इसकी जानकारी के महत्त्व पर, हमेशा बल देते थे। 'अपने परिणाम को जानो,' यह उनका निजी सिद्धान्त था, और हमारी टीम खेल की स्पष्ट योजना के बिना खेल के मैदान में कदम रखने के बारे में सोच भी नहीं सकते थी और इससे हमें निश्चित रूप से विजय मिलती थी।

''कागज का पन्ना लेकर उस पर अपने उद्देश्य लिखने में ऐसी क्या विशेष बात है? इतने साधारण से कार्य के करने से इतना अन्तर कैसे हो सकता है?'' मैंने पूछा।

जूलियन प्रसन्न हो गया। ''तुम्हारी दिलचस्पी से मुझे प्रेरणा मिलती है, जॉन। सफलतापूर्वक जीवन जीने के लिए उत्साह अत्यन्त आवश्यक है और मैं देख रहा हूं कि तुम्हारे अन्दर इसकी कोई कमी नहीं है। मैं तुम्हें पहले बता चुका हूं कि हममें से प्रत्येक व्यक्ति एक दिन में औसतन 60,000 विचार सोचता है। एक कागज पर अपनी इच्छाओं और लक्ष्यों को लिखने के बाद तुम अपने अर्धचेतन मस्तिष्क को यह सन्देश भेजते हो कि ये विचार बाकी 59,999 विचारों से अधिक महत्त्वपूर्ण हैं। तब तुम्हारा मस्तिष्क एक निर्देशित मिसाइल की भांति तुम्हारे लक्ष्य की पूर्ति के लिए सभी सम्भावनाओं की तलाश शुरू कर देता है। यह बहुत ही वैज्ञानिक प्रक्रिया है। हममें से अधिकतम लोगों को इसकी जानकारी नहीं है।''

''मेरे कुछ साथी लक्ष्य निर्धारण में महान हैं। यदि सोचा जाए तो वे आर्थिक रूप से बहुत सफल हैं; मैं जानता हूं। लेकिन मैं नहीं सोचता कि वे उतने ही सन्तुलित हैं,'' मैंने कहा।

''शायद उनका लक्ष्य निर्धारण सही नहीं है। देखो जॉन, जीवन

से तुम्हें वही प्राप्त होता है जो तुम उससे अपेक्षा करते हो। अधिकतर लोग बेहतर अनुभव करना चाहते हैं, अधिक ऊर्जावान बनना चाहते हैं और अधिक सन्तोष के साथ जीना चाहते हैं। लेकिन यदि तुम उनसे पूछो कि वे ठीक–ठीक बताएं कि वे क्या चाहते हैं तो वे उत्तर नहीं दे पाएंगे। तुम्हारा जीवन उसी समय परिवर्तित होने लगता है जिस समय तुम अपने उद्देश्यों का निर्धारण करते हो और अपने धर्म को खोजना प्रारम्भ करते हो,'' जूलियन ने कहा। उसकी आंखें उसके कथन के सत्य से चमक रही थीं।

''क्या तुम असाधारण नाम के किसी व्यक्ति से कभी मिले हो और फिर तुम उसका नाम हर जगह देखने लगते हो। अखबार में, टेलीविजन पर अथवा ऑफिस में? या कभी तुमने किसी नए विषय में रुचि ली है जैसे फ्लाई फिशिंग और फिर तुमने यह भी देखा होगा कि तुम जहां–कहीं भी गए होगे फ्लाई फिशिंग के आश्चर्यजनक कारनामे अवश्य सुने होंगे। यह उस अनन्त सिद्धान्त का एक उदाहरण है जिसको योगी रमन 'जोरिकी' कहते थे। जिसका अर्थ 'एकाग्रचित्त मस्तिष्क' है। अपने मस्तिष्क की सारी शक्ति स्वयं के अन्वेषण में लगा दो। यह बात ज्ञात करो कि तुम किस गुण में सर्वश्रेष्ठ हो और तुम्हें किस कार्य से प्रसन्नता मिलती है। हो सकता है कि तुम वकालत का पेशा कर रहे हो लेकिन तुम्हारे लिए स्कूल का शिक्षक बनना अधिक अच्छा था तुम्हारे धैर्य और शिक्षण के प्रति प्रेम को देखते हुए। सम्भवतया तुम एक निराश पेंटर अथवा मूर्तिकार हो। जो कुछ भी हो, अपनी रुचि को जानकर उसके अनुसार कार्य करो।''

''अब जब मैं वास्तव में इसके बारे में सोचता हूं, तो यह जानकर दुःख होता है कि मेरे जीवन का अन्त बिना यह बात जाने ही हो जाएगा कि मेरे अन्दर विलक्षण प्रतिभा थी जो मेरे गुप्त शक्ति स्रोत को प्रवाहित कर सकती थी और दूसरों की सहायता कर सकती थी – चाहे छोटे ही स्तर पर।''

''यह ठीक है। अतः इसी क्षण से जीवन में अपने ध्येय के प्रति

पूर्ण सजग रहो। अपने मस्तिष्क को अपने चारों ओर की सम्भावनाओं के प्रति जाग्रत करो। अधिक उत्साह के साथ जीना प्रारम्भ करो। मानव मस्तिष्क के अन्दर दुनिया की सबसे अधिक छानने की युक्ति है। यदि इसका उचित ढंग से उपयोग किया जाए, तो जो कुछ तुम्हें महत्त्वहीन दिखाई देता है उसको यह छानकर अलग कर देता है और जिस जानकारी की तुम्हें उस समय आवश्यकता होती है वही देता है। बिल्कुल इसी समय जब हम यहां तुम्हारे लिविंग रूम में बैठे हुए हैं, तो हजारों नहीं तो सैकड़ों तरह के काम हो रहे हैं, जिन पर हम कोई ध्यान नहीं दे रहे। प्रेमियों के खुले आम सड़क पर घूमते समय खी-खी हंसने का शोर, तुम्हारे पीछे टैंक में गोल्डफिश हैं, एयर कंडीशनर ठंडी हवा दे रहा है और मेरे हृदय की धड़कन। जिस समय मैं अपना ध्यान अपने हृदय की धड़कन पर केन्द्रित करने का निश्चय करता हूं उसी समय मुझे इसकी लय (रिद्म) और उसकी विशेषताएं दिखाई देने लगती हैं। ठीक इसी प्रकार जब तुम अपने मस्तिष्क को अपने जीवन के मुख्य उद्देश्यों पर केन्द्रित करना प्रारम्भ करते हो, तुम्हारा मस्तिष्क महत्त्वहीन विचारों को अलग कर देता है और जो महत्त्वपूर्ण है उसी पर केन्द्रित हो जाता है।''

''तुम्हें सच्ची बात बताऊं, मैं उस समय के बारे में सोचता हूं जब मैंने अपने उद्देश्य का पता लगाया,'' मैंने कहा, ''मुझे गलत नहीं समझना, मेरे जीवन में बहुत महत्त्वपूर्ण चीजें हैं। लेकिन यह सब उतना प्रतिफलदायी नहीं है जितना कि मैं सोचता हूं। यह हो सकता है। यदि इस दुनिया को मैं आज छोड़ दूं, तो मैं वास्तव में निश्चित रूप से यह नहीं कह पाऊंगा कि उससे मुझे बहुत फर्क पड़ा।''

''इससे तुम कैसा अनुभव करते हो?''

''निरुत्साहित,'' मैंने पूर्ण ईमानदारी से कहा। ''मैं जानता हूं कि मुझमें योग्यता है। वास्तव में जब मैं नवयुवक था, मैं एक बहुत अच्छा आर्टिस्ट था। यह तभी तक था जब तक कि मैंने विधि व्यवसाय को एक अधिक स्थिर जीवन जीने का साधन समझकर अपनाया।''

''क्या कभी तुमने कामना की कि काश तुमने पेंटिंग को अपना व्यवसाय बनाया होता?''

''सच में मैंने इस पर अधिक विचार नहीं किया। लेकिन मैं एक बात कहूंगा। जब मैं पेन्टिंग बनाता था, तो ऐसा अनुभव करता था मानो मैं स्वर्ग में हूं।''

''क्या इससे तुम्हें प्रसन्नता मिलती थी?''

''निश्चयपूर्वक। जब मैं स्टूडियों में पेन्टिंग कर रहा होता था, तो मुझे समय का पता नहीं चलता था। मैं कैनवास में मग्न हो जाता था। इससे मुझे तनाव से मुक्ति मिलती थी। प्रायः समय का पता नहीं चलता था और मैं दूसरी दुनिया में खो जाता था।''

''जॉन, यह अपने मस्तिष्क को, उस काम में जिस काम को तुम प्यार करते हो, केन्द्रित करने की शक्ति है। गेटे ने कहा है, 'हम जिसे प्यार करते हैं उसी के अनुरूप अपने को ढालते हैं, उसी के अनुसार चलते हैं।' हो सकता है तुम्हारा 'धर्म' दुनिया को सुन्दर-सुन्दर चित्रों से सौन्दर्य प्रदान करना हो। कुछ समय प्रतिदिन पेन्टिंग को देना आरम्भ कर दो।''

''इस सिद्धान्त को जीवन परिवर्तन से कम महत्त्वपूर्ण काम करने के लिए कैसे लागू किया जाएगा?''

''यह अच्छा होना चाहिए।'' जूलियन ने उत्तर दिया।

''किसकी तरह?''

''मैं अपना एक उद्देश्य बताना चाहता हूं। हांलाकि छोटा-सा ही है अपनी कमर के चारों ओर फैले चर्बी के टायर को हटाना है। मैं कहां शुरू करूं?''

''परेशान मत हो। तुम लक्ष्य निर्धारण की और लक्ष्य प्राप्त करने की कला अच्छी तरह सीखो। छोटे लक्ष्य के प्रारम्भ से ही।''

''हजारों मील की यात्रा एक कदम से प्रारम्भ होती है,'' मैंने सहज भाव से कहा।

''बिल्कुल ठीक। और छोटे-छोटे कामों को ठीक से पूरा करके

तुम अपने–आपको बड़े कामों के लिए तैयार करते हो। अतः तुम्हारे प्रश्न का सही उत्तर है कि बड़े–बड़े लक्ष्यों की योजना बनाने की प्रक्रिया में छोटे–छोटे लक्ष्य भी साथ में हों, तो कोई बुराई नहीं हैं।'' जूलियन ने मुझे बताया कि सिवाना के सन्तों ने जीवन के लक्ष्यों तक पहुंचने के लिए और अपने उद्देश्यों की प्राप्ति के लिए पंचपदी (फाइव स्टैप) विधि का निर्माण किया था। यह साधारणतया, व्यावहारिक था और काम करता था। पहला कदम परिणाम का स्पष्ट चित्र बनाना। यदि यह वजन कम करना था तो जूलियन ने मुझे बताया कि प्रत्येक प्रातःकाल जागने के बाद तुरन्त मुझे अपने–आपको एक दुबले–पतले फिट व्यक्ति के रूप में, जो शक्ति और असीम ऊर्जा से भरा हुआ है, कल्पना दर्शन करना चाहिए। जितना स्पष्ट यह मानसिक चित्र होगा, उतनी ही प्रभावशाली प्रक्रिया होगी। उसने बताया कि मस्तिष्क ही शक्ति का भंडार है और अपने लक्ष्य की मानस पटल पर तस्वीर देखने से ही इस इच्छा की पूर्ति का द्वार खुल जाएगा।

दूसरा कदम होगा अपने ऊपर निश्चयात्मक दबाव बनाने का। ''लोग अपने द्वारा लिए गए दृढ़संकल्पों का अनुकरण क्यों नहीं करते? इसका मुख्य कारण है कि अपनी पुरानी दिनचर्या में लौटना बहुत आसान होता है। दबाव हमेशा एक बुरी चीज नहीं होता। दबाव तुम्हें महान लक्ष्यों को प्राप्त करने की प्रेरणा दे सकता है। लोग साधारण तौर पर शानदार लक्ष्य प्राप्त करते हैं जब दीवार के सहारे उनकी कमर सीधी होती है और मानवशक्ति के स्रोत का जो निर्झर, उनके अन्दर सोया पड़ा है उसे बलात् जाग्रत किया जाता है।''

''यह निश्चयात्मक दबाव मैं अपने ऊपर कैसे बना सकता हूं?'' सुबह जल्दी उठने से लेकर, एक अधिक धैर्यवान और प्यार करने वाला पिता होने तक इन सभी बातों के लिए इस विधि के प्रयोग की सम्भावनाओं पर विचार करते हुए मैंने पूछा।

''ऐसा करने के लिए बहुत से तरीके हैं। लेकिन सबसे सर्वोत्तम तरीका है सार्वजनिक प्रतिज्ञा। हर किसी को जिसे तुम जानते हो,

बता दो कि तुम वजन कम करोगे, या एक उपन्यास लिखोगे या जो भी तुम्हारा लक्ष्य हो। एक बार जब तुम अपना लक्ष्य दुनिया को बता दोगे, तो तुरन्त ही तुम्हारे ऊपर इस काम को पूरा करने का दवाब बन जाएगा क्योंकि कोई भी सबके सामने असफल नहीं होना चाहता। सिवाना में, मेरे गुरु लोग और भी अधिक नाटकीय तरीकों का प्रयोग इस दबाव को बनाने के लिए करते थे जिसके बारे में मैं बात कर रहा हूं। वे आपस में एक-दूसरे को बता दिया करते थे कि यदि उन्होंने अपने संकल्प पूरे नहीं किए, जैसे – एक सप्ताह का उपवास रखना या प्रातःकाल चार बजे उठकर ध्यान करना, तो वे नीचे बर्फीले झरने के पास जाएंगे और उसके नीचे तब तक खड़े रहेंगे जब तक कि हाथ-पैर सुन्न न हो जाएं। यह दबाव की शक्ति का, जो अच्छी आदतों के निर्माण में और लक्ष्यों की प्राप्ति में सहयोग देती है, एक चरम सीमावाला उदाहरण है।"

"चरम सीमा कहना तो बात को हल्की करना है जूलियन। कितनी विचित्र धार्मिक प्रथा!"

"लेकिन बहुत अधिक प्रभावशाली है। मुख्य बात यह है कि जब तुम अपने मस्तिष्क को अच्छी आदतों से सुख प्राप्त करने का प्रशिक्षण देते हो और बुरी आदतों से दंड प्राप्त करने का, तब तुम्हारी कमजोरियां शीघ्र ही समाप्त हो जाती हैं।"

"तुमने कहा था कि अपनी इच्छाओं की पूर्ति के लिए पांच काम करने होंगे।" मैंने अधीर होकर कहा, "बाकी के तीन क्या हैं?"

"हां, जॉन। पहला काम तो है अपने वांछित परिणाम का स्पष्ट कल्पना दर्शन। दूसरा काम है अपने-आपको प्रेरित बनाए रखने के लिए निश्चित दबाव बनाना। तीसरा काम साधारण है – अपने लक्ष्य को बिना समय-सीमा के निर्धारित मत करो। लक्ष्य को जीवन्त बनाने के लिए तुम्हें एक बिल्कुल सही निश्चित अवधि उसके साथ अवश्य तय करनी चाहिए। यह ठीक उसी प्रकार है जिस प्रकार तुम जब न्यायालय के लिए मुकदमे तैयार कर रहे होते हो, तुम्हारा ध्यान उन्हीं

मुकदमों पर केन्द्रित रहता है जिनकी सुनवाई के लिए न्यायाधीश ने कल की तारीख दी है न कि उन पर जिनको न्यायालय ने अभी कोई तारीख ही नहीं दी।''

''ओह, एक बात और है,'' जूलियन ने समझाते हुए कहा, ''याद रखो लक्ष्य जब तक कागज पर न लिखा जाए तब तक वह लक्ष्य बिल्कुल सफल नहीं होता। जाओ और एक डायरी खरीद लाओ। सस्ते नोट पैड के रोल से भी काम चल जाएगा। इसे अपने सपनों की किताब कहो और अपनी इच्छाओं, उद्देश्यों और सपनों से भर दो। अपने–आपको जानने का प्रयत्न करो और तुम किसलिए इस पृथ्वी पर पैदा हुए हो, यह भी जानने का प्रयत्न करो।''

''क्या मैं अपने–आपको नहीं जानता हूं?''

''अधिकांश लोग नहीं जानते हैं। उन्होंने कभी भी अपनी शक्तियों, कमजोरियों, आशाओं और स्वप्नों को जानने का प्रयत्न नहीं किया। चीनी लोग छवि का आंकलन इन शर्तों पर करते हैं कि एक व्यक्ति का प्रतिबिम्ब बनाने के लिए तीन दर्पण होते हैं, प्रथम है कि तुम अपने आपको कैसा देखते हो, दूसरा है कि दूसरे तुम्हें कैसे देखते हैं और तीसरा दर्पण सच्चाई प्रतिबिम्बित करता है। अपने को जानो, जॉन। सत्य को पहचानो।

''अपने जीवन के विभिन्न क्षेत्रों से सम्बन्धित लक्ष्यों के लिए अपनी सपनोंवाली पुस्तक (ड्रीम बुक) को पृथक, पृथक भागों में विभाजित करो। उदाहरण के लिए शारीरिक रूप से स्वस्थ रहने सम्बन्धी लक्ष्य, आर्थिक लक्ष्य, व्यक्तित्व को शक्तिशाली और प्रभावपूर्ण बनाने सम्बन्धी लक्ष्य, रिश्तों से सम्बन्धित और सामाजिक लक्ष्य तथा सम्भवतया सबसे अधिक महत्त्वपूर्ण आध्यात्मिक लक्ष्य।''

''अहा, यह तो मनोरंजक बात लगती है। मैंने कभी भी अपने लिए इतना सृजनात्मक कार्य करने के बारे में नहीं सोचा। मुझे सच में अपने–आपको और अधिक चुनौती देनी चाहिए।'' मैंने कहा। ''मैं तुम्हारी बात से सहमत हूं। एक दूसरी विशेष प्रभावशाली तकनीक जो

मुझे ज्ञात है वह यह है कि जो कुछ तुम अपने जीवन में पाने की इच्छा रखते हो उनकी तस्वीरें और जिन लोगों के समान अपने व्यक्तित्व में क्षमताएं, विशेष योग्यताएं और गुण विकसित करना चाहते हो उनके चित्र अपनी सपनोंवाली पुस्तक (ड्रीम बुक) में चिपका दो। जहां तक तुम्हारी कमर पर चढ़ी हुई चर्बी की बात है यदि तुम अपना वजन कम करना चाहते हो और अपने शरीर का आकार बहुत सही करना चाहते हो, तो एक लम्बी दौड़ के धावक का या किसी प्रतिष्ठित खिलाड़ी का चित्र इसमें चिपका दो। यदि तुम दुनिया का सबसे अच्छा पति बनना चाहते हो, तो जो कोई ऐसा हो – शायद तुम्हारे पिता – उनका चित्र अपनी ड्रीमबुक में रिश्ते–सम्बन्धवाले विभाग में चिपका दो। यदि तुम समुद्र के किनारे विशाल भवन का या स्पोर्ट्सकार का स्वप्न देख रहे हो, तो इन चीजों का कोई प्रेरणास्पद चित्र ढूंढ़कर उसे चिपका दो। फिर इस पुस्तक का प्रतिदिन अवलोकन करो – चाहे कुछ ही मिनटों के लिए। इसे अपना मित्र बना लो। परिणाम तुम्हें चौंका देंगे।"

"ये काफी, क्रान्तिकारी विचार हैं जूलियन। मेरा तात्पर्य है कि शताब्दियों से ये विचार वर्तमान है। मैं जानता हूं कि आज कोई भी इनमें से कुछ को अपनाकर अपने दैनिक जीवन के स्तर को सुधार सकता है। मेरी पत्नी सपनोंवाली पुस्तक (ड्रीम बुक) रखना बहुत पसन्द करेगी। सम्भवतया वह इसे मेरे बिना तोंदवाले चित्रों से भर देगी।"

जूलियन ने सांत्वना देने के स्वर में कहा, "यह सच में उतनी बड़ी तो नहीं है।"

""फिर जेनी मुझे मिस्टर डोनट कहकर क्यों पुकारती है?" मैंने अपनी मुस्कान को बड़ा करते हुए कहा। जूलियन हंसने लगा। मैं भी साथ में हंसने लगा। शीघ्र ही हम दोनों फर्श पर जोर–जोर से हंस कर लोट–पोट हो रहे थे।

"मेरा अनुमान है कि यदि तुम अपने ऊपर नहीं हंस सकते, तो तुम किस पर हंसोगे?" मैंने हंसते हुए कहा।

"बहुत सच बात है, मेरे मित्र। जब मैं अपनी पूर्व जीवन-शैली में जकड़ा हुआ था, मेरी एक मुख्य समस्या यह थी कि मैं जीवन को बहुत गम्भीरता से लिया करता था। अब तो मैं बहुत अधिक विनोदप्रिय और निष्कपट हो गया हूं। मैं जीवन के सभी उपहारों का आनन्द लेता हूं फिर चाहे वह उपहार कितना ही छोटा क्यों न हो।"

"लेकिन मैं अपने विषय से भटक गया हूं। मुझे तुम्हें इतना कुछ बताना है और वह सब एक साथ मुझमें से बाहर आ रहा है।"

"अपने ध्येय और लक्ष्यों की प्राप्ति के लिए पांच कार्यों की ओर वापस चलते हैं। एक बार जब तुमने अपने वांछित परिणाम का स्पष्ट मानसिक चित्र बना लिया है, उसको पूरा करने के लिए थोड़ा दबाव बनाया है समय अवधि भी तय कर ली है और उसे कागज पर लिख लिया है। अब दूसरा कदम है योगी रमन द्वारा बताए गए '21 के जादुई नियम' का पालन करना। सिवाना के विद्वान् स्त्री-पुरुषों का विश्वास था कि नए आचरण को आदत में ढालने के लिए इसका निरन्तर अभ्यास 21 दिनों तक करते रहना आवश्यक था।"

"इक्कीस दिनों के बारे में ऐसी क्या खास बात थी?"

"सन्त नई और अधिक लाभदायक आदतों का, जिनके द्वारा उनके जीवन का व्यवहार संचालित होता था, निर्माण करने में अत्यन्त निपुण थे। योगी रमन ने एक बार मुझे बताया था कि एक बार यदि कोई बुरी आदत पड़ जाए तो वह कभी दूर नहीं हो सकती।"

"लेकिन आज पूरी रात तुम मुझे प्रेरित करते रहे हो कि मैं अपना जीवन जीने का तरीका बदल दूं। ऐसा मैं कैसे कर सकता हूं यदि मैं अपनी किसी भी बुरी आदत को कभी नहीं छोड़ सकता?"

"मैंने कहा कि बुरी आदतें कभी दूर नहीं की जा सकतीं। मैंने यह नहीं कहा कि नकारात्मक आदतों का स्थानापन्न नहीं किया जा सकता," जूलियन ने कहा।

"ओह जूलियन तुम हमेशा सेमेन्टिक्स के राजा रहे हो। लेकिन मेरी समझ में तुम्हारी बात आ गई है।"

"इसके लिए एक ही तरीका है कि नई आदत स्थायी रूप से स्थापित करने में इतनी अधिक ऊर्जा लगा दी जाए कि पुरानी आदत घर आए अवांछित मेहमान की तरह खिसक जाए। नई आदत स्थापित करने की क्रिया साधारण तौर पर इक्कीस दिनों में पूरी हो जाती है – इतना समय यह नया स्नायविक मार्ग बनाने में लेती है।"

"मानो मैं 'द हार्ट ऑफ द रोज' तकनीक का अभ्यास प्रारम्भ करना चाहता हूं, चिन्ता करने की आदत समाप्त करने के लिए और अधिक शान्त गति से जीने के लिए। क्या मुझे यह अभ्यास प्रतिदिन एक ही समय पर करना होगा?"

"अच्छा प्रश्न है। पहली बात तो मैं तुमसे यह कहूंगा कि तुम्हें कभी कुछ नहीं करना पड़ेगा। आज की रात जो कुछ भी ज्ञान की बातें बता रहा हूं, वह एक ऐसे मित्र के नाते बता रहा हूं, जो हार्दिक रूप से तुम्हारी उन्नति और विकास चाहता है। हर योजना, साधन और तकनीक अपनी प्रभावपूर्णता और उल्लेखनीय परिणामों के लिए युगों द्वारा परीक्षित है। इस बात का मैं तुम्हें आश्वासन देता हूं और यद्यपि मेरा हृदय मुझसे कह रहा है कि मैं तुमसे सन्तों की इन विधियों को आजमाने की प्रार्थना करूं, मेरी अन्तर्आत्मा मुझसे सिर्फ अपने कर्तव्य पालन तथा ज्ञान की बातें तुम्हें बताने के लिए कह रही है। इसका क्रियान्वित करना तुम्हारे ऊपर है। मेरा कहने का मतलब है कोई भी काम इसलिए मत करो कि तुम्हें करना है। किसी भी काम को करने का कारण यह होना चाहिए कि तुम उसे करना चाहते हो और तुम जानते हो कि तुम्हारे लिए यह करना उचित है।"

"तर्क संगत बात है, जूलियन। चिन्ता मत करो। मैंने एक क्षण के लिए भी यह अनुभव नहीं किया कि तुम यह सारी जानकारी जबर्दस्ती मेरे गले से नीचे उतार रहे हो। फिर भी यदि कोई चीज मेरे गले से नीचे जबर्दस्ती उतारी जा सकती है, तो वह है डिब्बा-भर छोटे गोल केक और उसमें अधिक समय नहीं लगेगा।" मैंने मजाक में कहा।

जूलियन धीरे-धीरे मुस्कुराया। "धन्यवाद मित्र। तुम्हारे प्रश्न के

उत्तर में मेरा सुझाव है कि तुम 'द हार्ट ऑफ द रोज' (गुलाब का हृदय) विधि को प्रतिदिन उसी स्थान पर उसी समय प्रयोग करो। किसी भी धार्मिक क्रिया में जबर्दस्त शक्ति होती है। खेल के सितारे जो वही भोजन खाते हैं या अपने जूतों के फीते उसी तरह बांधते हैं बड़ा मैच शुरू होने से पहले, वे धार्मिक क्रिया की शक्ति का स्रोत प्रवाहित करते हैं। बिजनेस करनेवाले व्यक्ति भी उसी रास्ते पर चलते हैं या उसी तरह की बातें करते हैं। कोई बड़ा प्रेजेंटेशन देते समय तो वे भी धार्मिक क्रिया कि शक्ति का प्रयोग कर रहे होते हैं। देखो जब तुम कोई नया कार्य अपनी दिनचर्या में अपनाते हो उसको उसी तरीके से उसी समय प्रतिदिन करके तो वह शीघ्र ही आदत बन जाता है।"

"उदाहरण के लिए अधिकांश लोग प्रातःकाल जागने पर वही काम हमेशा करते हैं बिना विचार किए कि वह क्या कर रहे हैं। वे अपनी आंखें खोलते हैं, बिस्तर से बाहर आते हैं, बाथरूम जाते हैं और दांतों पर ब्रुश करना शुरू कर देते हैं। इसी प्रकार, अपने लक्ष्य के साथ 21 दिनों तक रहने पर और उस नए कार्य को उसी समय प्रतिदिन करने से वह तुम्हारी दिनचर्या का अंग बन जाएगा। शीघ्र ही तुम इस नई आदत को, चाहे यह ध्यान करना हो, अथवा प्रातःकाल जल्दी उठना हो या प्रतिदिन एक घंटा कुछ पढ़ना हो, उतनी ही आसानी से करने लगोगे जैसे अपने दांतों पर ब्रुश करते हो।"

"लक्ष्यों की प्राप्ति और उद्देश्य के मार्ग पर आगे बढ़ने का अन्तिम कदम कौन–सा है?"

"सन्तों की विधि के अनुसार पांचवां कदम भी अपने जीवन पथ पर आगे बढ़ने के लिए उतना ही महत्त्वपूर्ण है।"

"मेरा कप अभी भी खाली है," मैंने आदरपूर्वक कहा।

"इस प्रक्रिया में आनन्द लो। सिवाना के सन्त बहुधा इस सिद्धान्त के बारे में बताते थे। वे वास्तव में विश्वास करते थे कि कोई भी दिन बिना हंसी या प्यार के व्यतीत करना निरर्थक था।"

"मैं शायद तुम्हें समझ नहीं पा रहा हूं।"

"मैं यह कह रहा हूं कि अपने लक्ष्य और उद्देश्य प्राप्ति के मार्ग पर आगे बढ़ते समय अपने में विनोदप्रियता बनाए रखो। असीमित प्रफुल्लता के साथ जीने के महत्त्व को मत भूलो। सभी जीवित वस्तुओं का उत्कृष्ट सौन्दर्य देखकर उसकी उपेक्षा कभी मत करो। आज का दिन और यह क्षण जो हम और तुम साथ-साथ बिता रहे हैं एक उपहार है। जोश से भरे हुए, प्रसन्नचित्त उत्सुक बने रहो। अपने जीवन के कार्यों पर और दूसरों की निःस्वार्थ सेवा करने पर ध्यान केन्द्रित करो। ब्रह्मांड अन्य हर चीज का ध्यान रखेगा। यह प्रकृति के सत्यतम नियमों में से एक है।"

"और अतीत में क्या हुआ उस पर पश्चाताप कभी मत करो।"

"बिल्कुल ठीक। ब्रह्मांड में कोई अस्त-व्यस्तता नहीं है। जो कुछ भी कभी तुम्हारे साथ घटित हुआ अथवा आगे होगा, उसके पीछे कोई-न-कोई उद्देश्य अवश्य होता है। याद रखो जॉन, मैंने तुमसे क्या कहा था। प्रत्येक अनुभव शिक्षा देता है। अतः छोटी-छोटी बातों को तूल देना बन्द करो। अपने जीवन का आनन्द लो।"

"क्या ऐसा है?"

"मुझे अभी तुमसे और भी ज्ञान की बातें करनी हैं। क्या तुम थक गए हो?"

"नहीं, बिल्कुल भी नहीं। वस्तुतः मैं अपने-आप को बहुत उत्साहित अनुभव कर रहा हूं। जूलियन तुम अच्छे प्रेरक हो। क्या तुमने कभी टेलीविजन या वीडियो डॉक्यूमेंट्री के बारे में सोचा है?" मैंने शरारत से कहा।

"मैं समझा नहीं," उसने भद्रतापूर्वक उत्तर दिया।

"बुरा मत मानना। यह मेरा मजाक करने का हल्का-सा प्रयास था।"

"ठीक है। योगी रमन की शिक्षाप्रद कहानी के साथ आगे बढ़ने से पहले मैं अपने लक्ष्यों और सपनों तक पहुंचने के लिए एक अन्तिम नुक्ता और है, जो मैं तुम्हें बताना चाहता हूं।"

"बताओ।"

"एक शब्द है जिसको सन्त लोग आदरपूर्वक बोलते थे।"

"अवश्य बताओ।"

"इस साधारण से शब्द का अर्थ उनके लिए बहुत गम्भीर था और यह उनकी दैनिक बातचीत में प्रयोग में आता था। जिस शब्द के बारे में मैं बता रहा हूं वह शब्द है 'प्रचंड भावातिरेक' और इस शब्द का तुम्हें अपने मस्तिष्क में निरन्तर ध्यान रखना चाहिए, अपने उद्देश्य और लक्ष्यों को प्राप्त करते समय। प्रचंड भावातिरेक तुम्हारे सपनों के लिए सबसे अधिक शक्तिशाली इंधन का काम करता है। यहां, अपने समाज में हमने अपनी उत्कट भावनाएं समाप्त कर दी हैं। हम कोई भी काम इसलिए नहीं करते कि हम उसे करना चाहते हैं। हम इसलिए करते हैं कि हम यह अनुभव करते हैं कि हमें यह करना है। यह फार्मूला दुःखदायी है। और मैं रोमांटिक भावनाओं की बात नहीं कर रहा हूं, यद्यपि यह भी एक दूसरा महत्त्वपूर्ण तत्त्व है सफल और प्रेरणापूर्ण अस्तित्व के लिए। मैं जिसकी बात कर रहा हूं वह है जीवन के प्रति अत्यधिक उत्साह की भावना। प्रत्येक सुबह ऊर्जा और प्रफुल्लता के साथ जागने का आनन्द लो। जो कुछ भी तुम करते हो उसे अत्यन्त उत्साह के साथ करो। तुम्हें शीघ्र ही महान भौतिक और आध्यात्मिक प्रतिफल मिलने लगेंगे।"

"तुम तो ऐसे कह रहे हो जैसे यह सब करना बहुत सरल हो।"

"ऐसा ही है। आज की रात के बाद अपने जीवन पर पूर्ण नियन्त्रण रखो। हमेशा के लिए अपने भाग्य के निर्माता स्वयं बनने का निर्णय लो। अपनी दौड़ स्वयं दौड़ो। अपने दिव्य आह्वान को जानो और इसके बाद तुम एक उत्साहित जीवन का अद्‌भुत आनन्द अनुभव करने लगोगे। अन्त में, हमेशा याद रखो जो कुछ तुम्हारे अन्दर निहित है उससे तुलना करने पर जो कुछ तुम्हारे पीछे है या तुम्हारे सामने है वह कुछ भी नहीं है।"

"धन्यवाद, जूलियन। मुझे वास्तव में इसे सुनने की आवश्यकता

थी। आज रात तक मैंने कभी नहीं जाना कि मेरे जीवन में इन सब बातों की कमी थी। मैं उद्देश्यहीन इधर-उधर भटक रहा था – एक वास्तविक उद्देश्य के अभाव में। अब स्थिति बदल जाएगी। मैं तुमसे वादा करता हूं। मैं इसके लिए तुम्हारा कृतज्ञ हूं।"

"तुम्हारा स्वागत है, मेरे मि । मैं तो सीधे-सादे ढंग से अपना उद्देश्य पूरा कर रहा हूं।"

अध्याय 8

क्रिया विधि का सार • जूलियन का ज्ञान संक्षेप में

प्रतीक

सद्‌गुण

- अपने उद्देश्यों को पूरा करो।

ज्ञान

- जीवन का उद्देश्य है उद्देश्यपूर्ण जीवन
- अपने जीवन के कार्य को ज्ञात करके उसको पूरा करके ही स्थायी पूर्णता मिलती है
- स्पष्ट, सुनिश्चित, व्यक्तिगत, व्यावसायिक और आध्यात्मिक लक्ष्यों का निर्धारण करो और फिर उनके अनुरूप काम करने का साहस रखो।

तकनीक

- आत्मनिरीक्षण की शक्ति
- लक्ष्यों की प्राप्ति के लिए पांच काम करने की विधि।

उद्धरण योग्य कथन

- असीमित प्रफुल्लता के साथ जीने के महत्त्व को मत भूलो। सभी जीवित वस्तुओं का उत्कृष्ट सौन्दर्य देखकर उसकी उपेक्षा कभी मत करो। आज का यह दिन और यह क्षण जो हम और तुम साथ बिता रहे हैं वह एक उपहार है। अपने जीवन के कार्यों पर और दूसरों की निःस्वार्थ सेवा करने पर ध्यान केन्द्रित करो। ब्रह्मांड अन्य हर चीज का ध्यान रखेगा।

अध्याय 9

•••

स्व-नेतृत्व की प्राचीन कला

"अच्छे लोग अपने-आपको लगातार मजबूत बनाते हैं।"

– कनफ्यूशियस

"समय तेजी से बीत रहा है," जूलियन ने दूसरी बार प्याले में चाय डालते हुए कहा। "शीघ्र ही सुबह हो जाएगी। क्या तुम चाहते हो कि मैं जारी रखूं या एक रात के लिए इतना ही पर्याप्त है।"

मैं किसी भी तरह इस व्यक्ति को, जो इतने बहुमूल्य ज्ञान का स्वामी था, उसकी कहानी पूरी किए बिना, रुकने नहीं देना चाहता था। प्रारम्भ में उसकी कहानी कल्पना प्रधान प्रतीत हुई थी। लेकिन जब मैंने उसे ध्यानपूर्वक सुना, तो मैं उस शाश्वत सिद्धान्त को, जो उसको सिवाना के सन्तों ने प्रदान किया था, आत्मसात करने लगा। वह जो कुछ कह रहा था उस पर मुझे गहरा विश्वास होने लगा। यह किसी मजमा लगाने वाले के सतही विचार नहीं थे। जूलियन सत्य कह रहा था। उसने अपनी परिचर्चा के अनुरूप ही अपने को ढाल लिया था। उसके सन्देश में सत्यता की खनक थी। मैंने उसका विश्वास किया।

"जूलियन कृपया जारी रखो, मेरे पास बहुत समय है। आज रात बच्चे अपने नाना-नानी के यहां सो रहे हैं और जैनी घंटों बाद उठेगी।"

मेरी सच्ची लगन देखकर, उसने योगी रमन द्वारा सुनाई गई शिक्षाप्रद कहानी सुनानी जारी रखी। योगी रमन ने यह कहानी अधिक सम्पन्न और प्रसन्न जीवन जीने से सम्बन्धित ज्ञान को चित्रण द्वारा समझाने के लिए सुनाई थी।

"मैंने तुम्हें बताया था कि इस कहानी में बगीचा तुम्हारे मस्तिष्क के उपजाऊ बगीचे के समान है – एक ऐसा बगीचा जो प्रसन्नता और असीम सम्पदाओं के खजाने से सम्पन्न है। मैंने प्रकाश घर (लाईट हाउस) के बारे में भी बताया। यह लक्ष्यों की शक्ति का और जीवन में दिव्य आह्वान को पहचानने के महत्त्व का प्रतीक है। तुम्हें याद होगा कि कहानी में प्रकाश घर (लाईट हाउस) का दरवाजा धीरे-धीरे खुलता है और उसमें से नौ फुट लम्बा और नौ सौ पौंड का जापानी सूमो पहलवान निकलता है।"

"एक बुरी गोडजिला पिक्चर की तरह लग रहा है।"

"जब मैं बालक था मुझे ये पिक्चरें बहुत पसन्द थीं।"

"मुझे भी। लेकिन मुझे आपका ध्यान नहीं बंटाना चाहिए।" मैंने उत्तर दिया।

"सिवाना के सन्तों की जीवन परिवर्तन पद्धति में सूमो पहलवान एक बहुत महत्त्वपूर्ण तत्त्व का प्रतीक है। योगी रमन ने मुझे बताया कि अनेक शताब्दियों पहले प्राचीन पूर्व के देशों में महान गुरुओं ने एक सिद्धान्त प्रणाली विकसित की और उसको संवारा। इस सिद्धान्त प्रणाली को वे 'कैजेन' नाम से पुकारते थे। इस जापानी शब्द का अर्थ है – लगातार और अनन्त विकास। और यह हर उच्चतम और पूर्ण जाग्रत स्त्री-पुरुष का ट्रेड मार्क है।"

"कैजेन के सिद्धान्त ने सन्तों के जीवन को कैसे सम्पन्न किया?" मैंने पूछा।

"जैसा कि मैं पहले बता चुका हूं, जॉन आन्तरिक सफलता मिलने पर ही बाह्य सफलता प्राप्त होती है। यदि तुम वास्तव में अपनी बाहरी दुनिया में सुधार चाहते हो, चाहे इसका तात्पर्य तुम्हारे स्वास्थ्य, तुम्हारे सम्बन्धों अथवा तुम्हारी अर्थव्यवस्था से हो, तो इसके लिए सबसे पहले तुम्हें अन्तःकरण का सुधार करना होगा। आत्मसुधार का निरन्तर प्रयास करना ही इसका सबसे अधिक प्रभावशाली तरीका है। स्व-स्वामित्व ही जीवन नियन्त्रण का डी.एन.ए. है।"

"जूलियन, मैं आशा करता हूं कि तुम बुरा नहीं मानोगे लेकिन आन्तरिक दुनिया से सम्बन्धित यह सारी परिचर्चा मुझे धर्म में लगे हुए लोगों के लिए ही प्रतीत होती है। याद रखो मैं नगर के बाहर उप-बस्ती में रहनेवाला मध्यम श्रेणी का एक वकील हूं। मेरे यहां ड्राइव-वे में मिनी वैन खड़ी है और गैरेज में लॉन की घास काटने की मशीन।

"देखो, अब तक जो कुछ भी तुमने मुझसे कहा वह समझ में आता है। सत्य तो यह है कि अब तक जो कुछ तुमने मुझे बताया वह साधारण ज्ञान की बातें लगती हैं, यद्यपि मैं यह जानता हूं कि साधारण ज्ञान भी इस युग में सुलभ नहीं है लेकिन मैं तुम्हें यह बताना चाहता हूं कि मुझे कैजेन के विचार से अपनी आन्तरिक दुनिया को सुधारने में थोड़ी कठिनाई हो रही है।"

जूलियन ने तत्परता से उत्तर दिया। "हमारे समाज में हम सब अज्ञानी को कमजोर समझते हैं फिर भी, कुछ ऐसे हैं जो अपनी ज्ञान की कमी को अभिव्यक्त कर देते हैं और दूसरों से ज्ञान प्राप्ति का मार्ग-दर्शन लेते हैं। तुम्हारे प्रश्न न्यायोचित हैं और उनसे मुझे पता चलता है कि तुम नए विचारों को ग्रहण करने में सक्षम हो। आज हमारे समाज में परिवर्तन बहुत प्रभावशाली शक्ति के रूप में माना जाता है। अधिकांश लोग इससे डरते हैं, बुद्धिमान् इसे अपनाते हैं। जेन परम्परा में परिवर्तन शुरू करनेवाले के मस्तिष्क का इस प्रकार वर्णन है – जिनका मन हमेशा नए सिद्धान्तों को अपनाने के लिए तैयार है, जिनके कप हमेशा खाली हैं – वे हमेशा सफलता और परिपूर्णता के उच्चतर स्तर की ओर बढ़ते जाएंगे। बुनियादी प्रश्नों को पूछने में कभी भी हिचकिचाहट महसूस मत करो। प्रश्न पूछना ही ज्ञान प्राप्ति का सबसे प्रभावशाली तरीका है।"

"धन्यवाद। किन्तु मैं अभी भी कैजेन के बारे में स्पष्ट नहीं हूं।"

"जब मैं तुमसे तुम्हारे अन्तःकरण की दुनिया में सुधार लाने के लिए कहता हूं, तो मेरे कहने का अर्थ है – अपने में सुधार और

व्यक्तिगत विस्तार। और यही वह सर्वोत्तम काम है, जो तुम अपने लिए कर सकते हो। तुम सोच सकते हो कि तुम तो इतने अधिक व्यस्त हो कि अपने लिए काम करने का समय तुम्हारे पास नहीं है। यह एक बहुत बड़ी भूल होगी। देखो, जब तुमने अनुशासन, ऊर्जा, शक्ति और आशावाद से परिपूर्ण, अपने मजबूत चरित्र के निर्माण में अपना समय लगाया है, तो तुम अपनी बाहरी दुनिया में जो कुछ चाहोगे वह प्राप्त कर लोगे और जो भी काम करना चाहोगे, उसे कर सकोगे। जब तुम अपनी क्षमताओं और दृढ़आत्मा पर पूरा विश्वास करने लगोगे तब तुम्हें तुम्हारे लक्ष्यों को सफलतापूर्वक प्राप्त करने से और महान सफलताओं के साथ जीने से कोई नहीं रोक सकता। मस्तिष्क को काबू करने में, शरीर की देखभाल करने में और अपनी आत्मा को पोषण देने में समय लगाने से तुम उस स्थिति में पहुंच जाओगे कि अपने जीवन में ज्यादा-से-ज्यादा सम्पन्नता और ऊर्जा विकसित कर सको। एपिटेक्टस ने बहुत वर्ष पहले कहा था, 'कोई भी व्यक्ति, जो अपने स्व का स्वामी नहीं है, स्वतन्त्र नहीं है।' "

"अतः कैजेन वस्तुतः बहुत व्यावहारिक सिद्धान्त प्रणाली है।"

"बहुत ज्यादा। जॉन, इसके बारे में जरा गहराई से सोचो। कोई व्यक्ति किसी भी कॉरपोरेशन को कैसे चला सकता है यदि वह अपने-आपको मार्ग नहीं दिला सकता? तुम एक परिवार का पालन-पोषण कैसे कर सकते हो यदि तुम अपना पालन करने में या अपनी देखभाल करने में सक्षम नहीं हो? तुम्हारे लिए किसी का भला करना कैसे सम्भव हो सकता है यदि तुम स्वयं अच्छा अनुभव नहीं करते? क्या तुम मेरा दृष्टिकोण समझ रहे हो?"

मैंने पूर्ण सहमति में सिर हिलाया। पहली बार अपने-आपको सुधारने के महत्त्व पर मैंने गम्भीरता से विचार किया। जब लोगों को मैं सब-वे (उपमार्ग) पर 'दि पॉवर ऑफ पॉजिटिव थिंकिंग' या 'मेगा लिविंग' जैसे शीर्षकों की पुस्तकें पढ़ते देखता था, तो मैं हमेशा सोचा करता था कि वे परेशान आत्माएं हैं और उनको ठीक करने के लिए

किसी प्रकार की दवा की जबर्दस्त जरूरत है। अब मेरी समझ में आया कि वे लोग जो अपने-आपको शक्तिशाली बनाने के लिए समय खर्च करते थे वे सबसे अधिक मजबूत थे और सिर्फ अपने-आपको सुधारकर ही कोई किसी दूसरे का भविष्य सुधारने की आशा कर सकता है। फिर मैंने उन सभी चीजों पर विचार करना प्रारम्भ किया, जिनमें मैं सुधार कर सकता था। मैं सचमुच उस अतिरिक्त ऊर्जा और अच्छे स्वास्थ्य का उपयोग कर सकता था, जो मुझे निश्चित रूप से व्यायाम करने से मिलेगी। इससे मेरे व्यवहार में परिवर्तन आएगा जल्दी नाराज होना और दूसरों के बीच में बोलने जैसे बुरी आदतों से मुझे छुटकारा मिलेगा तथा पत्नी और बच्चों के साथ मेरे सम्बन्धों में सुधार आएगा। इसके साथ ही चिन्ता करने की आदत समाप्त करने से मुझे मन की शान्ति और गहन प्रसन्नता प्राप्त होगी, जिसे मैं ढूंढ़ रहा हूं। इस बारे में मैंने जितना ज्यादा सोचा सुधारों को मैंने उतना ही अधिक शक्तिशाली पाया।

जैसे ही मैंने यह सोचना शुरू किया कि अच्छी आदतों का निर्माण करने से मेरे जीवन में सभी सकारात्मक चीजें प्रचुरता से आनी शुरू हो जाएंगी, मैं उत्तेजित हो गया। लेकिन मैं समझ गया कि जूलियन जिस बारे में परिचर्चा कर रहा था उसका महत्त्व दैनिक व्यायाम, स्वास्थ्यप्रद भोजन और सन्तुलित जीवन-शैली के महत्त्व से कहीं अधिक था। जो कुछ ज्ञान वह हिमालयपर्वत पर सीखकर आया था वह इससे कहीं अधिक गहन और अर्थपूर्ण था। उसने चरित्र निर्माण की शक्ति, मानसिक दृढ़ता का विकास और साहसपूर्ण जीवन के महत्त्व पर प्रकाश डाला। उसने मुझे बताया कि ये तीनों गुण किसी को भी गुणवान जीवन जीने के लिए मार्गदर्शन नहीं करेंगे बल्कि एक ऐसे जीवन का मार्गदर्शन करेंगे, जो सफलता, सन्तोष और आत्मा की शान्ति से परिपूर्ण हो। साहस एक ऐसा गुण है जिसको कोई भी अपने में पैदा कर सकता है और जो आगे चलकर जीवन में बहुत अधिक लाभप्रद होगा।

"साहस का स्व-नेतृत्व और व्यक्तिगत विकास से क्या सम्बन्ध है?" मैंने आश्चर्य से जोर देकर पूछा।

"साहस से तुम अपनी दौड़ स्वयं दौड़ सकते हो। साहस, जो कुछ तुम करना चाहते हो, उसे करने देता है क्योंकि तुम जानते हो कि यह सही है। साहस तुम्हें दृढ़ रहने के लिए आत्म-नियन्त्रण प्रदान करता है जबकि दूसरी चीजें असफल हो जाती हैं। आखिर में जिस साहसिक स्तर पर तुम रहते हो उसी स्तर पर तुम्हें जीवन में परिपूर्णताएं मिलती हैं। इसी के द्वारा तुम अपने जीवन रूपी महाकाव्य के उत्कृष्ट आश्चर्यों का अनुभव कर पाते हो और जिन्होंने अपने ऊपर स्वामित्व पा लिया है उनमें साहस की कोई कमी नहीं होती।"

"ठीक है। मैं अपने ऊपर कार्य करने की शक्ति को समझने की कोशिश कर रहा हूं। मुझे कहां से शुरुआत करनी चाहिए?"

जूलियन पहाड़ों की चोटी पर योगी रमन के साथ हुए अपने वार्तालाप पर वापस आ गया, जिसका स्मरण वह एक उल्लेखनीय तारों-भरी भव्य, सुन्दर रात्रि के रूप में करता था।

"शुरू में मैं भी आत्मसुधार के ख्याल से परेशान था। आखिर, मैं एक कठोर हार्वर्ड से प्रशिक्षित कानूनी गोली-बारी करनेवाला वकील था। मेरे पास न्यू एज थ्योरीज के लिए कोई समय नहीं था जिन्हें वे लोग जबरन मुझे समझाना चाहते थे। मैं सोचता था कि ये वे लोग थे जिनके बाल भद्दे रूप से कटे हुए होते थे और वे हवाई-अड्डों पर इधर-उधर घूमते रहते थे। मैं गलत था। इस दिमागी संकीर्णता के कारण मैं वर्षों तक जीवन में अपनी प्रगति में बाधक बना रहा। जितना अधिक ध्यानपूर्वक मैंने योगी रमन को सुना और जितना अधिक मैंने अपनी पिछली जिन्दगी की पीड़ा और कष्टों पर विचार किया, उतना ही अधिक मैंने कैजेन के सिद्धान्त की निरन्तर और कभी न समाप्त होनेवाली मस्तिष्क, शरीर और आत्मा की समृद्धि का अपने नए जीवन में स्वागत किया।" जूलियन ने कहा।

"आजकल मैं मस्तिष्क, शरीर और आत्मा के बारे में इतना क्यों सुन रहा हूं? ऐसा लगता है कि ट्यूब ऑन करते ही इसमें से कोई इसी के बारे में बात करेगा।"

"तुम्हारी इन तीनों मानवीय नैसर्गिक प्रवृत्तियों का आपस में एक-दूसरे से घनिष्ठ सम्बन्ध है। शारीरिक सुधार किए बिना मस्तिष्क का सुधार एक बहुत ही खोखली विजय होगी। अपने मस्तिष्क और शरीर का उत्थान उच्चतम स्तर तक करके, बिना अपनी आत्मा को पोषण दिए, तुम अपने-आपको बहुत ही खाली और अपूर्ण महसूस करोगे। लेकिन जब तुम अपनी सारी शक्तियों को अपनी तीनों मानवीय नैसर्गिक प्रवृत्तियों के सुप्त शक्ति स्रोत को प्रवाहित करने में लगा दोगे, तो तुम एक ज्ञान प्राप्त जीवन के दैवीय आनन्द का सुख प्राप्त करोगे।"

"मित्र, तुमने मुझे अत्यन्त उत्साहित कर दिया है।"

"तुम्हारा यह प्रश्न है कि कहां से शुरुआत करें, मैं वादा करता हूं कि कुछ ही क्षणों में मैं तुम्हें प्राचीन प्रभावशाली तकनीकें बताऊंगा। लेकिन उससे पहले मैं तुम्हें एक व्यावहारिक उदाहरण देना चाहता हूं। दंड लगाने की स्थिति में आ जाओ।"

'अच्छे दुःख की बात है, जूलियन सिपाहियों को कवायद सिखाने वाला अफसर बन गया है,' मैंने सोचा। उत्सुक होने के कारण और अपना कप खाली रखने की इच्छा से मैंने उसकी बात का अनुकरण किया।

"अब जितने दंड लगा सको लगाओ। जब तक की यह न लगने लगे कि अब बिल्कुल भी दंड नहीं लगा पाओगे तब तक मत रुकना।"

मैं व्यायाम के साथ संघर्ष करने लगा। मेरा दो सौ पन्द्रह पौंड का शरीर बच्चों के साथ सबसे निकट के 'मैक डोनल्ड' तक पैदल जाने का या अपने साथी वकीलों के साथ एक राउंड गोल्फ खेलने का आदी था। पहले पन्द्रह दंड लगाने में अत्यन्त कष्ट हुआ। उस ग्रीष्म सन्ध्या की गर्मी मेरी बेचैनी को बढ़ा रही थी। मुझे जबर्दस्त पसीने आने लगे। फिर भी मैंने अपनी कमजोरी के चिह्न प्रकट न करने का निश्चय किया और जब तक मेरा खोखला आडम्बर और मेरी बांहें

जवाब नहीं दे गईं, मैं दंड लगाता रहा। तेईस दंड लगाकर मैंने छोड़ दिया।

"अब और ज्यादा नहीं जूलियन। यह मेरी जान निकाल रहा है। तुम यहां क्या करना चाह रहे हो?"

"क्या तुम्हें विश्वास है कि अब तुम और ज्यादा नहीं कर सकते?"

"मुझे विश्वास है। अब मुझे थोड़ा आराम करने दो। जो शिक्षा मुझे इसे करने से मिली वह यह है कि दिल का दौरा पड़ जाए इसके लिए क्या करना चाहिए?"

"दस बार दंड और लगाओ। फिर तुम आराम कर सकते हो," जूलियन ने आज्ञा दी।

"तुम मजाक कर रहे हो!"

लेकिन मैंने जारी रखा। एक, दो, पांच, आठ और अन्त में दस। मैं पूर्णतया थककर फर्श पर लेट गया।

"मैं भी ठीक इसी अनुभव से गुजरा था उस रात जब योगी रमन ने वह कहानी मुझे सुनाई थी।" जूलियन ने कहा–"उसने मुझे बताया कि पीड़ा एक महान गुरु होती है।"

"कोई ऐसे अनुभव से और क्या सीख सकता है?" मैंने हांफते हुए कहा।

"योगी रमन, और सिवाना के सभी सन्तों का विश्वास था कि लोग सर्वाधिक विकास तभी करते हैं जब वे 'अज्ञात क्षेत्र' में प्रवेश करते हैं।"

"ठीक है। लेकिन उसका सम्बन्ध मुझसे इतने अधिक दंड लगवाने से क्या है?"

"तुमने तेईस दंड लगाने के बाद मुझसे कहा कि अब तुम और नहीं लगा सकते। तुमने मुझे बताया कि यह तुम्हारी अन्तिम सीमा थी। फिर भी जब मैंने तुमसे और अधिक दंड लगाने के लिए कहा, तो तुमने मेरे कहने से दस दंड और लगा दिए। तुम्हारे अन्दर और अधिक क्षमता थी और जब तुम्हें उसकी आवश्यकता हुई, तुम्हें वह

प्राप्त हुई। योगी रमन ने मुझे एक मूलभूत सत्य समझाया जब मैं उनका शिष्य था : 'तुम्हारे जीवन की सीमाएं वही हैं, जो तुमने स्वयं निर्धारित कर रखी हैं।' जब तुम अपने आराम के दायरे से बाहर निकलने का साहस करते हो और अज्ञात को खोजने लगते हो, तब तुम अपने वास्तविक मानवीय शक्ति स्रोत को आजाद कर देते हो। यह स्व-स्वामित्व प्राप्त करने का और जीवन में किसी भी परिस्थिति पर नियन्त्रण प्राप्त करने की दिशा में प्रथम कदम है। जब तुम अपनी शक्ति सीमा से आगे बढ़ते हो जैसा कि तुमने इस छोटे-से डिमांसट्रेशन में किया, तुम अपने मानसिक और शारीरिक शक्ति भंडार को खोल देते, जिसके बारे में तुमने कभी यह नहीं सोचा था कि यह तुम्हारे पास हो।''

'मन्त्रमुग्ध करनेवाली बात है,' मैंने सोचा। जरा सोचो, मैंने अभी हाल में एक किताब में पढ़ा था कि एक औसत व्यक्ति अपनी क्षमता का बहुत छोटा-सा भाग काम में लाता है। मुझे आश्चर्य हुआ कि यदि हमने अपनी बाकी की योग्यताओं के भंडार को भी काम में लेना शुरू कर दिया, तो हम क्या करेंगे।

जूलियन समझ गया। उसने अपनी बात कहना जारी रखा।

''तुम 'कैजेन' की कला का अभ्यास प्रतिदिन उत्साहपूर्वक करते रहो। अपने मन और शरीर को सुधारने के लिए कड़ी मेहनत करो। अपनी आत्मा को बलवान बनाओ। जिन कामों से तुम डरते हो उनको करो। असीम ऊर्जा और अनन्त उत्साह के साथ जीना प्रारम्भ करो। सूर्य को उगते हुए देखो। बरसात में नृत्य करो। ऐसा व्यक्ति बनो जैसा बनने का तुम स्वप्न देखते हो। वही काम करो, जो तुम हमेशा करना चाहते थे लेकिन किसी कारणवश कर नहीं पाए, और तुमने चालाकी से यह विश्वास कर लिया कि अभी तुम बहुत छोटे हो या बहुत बड़े हो। बहुत अमीर हो या बहुत गरीब हो। उड़ान भरनेवाला पूर्णतया जीवन्त जीवन जीने की तैयारी करो। पूर्व में लोगों का कहना है कि भाग्य मानसिक रूप से तैयार व्यक्ति पर कृपा करता है। मेरा

विश्वास है कि जीवन मानसिक रूप से तैयार व्यक्ति पर कृपा करता है।''

जूलियन ने अपनी भावपूर्ण परिचर्चा जारी रखी। ''उन चीजों को पहचानो जो तुम्हें पीछे खींच रही हैं। क्या तुम बोलने से डरते हो या तुम्हारे सम्बन्धों में परेशानी है? क्या तुम्हारा रुख सकारात्मक नहीं है या तुम्हें और अधिक ऊर्जा की आवश्यकता है। अपनी कमजोरियों को कागज पर लिखो। सन्तुष्ट व्यक्ति औरों की अपेक्षा अधिक विचारपूर्ण होते हैं। यह विचार करने के लिए समय निकालो कि आखिर वह क्या है, जो तुम्हें जीवन में जो कुछ वास्तव में तुम चाहते हो, उससे दूर रखे हुए है और उसे जानने का प्रयास करो जो कुछ तुम प्राप्त कर सकते हो। एक बार जब तुम यह पहचान लोगे कि तुम्हारी कमजोरियां क्या हैं तब तुम्हारा दूसरा कदम होगा उनका डटकर मुकाबला करना और अपने भयों पर आक्रमण करना। यदि तुम्हें पब्लिक सभाओं में बोलने में डर लगता है, तो बीस जगह भाषण देने के लिए हस्ताक्षर कर दो। यदि तुम्हें नया व्यवसाय करने में डर लगता है, या एक असन्तोषजनक रिश्ते से बाहर आना चाहते हो, तो अपने अन्दर की शक्ति को एकत्रित करो और इस काम को करो। यह असली स्वतन्त्रता का पहला स्वाद होगा, जो तुमने वर्षों बाद अनुभव किया होगा। डर मानसिक राक्षस होने के अलावा कुछ नहीं है जिसका निर्माण तुमने स्वयं किया है, यह चेतना की एक नकारात्मक धारा।''

''डर चेतना की नकारात्मक धारा के अतिरिक्त कुछ नहीं है? मुझे यह बात पसन्द है। तुम्हारा अभिप्राय है कि मेरे सारे डर छोटे-छोटे काल्पनिक शैतान (ग्रेमलिन) से अधिक कुछ नहीं हैं, जो मेरे मन में वर्षों से पैठ बनाए हुए हैं।''

''बिल्कुल ठीक कहा जॉन। हर बार जब भी उन्होंने तुम्हें कुछ काम करने से रोका है, तुमने उनको बढ़ावा दिया है। लेकिन जब तुम अपने भय पर विजय प्राप्त कर लेते हो, तो अपने जीवन पर विजय प्राप्त कर लेते हो।''

"मुझे इस बात को एक उदाहरण सहित समझाओ।"

"ठीक है। पब्लिक में भाषण देने की बात को लेते हैं – यह एक ऐसा क्रियाकलाप है, जिससे अधिकांश लोग मृत्यु से भी अधिक डरते हैं। जब मैं एक वकील था, मैं वास्तव में वकीलों को देखता था, जो न्यायालय में कदम रखने से डरते थे। और इस डर से बचने के लिए वे अपने मुवक्किलों के उस केस में भी समझौता करा देते थे, जो न्यायालय में चलने लायक होता था ऐसा वह सिर्फ खचाखच–भरे हुए न्यायालय में बहस करने के डर से बचने के लिए करते थे।"

"मैंने भी उन्हें देखा है।"

"क्या तुम सच में यह सोचते हो कि वे इस डर के साथ पैदा हुए थे?"

"ऐसी तो आशा नहीं है।"

"एक छोटे बच्चे का अध्ययन करो। उसकी कोई सीमा नहीं है। उसका मस्तिष्क भीतरी शक्ति और सम्भावनाओं का हरा–भरा भू दृश्य है। इसको समुचित ढंग से संवारा जाए, तो यह उसको महान बना सकता है। यदि इसमें नकारात्मकता भर दी जाएगी, तो यह सामान्य रह जाएगा। जो कुछ मैं कह रहा हूं वह यह है : कोई भी अनुभव चाहे यह सार्वजनिक भाषण देने का हो या बॉस के सामने प्रस्तुत होने के लिए कहना हो या धूप में झील में तैरना हो या चांदनी रात में समुद्र के किनारे टहलना हो जन्मजात दुःखदायी या सुखपूर्ण नहीं होता। यह आपकी सोच है, जो इसका ऐसा बनाती है।"

"काफी दिलचस्प है।"

"एक बच्चे को धूप से चमकदार भव्य दिन को निराशापूर्ण समझने के लिए प्रशिक्षित किया जा सकता है। एक बच्चे को पप्पी को एक गन्दे जानवर के रूप में देखना सिखाया जा सकता है। एक प्रौढ़ को ड्रग को तनावमुक्त होने के साधन के रूप में देखना सिखाया जा सकता है। यह सारा मामला परखने का है, क्या ऐसा नहीं है?"

"निश्चित रूप से ऐसा ही है।"

"यही बात भय के साथ है। भय एक परिस्थितिजन्य प्रतिक्रिया है, एक जीवन निचोड़नेवाली आदत, जो बहुत आसानी से तुम्हारी ऊर्जा, क्रियाशीलता और उत्साह को पूरी तरह नष्ट कर देता है। यदि तुम सावधान नहीं हो तो। जब भी भय अपना भद्दा सिर ऊपर उठाए, इसको तुरन्त कुचल दो। सर्वोत्तम तरीका यह है कि जिस काम से तुम डर रहे हो वही काम करो। भय की रचना का विश्लेषण करो। यह तुम्हारी अपनी ही निर्माण की हुई वस्तु है। किसी दूसरी निर्मित वस्तु की भांति इसको नष्ट करना उतना ही आसान है जितना उसको खड़ा करना। इसे तरीके से खोजो और फिर प्रत्येक भय को, जो चुपचाप तुम्हारे मन के दुर्ग में प्रवेश कर गया है, नष्ट कर दो। यह काम अकेले ही तुम्हें अत्यधिक आत्मविश्वास, प्रसन्नता और मन की शान्ति प्रदान करेगा।"

"क्या किसी व्यक्ति का मस्तिष्क वस्तुतः पूरी तरह भयरहित हो सकता है?" मैंने पूछा।

"महत्त्वपूर्ण प्रश्न है। इसका उत्तर है निश्चित और जोरदार 'हां'। सिवाना का प्रत्येक सन्त भयरहित था। तुम इस बात को इनके चलने के तरीके में देख सकते थे। उनके बातचीत करने के ढंग में तुम्हें इसका अनुभव हो सकता था। तुम इस बात का पता इनकी आंखों में गहराई तक देखकर लगा सकते थे। मैं तुम्हें कुछ और भी बतांऊगा, जॉन।"

"क्या," जो कुछ सुन रहा था उससे सम्मोहित होकर मैंने पूछा।

"मैं भी भयरहित हूं। मैं अपने-आप को जानता हूं और मुझे यह अनुभव हो गया है कि मेरी स्वाभाविक स्थिति दृढ़ बल और असीम शक्ति स्रोत से सम्पन्न है। उतने वर्षों तक आत्म-उपेक्षा और असन्तुलित सोच के कारण मेरी प्रगति अवरुद्ध हो गई थी। मैं एक बात और तुम्हें बताऊंगा। जब तुम भय को अपने मस्तिष्क से निकाल देते हो, तो अधिक युवा लगने लगते हो और तुम्हारा स्वास्थ्य अधिक स्पन्दनशील हो जाता है।"

"आह, वही पुराना मन और शरीर का सम्बन्ध।" मैंने अपनी अज्ञानता को छिपाने की आशा से उत्तर दिया।

"हां, पूर्व के सन्त इसके बारे में पांच हजार वर्ष पहले जान चुके थे। मुश्किल से 'नया युग,'' उसकी विस्तृत मुस्कान से उसका स्वस्थ चेहरा चमकने लगा।

"सन्तों ने मुझे एक शक्तिशाली सिद्धान्त के बारे में बताया, जिसके बारे में मैं बहुधा सोचता हूं। मेरे विचार से यह स्व-नेतृत्व और स्व-स्वामित्व के मार्ग पर चलने के लिए तुम्हारे लिए उपयोगी होगा। इसने मुझे उस समय क्रियाशीलता प्रदान की है जब मैं चीजों को आसान समझता था। इस सिद्धान्त को संक्षेप में इस प्रकार कहा जा सकता है – अपने सपनों को यथार्थ में परिणित करनेवालों को जो चीज उन लोगों से पृथक करती है, जो कभी प्रेरणापूर्ण जीवन नहीं जीते, वह यह है कि वे उन कामों को करते हैं जिनको कम विकसित लोग करना पसन्द नहीं करते।

"वास्तविक ज्ञान प्राप्त लोग, जो प्रतिदिन गहन आनन्द का अनुभव प्राप्त करते हैं, थोड़ी देर के सुख को लम्बी अवधि के सुख के लिए त्याग देते हैं। इस प्रकार वे अपनी कमजोरियों और भयों को सिरे से दूर करने की कोशिश करते हैं, फिर चाहे अज्ञात क्षेत्र में डुबकी लगाने से उन्हें परेशानी उठानी पड़े। वे कैजेन की सिद्धान्त प्रणाली के अनुसार जीवन जीने का निश्चय करते हैं, अपने हर पहलू को निरन्तर बिना रुके सुधारते हुए। जो चीजें मुश्किल थीं वे समय के साथ आसान हो जाती हैं। जिन भयों ने उन्हें आनन्द, स्वास्थ्य और वैभव का सुख प्राप्त करने से रोक रखा था, वे उनके मार्ग के एक ओर इस प्रकार गिर जाते हैं जैसे आंधी-तूफान में खेतों में लकड़ी का आदमी गिर जाता है।"

"अतः तुम्हारा सुझाव है कि मुझे अपने जीवन में परिवर्तन लाने से पहले अपने में परिवर्तन लाना होगा?"

"हां, यह उस पुरानी कहानी की तरह है जो मेरे प्रिय प्रोफेसर ने,

जब मैं लॉ-स्कूल में था मुझे सुनाई थी। एक रात एक पिता पूरा दिन ऑफिस में काम करने के बाद घर पहुंचा और थोड़ा आराम करने के मकसद से लेटकर अखबार पढ़ने लगा। उसका बेटा, जो उसके साथ खेलना चाहता था, उसे लगातार तंग कर रहा था। अन्त में परेशान होकर पिता ने अखबार में से एक ग्लोब का चित्र काटकर उसके सौ छोटे-छोटे टुकड़े कर दिए। 'लो बेटा, जाओ और इसको फिर से जोड़ने की कोशिश करो।' उसने इस आशा के साथ कहा कि जब तक वह अखबार पढ़ना समाप्त करेगा, लड़का इस काम में व्यस्त रहेगा। जब उसका बेटा एक मिनट में ही ग्लोब ठीक से जोड़कर ले आया, तो उसके पिता को बहुत आश्चर्य हुआ। उसने पूछा कि उसने यह अद्‌भुत काम कैसे किया? इस पर पुत्र ने मृदु मुस्कान के साथ उत्तर दिया, 'डैड, ग्लोब के पीछे एक आदमी का चित्र था, और जैसे ही मैंने आदमी का चित्र जोड़ा, ग्लोब का चित्र ठीक हो गया।' ''

''यह तो बड़ी सारगर्भित कहानी है।''

''देखो जॉन, सबसे अधिक बुद्धिमान् व्यक्ति, जिनसे मैं मिला हूं सिवाना के सन्तों से लेकर हार्वर्ड लॉ स्कूल के प्रोफेसरों तक, वह सभी प्रसन्नता प्राप्त करने का असली सूत्र जानते हैं।''

''जारी रखो,'' मैंने थोड़ा अधीर होकर कहा।

''यह ठीक वही बात है, जो मैं पहले भी कह चुका हूं। प्रसन्नता लक्ष्य, ध्येय की उन्नतिशील पूर्ति से प्राप्त होती है। जब तुम वह काम कर रहे होते हो, जो तुम्हें करना वास्तव में पसन्द है, तो तुम्हें गहरा आत्मसन्तोष अवश्य ही मिलता है।''

''यदि प्रसन्नता हर किसी को मनपसन्द काम करने से ही प्राप्त होती, तो इतने लोग दुःखी क्यों हैं?''

''अच्छा प्रश्न है, जॉन। अपना मनपसन्द काम करने के लिए, जैसे तुम एक्टर बनना चाहते हो, तो इसके लिए चाहे तुम्हें अपना वर्तमान काम छोड़ना पड़े, या जो कम महत्त्वपूर्ण कार्य हैं उन पर कम समय और जो अधिक महत्त्वपूर्ण कार्य हैं उनको अधिक समय देने के

लिए बहुत अधिक साहस की आवश्यकता है। इसके लिए तुम्हें अपने आराम के दायरे से बाहर आना पड़ेगा। और परिवर्तन सदा ही प्रारम्भ में थोड़ा असुविधाजनक लगता है। इसमें थोड़ा खतरा भी है। लेकिन अधिक आनन्दपूर्ण जीवन की संरचना तैयार करने का यह सबसे अधिक विश्वसनीय तरीका है।''

''साहसी होने का ठीक तरीका क्या है?''

''यह उपरोक्त कहानी की ही तरह है। एक बार यदि तुम अपने-आपको जोड़ लो, तुम्हारी दुनिया बिल्कुल ठीक हो जाएगी। एक बार यदि तुम अपने मस्तिष्क, शरीर और चरित्र पर नियन्त्रण प्राप्त कर लेते हो, तो तुम्हारे जीवन में प्रसन्नता और समृद्धि चमत्कारपूर्ण ढंग से प्रवाहित होने लगेगी। लेकिन तुम्हें प्रतिदिन अपने ऊपर कुछ समय चाहे दस या पन्द्रह मिनट ही हो, अवश्य खर्च करना चाहिए।''

''और योगी रमन की कहानी का नौ फुट लम्बा, नौ सो पौंड का जापानी सूमो पहलवान किस बात का प्रतीक है?''

''हमारा हट्टा-कट्टा मित्र तुम्हें निरन्तर कैजेन के सिद्धान्त की याद दिलाएगा – जापानी शब्द जिसका प्रयोग निरन्तर स्व-विस्तार और प्रगति के लिए होता है।''

कुछ ही घंटों में जूलियन ने मुझे सबसे अधिक प्रभावशाली और आश्चर्यजनक जानकारी दी, जो मुझे अपने पूरे जीवन में प्राप्त नहीं हुई थी। मैं जान गया था कि चमत्कार मेरे मस्तिष्क में ही था, साथ ही यह भी कि यह विलक्षण शक्ति का अक्षय भंडार था। मैंने मस्तिष्क को शान्त करने की और इसकी शक्ति को अपनी इच्छाओं और सपनों की पूर्ति के लिए केन्द्रित करना सीख लिया था। मैंने जीवन में एक निश्चित उद्देश्य रखने का और अपने व्यक्तिगत, व्यावसायिक और आध्यात्मिक संसार के हर पहलू के बारे में निश्चित लक्ष्यों को तय करने का महत्त्व समझ लिया था। अब मुझे आत्मनियन्त्रण के युगातीत सिद्धान्त कैजेन का पता चल गया था।''

''मैं कैजेन की सिद्धान्त प्रणाली का अभ्यास किस प्रकार कर सकता हूं?''

"मैं तुम्हें दस प्राचीन अत्यन्त प्रभावपूर्ण धार्मिक क्रियाएं बताऊंगा, यदि तुम उनकी उपयोगिता में विश्वास रखते हुए उनका दैनिक आधार पर पालन करोगे, तो वह तुम्हें आत्मनियन्त्रण के मार्ग पर बहुत आगे ले जाएंगी और आज से ठीक एक महीने के अन्दर तुम्हें उल्लेखनीय परिणाम दिखाई देने लगेंगे। यदि तुम उनका पालन करना जारी रखोगे, उन तकनीकों को अपनी दिनचर्या में इस प्रकार शामिल कर लोगे कि वे तुम्हारी आदत बन जाएं, तो तुम निश्चित रूप से पूर्ण स्वास्थ्य, असीम ऊर्जा स्थायी प्रसन्नता और मानसिक शान्ति प्राप्त करने की स्थिति में पहुंच जाओगे। आखिर में तुम अपने दिव्य लक्ष्य को प्राप्त कर लोगे – क्योंकि यह तुम्हारा जन्मसिद्ध अधिकार है।

"योगी रमन ने मुझे वे दस धार्मिक क्रियाएं बताईं जिनकी उत्कृष्टता में उनका अटूट विश्वास था, और मेरा विचार है कि तुम भी इस बात से सहमत होगे कि मैं उनकी शक्ति का जीवित प्रमाण हूं।"

"जीवन परिवर्तन करनेवाले परिणाम सिर्फ तीस दिन में?" मैंने अविश्वास से पूछा।

"हां। मुख्य बात यह है कि तुम कम–से–कम एक घंटा तीस दिनों तक लगातार उन तकनीकों का अभ्यास करोगे जो मैं तुम्हें बताने वाला हूं। सिर्फ तुम्हें अपने–आप में यही निवेश करना है। और कृपया मुझसे यह न कहना कि मेरे पास समय नहीं है।"

"लेकिन मेरे पास समय नहीं है," मैंने ईमानदारी से कहा। "मेरी वकालत बहुत बढ़ गई है। मेरे पास अपने लिए दस मिनट निकालना भी मुश्किल है, एक पूरे घंटे की बात तो रहने ही दो जूलियन।"

"जैसा कि मैंने तुम्हें बताया, यह कहना कि तुम्हारे पास स्वयं को सुधारने का समय नहीं है, चाहे इसका मतलब तुम्हारे मस्तिष्क को सुधारने से हो अथवा अपनी आत्मा के पोषण से, यह कहने के समान है कि तुम्हें गैस के लिए रुकने का समय नहीं है। क्योंकि तुम कार चलाने में बहुत अधिक व्यस्त हो। आखिर में यह तुम तक पहुंच जाएगी।"

''वास्तव में?''

''वास्तव में।''

''ऐसा कैसे?''

''मुझे इस बात को इस तरह से प्रस्तुत करना चाहिए। तुम एक बहुत तेज गति से चलनेवाली करोड़ों डॉलर की रेस कार के समान हो, जिसमें अच्छी तरह तेल पड़ा है और जिसकी मशीन बहुत अच्छी है।''

''धन्यवाद जूलीयन।''

''तुम्हारा मस्तिष्क ब्रह्मांड का सबसे महान आश्चर्य है और तुम्हारे शरीर में ऐसे कमाल के करतब दिखाने की क्षमता है, जो तुम्हें अचम्भे में डाल देंगे।''

'मैं मानता हूं।''

''करोड़ों करोड़ डॉलर की इस बढ़िया काम करनेवाली मशीन का महत्त्व समझकर भी क्या यह बुद्धिमानीपूर्ण होगा कि प्रतिदिन प्रतिमिनट इससे काम लिया जाए जरा देर भी इसकी मोटर को ठंडा होने का समय दिए बिना?''

''निःसन्देह नहीं।''

अच्छा, फिर तुम प्रतिदिन थोड़ा समय व्यक्तिगत आराम के लिए क्यों नहीं निकालते? तुम अपने कुशल कार्य सम्पादन करनेवाले मस्तिष्क के इंजन को ठंडा होने का समय क्यों नहीं देते? क्या तुम मेरा तर्क सम्ःझ रहे हो? अपना नवीनीकरण करने के लिए समय निकालना सर्वोत्तम कार्य है, जो तुम कर सकते हो। अपनी अत्यन्त व्यस्त दिनचर्या में से आत्म-सुधार और व्यक्तिगत समृद्धि के लिए समय निकालने से तुम्हारी कार्य करने की क्षमता में नाटकीय रूप से सुधार आएगा।''

''एक घंटा प्रतिदिन तीस दिनों तक करना होगा?''

''यह एक चमत्कारपूर्ण सूत्र है जिसकी मुझे सदा से तलाश थी। अपने पहले वैभवपूर्ण दिनों में मैं इसके लिए लाखों डॉलर दे देता यदि

मुझे इसका महत्त्व समझ में आ गया होता। मैं यह नहीं जानता कि यह तो बिना मूल्य की थी, वैसे ही जैसे सारा ज्ञान अमूल्य होता है। मेरे यह कहने के बाद, तुम्हें अनुशासित होना चाहिए और इन योजनाओं का जिनसे यह सूत्र बना है, उनकी बहुमूल्य उपयोगिता में पूर्णविश्वास रखकर, नित्य प्रयोग करना चाहिए।

"यह कोई क्विक-फिक्सवाला सौदा नहीं है। एक बार यदि तुम इसे प्रारम्भ कर देते हो, तो तुम बहुत लम्बी अवधि के लिए इससे बंध जाते हो।"

"तुम्हारा क्या मतलब है?"

एक घंटे का समय अपने लिए निकालकर तुम्हारे अन्दर निश्चित रूप से तीस दिन में नाटकीय परिवर्तन हो जाएगा, बशर्ते तुम सही काम करो। एक नई आदत अपनाने में पूरा एक महीना लगता है। इस अवधि के बाद जो तरीके और तकनीकें तुम सीखोगे वे तुममें ऐसे फिट हो जाएंगे मानो दूसरी त्वचा हो। यदि तुम परिणाम देखना चाहते हो, तो तुम रोजाना इसका अभ्यास करो। इससे भी तुम्हारे शारीरिक जीवन के स्तर में बहुत अन्तर आ जाएगा।"

"बिल्कुल ठीक है," मैं सहमत हो गया। जूलियन ने अपने निजी जीवन में व्यक्तिगत शक्ति और आन्तरिक शान्ति का स्रोत प्रवाहित कर लिया था। वस्तुतः उसका एक बीमार दिखाई पड़नेवाले बूढ़े वकील से स्वस्थ, ऊर्जावान दार्शनिक के रूप में हुआ रूपान्तरण कम आश्चर्यजनक नहीं था। उस समय मैंने प्रतिदिन एक घंटा उन तकनीकों और सिद्धान्तों को पूरा करने में लगाने का निर्णय किया जो अभी सुननेवाला था। मैंने दूसरों को सुधारने का काम शुरू करने से पहले अपने-आपको सुधारने का निश्चय किया, जैसी कि हमेशा मेरी आदत रही थी। हो सकता है मेरा भी मेंटले की तरह परिवर्तन हो जाए। वास्तव में यह कोशिश करने योग्य काम था।

उस रात अपने अस्त-व्यस्त लिविंग रूम के फर्श पर बैठे हुए मैंने जूलियन द्वारा बताए गए 'स्वस्थ जीवन की दस प्रक्रियाएं' सीखीं।

उनमें से कुछ को करने के लिए मुझे एकाग्रचित्त ध्यान द्वारा प्रयास करने की आवश्यकता थी। बाकी तो आसानी से की जा सकती थीं। सभी रहस्यपूर्ण थीं और उनको करने से अवश्य ही असाधारण परिणाम प्राप्त होने थे।

"पहली तरकीब सन्तों द्वारा एकान्त साधना के नाम से जानी जाती थी। इसमें कुछ निर्धारित अवधि शान्ति के लिए अपनी दिनचर्या में शामिल करने के अलावा कुछ नहीं है।"

"यह शान्ति की अवधि क्या है?"

"यह समय की अवधि है जैसे कम-से-कम पन्द्रह मिनट या अधिक-से-अधिक पचास मिनट, जिसमें तुम शान्ति की नीरोग करने की शक्ति का अनुभव, अन्वेषण करते हो और यह जान जाते हो कि तुम वास्तव में कौन हो," जूलियन ने समझाते हुए कहा।

"एक तरह से मुझे अत्यधिक गर्म हुए इंजन को आराम देने का समय," मैंने जरा मुस्कुराते हुए कहा।

"इसको इस तरह से समझना बिल्कुल ठीक है। क्या तुम अपने परिवार के साथ कभी लम्बी यात्रा पर गए हो?'

"अवश्य। ग्रीष्म ऋतु में द्वीप पर जैनी के माता-पिता के साथ कुछ सप्ताह व्यतीत करने के लिए।"

"ठीक है। क्या रास्ते में कभी थोड़ी देर के लिए रुके हो?"

"हां। खाने के लिए अथवा यदि नींद आ रही हो, तो एक छोटी-सी झपकी लेने के लिए।"

"अच्छा, 'एकान्त साधना' **(Ritual of solituide)** को 'आत्मा' के लिए थोड़ी देर का 'विश्राम' समझो। इसका उद्देश्य आत्म नवीनीकरण है और इसको कुछ समय के लिए अकेले रहकर मौन की सुन्दर चादर ओढ़कर किया जाता है।"

"मौन के बारे में ऐसी क्या विशेषता है?"

"अच्छा प्रश्न है। एकान्त और मौन तुम्हें तुम्हारे क्रियाशील स्रोत से जोड़ते हैं और ब्रह्मांड का अनन्त बुद्धि चातुर्य प्रवाहित करते हैं।

देखा जॉन, मन एक झील की तरह है। हमारी भ्रान्त दुनिया में अधिकांश, लोगों का मन शान्त नहीं है। हम सब आंतरिक परेशानियों से त्रस्त हैं। किसी भी प्रकार प्रतिदिन सिर्फ कुछ समय शान्त और मौन रहने से, मस्तिष्क रूपी झील शीशे की प्लेट जैसी चिकनी हो जाती है। इस आंतरिक शान्ति से अनन्य लाभों की सम्पदा प्राप्त होती है। जिसमें कुशल क्षेत्र की गहन भावना, आंतरिक शान्ति और अनन्त ऊर्जा शामिल है। तुम्हें नींद बेहतर आएगी और अपनी दिन–प्रतिदिन की क्रियाओं में सन्तुलन की पुनर्जीवित भावना का सुख मिलेगा।"

"मुझे इस शान्ति की अवधि के लिए कहां जाना होगा?"

"सैद्धान्तिक रूप से तुम इसे कहीं भी कर सकते हो, अपने बैडरूम से लेकर अपने ऑफिस तक। मूलरूप से वह स्थान शान्त और सुन्दर होना चाहिए।"

"इस समीकरण में सौन्दर्य का स्थान कहां है?"

"सुन्दर छवियां एक परेशान आत्मा को शान्ति प्रदान करती हैं।" जूलियन ने एक गहरी आह भरते हुए कहा। "एक गुलाब के फूलों का गुलदस्ता अथवा साधारण एक डेफोडिल का पुष्प तुम्हारी इन्द्रियों पर स्वास्थयप्रद प्रभाव डालेगा और तुम्हें तनावमुक्त करेगा। आदर्श रूप से तुम्हें इस सौन्दर्य का पान ऐसे स्थान पर करना चाहिए जहां जाकर तुम्हें मन्दिर जैसी शान्ति और खूबसूरती का अनुभव हो।"

"वह क्या है?"

"बुनियादी तौर पर यह वह स्थान है जो तुम्हारे मानसिक और आध्यात्मिक विस्तार के लिए गुप्त मंच बन जाएगा। यह तुम्हारे घर का एक खाली कमरा हो सकता है अथवा एक छोटे एपार्टमेंट में सिर्फ एक शान्त कोना। मुख्य बात यह है कि एक स्थान अपनी क्रियाओं के नवीनीकरण के लिए निश्चित कर लो – एक स्थान जो शान्तिपूर्वक तुम्हारे आने की प्रतीक्षा करता रहे।"

"मुझे यह सुनने में बहुत अच्छा लग रहा है। मैं सोचता हूं काम करके घर आने के बाद एक शान्त स्थान पर बैठने से कितना अधिक अन्तर आ जाएगा। मैं थोड़ी देर के लिए दबाव कम कर सकता था

और दिन-भर के तनावों से मुक्त हो सकता था। और ऐसा करने से मैं अपने आस-पास के व्यक्तियों के लिए एक बेहतर इंसान बन सकता था।''

''इससे दूसरी महत्त्वपूर्ण बात सामने आती है। एकान्त साधना (The Ritual of Solitude) सबसे अच्छा काम तब करती है जब तुम इसका अभ्यास उसी समय प्रतिदिन करते हो।''

''क्यों?''

''क्योंकि तब यह तुम्हारी दिनचर्या में शामिल हो जाती है एक धार्मिक-क्रिया के रूप में। उसी समय प्रतिदिन इसका अभ्यास करने से मौन की दैनिक खुराक तुम्हारी आदत बन जाएगी जिसकी तुम कभी भी उपेक्षा नहीं करोगे। और जीवन की निश्चयात्मक आदतें तुम्हारे लक्ष्य तक पहुंचने के लिए तुम्हें अनिवार्यतः मार्गदर्शन देंगी।''

''और कुछ?''

''हां, यदि जरा भी सम्भव हो, तो प्रकृति से प्रतिदिन सम्भाषण करो। जंगल में तेज घूमना या कुछ मिनट घर के पिछवाड़े टमाटर के बगीचे को कुछ देर संवारना तुम्हें फिर से शान्ति के निर्झर से जोड़ देगा, जो इस समय तुम्हारे अन्दर सुप्तावस्था में हो सकता है। प्रकृति के साथ रहने से तुम्हारा अपने उच्चतम असीम ज्ञान के साथ सामंजस्य स्थापित हो जाता है। यह स्व-ज्ञान तुम्हें अपनी व्यक्तिगत शक्ति के अनचीन्हे आयामों तक ले जाएगा। इसे कभी मत भूलना।'' जूलियन ने सलाह दी, उसकी आवाज भावपूर्ण हो उठी थी।

''क्या इस धार्मिक-क्रिया से तुम्हारी भलाई हुई है?''

''निःसन्देह। मैं सूर्य निकलने के साथ उठता हूं और मेरा पहला काम अपनी गुप्त शरण-स्थली की ओर जाना होता है। वहां मैं 'गुलाब के हृदय' (Heart of the Rose) का अवलोकन करता हूं, उतनी देर तक जितनी देर जरूरी हो। कुछ दिन शान्त ध्यान में मैं घंटों बिता देता हूं। दूसरे दिनों में मैं इस काम के लिए सिर्फ दस मिनट ही देता हूं। परिणाम थोड़ा कम या अधिक एक-सा ही रहता है। आंतरिक

एकात्मता की गहन भावना और शारीरिक ऊर्जा की बहुलता, इसके बाद मैं दूसरी धार्मिक क्रिया की ओर बढ़ता हूं। यह शारीरिक क्रिया है (Ritual of Physicality)।"

"यह सुनने में काफी दिलचस्प लगता है। यह किस बारे में है?"

"यह शारीरिक देखभाल की शक्ति के बारे में है।"

"ओह?"

"यह साधारण है। शारीरिक क्रिया का यह सिद्धान्त इस बात पर आधारित है कि जिस प्रकार तुम शरीर की देखभाल करते हो उसी प्रकार मस्तिष्क की देखभाल करो, जैसे तुम अपना शरीर तैयार करते हो उसी प्रकार मस्तिष्क को तैयार करो। जिस प्रकार तुम अपना शरीर प्रशिक्षित करते हो ठीक उसी प्रकार अपना मस्तिष्क प्रशिक्षित करो। प्रतिदिन कुछ समय निकालकर शरीर को पोषण देने के लिए कड़ा व्यायाम करो, जिससे तुम्हारा रक्त-संचार ठीक हो और शरीर हिले-डुले। क्या तुम्हें पता है एक सप्ताह में एक सौ अड़सठ घंटे होते हैं?"

"नहीं, सचमुच नहीं।"

"यह सत्य है। उनमें से कम-से-कम पांच घंटे शारीरिक व्यायाम करना चाहिए। सिवाना के सन्त प्राचीन योग पद्धति का अभ्यास अपनी शारीरिक क्षमता जगाने के लिए और एक मजबूत और शक्तिशाली जीवन जीने के लिए करते थे। इन आश्चर्यजनक शक्तिशाली सन्तों को, जिन्होंने अपने जीवन पर उम्र को हावी नहीं होने दिया, गांव के बीचों-बीच सिर के बल खड़ा देखना एक असाधारण दृश्य होता था।"

"जूलियन क्या तुमने योग किया है? जैनी ने पिछली गर्मियों में इसका अभ्यास आरम्भ किया था और वह कहती है कि इससे उसके जीवन के पांच वर्ष बढ़ गए हैं।"

"कोई एक ऐसी योजना नहीं है, जो चमत्कारपूर्ण तरीके से तुम्हारे जीवन को परिवर्तित कर देगी। जॉन, मुझे तुम्हें यह बता देना चाहिए। मैंने तुम्हें जो अनेक विधियां बताई हैं उनका निरन्तर पालन

करने से स्थाई और वृहद् परिवर्तन आएगा। लेकिन तुम्हारी शक्ति के भंडार को खोलने के लिए योग सबसे अधिक प्रभावशाली है। मैं प्रातःकाल प्रतिदिन योग करता हूं, और यह सर्वोत्तम काम है जो मैं अपने लिए करता हूं। यह मेरे शरीर को नई शक्ति ही प्रदान नहीं करता बल्कि मेरे मस्तिष्क को भी पूर्णतया एकाग्र करता है। इसने मेरी क्रियाशीलता भी बढ़ाई है। यह अत्यधिक अनुशासनपूर्ण है।"

"क्या सन्त अपने शरीर की देखभाल के लिए और कुछ भी करते थे?"

"योगी रमन और उनके भाई-बहनों का विश्वास था कि प्राकृतिक वातावरण में चाहे ऊंचाई पर पहाड़ी मार्गों पर या हरे-भरे गहन जंगलों में तेज घूमने से थकान दूर करने में और शरीर की स्पन्दनशीलता को पुनः प्राकृतिक स्थिति में लाने में आश्चर्यजनक लाभ होता है। खराब मौसम में जब वह घूमने नहीं जा सकते थे, तो अपनी सुरक्षित झोंपड़ियों में व्यायाम करते थे। वे खाना खाना छोड़ सकते थे किन्तु दैनिक-व्यायाम करना नहीं छोड़ते थे।"

"अपनी झोंपड़ियों में वे क्या रखते थे? नॉर्डिक ट्रेक मशीन?" मैं बीच में बोला।

"नहीं। कभी वे योग के आसनों का अभ्यास करते थे। कभी मुझे उनकी दोनों हाथों से या एक हाथ से दंड लगाते हुए झलक मिल जाती थी। मैं वास्तव में सोचता हूं कि उनके लिए यह बात अधिक मायने नहीं रखती थी कि उन्होंने क्या किया। अपने शरीर को गतिशील बनाना और अपने चारों ओर के सुरम्य वातावरण से ताजा प्राणवायु अपने फेफड़ों में भरना उनका नित्य का नियम था।"

"ताजी हवा में सांस लेने का और चीजों से क्या सम्बन्ध है?"

"मैं तुम्हारे प्रश्न का उत्तर योगी रमन के शब्दों में दूंगा। ठीक से सांस लेना ही ठीक से रहना है।"

"सांस लेना इतना महत्त्वपूर्ण है?" मैंने आश्चर्य से पूछा।

"सिवाना पहुंचने पर सन्तों ने मुझे बहुत पहले यह शिक्षा दी कि अपनी ऊर्जा को दुगुना या तिगुना करने का सबसे कारगर और तेज

तरीका सीखने के लिए मुझे श्वास लेने की प्रभावी कला को सीखना होगा।''

''लेकिन क्या हम सब सांस लेना नहीं जानते। एक नवजात शिशु भी सांस लेना जानता है?''

''नहीं वास्तव में नहीं, जॉन। हममें से अधिकांश जीवित रहने के लिए सांस लेना जानते हैं, लेकिन हम अच्छे स्वास्थ्य के लिए सांस लेना नहीं जानते। हममें से अधिकतम लोग बहुत ही उथला सांस लेते हैं और ऐसा करने से शरीर के सन्तोषजनक संचालन के लिए पर्याप्त ऑक्सीजन लेने में असफल रहते हैं।''

''ऐसा लगता है सही ढंग से सांस लेने का विज्ञान काफी महत्त्वपूर्ण है।''

''हां, ऐसा ही है। और सन्त इसको इसी प्रकार समझते थे। उनका सिद्धान्त साधारण था : सही ढंग से सांस लेकर अधिक ऑक्सीजन अन्दर लेने से, आप अपनी शक्ति के सुरक्षित भंडार को ऊर्जा की स्वाभाविक स्थिति के साथ प्रवाहित करने लगते हैं।''

''ठीक है। मुझे कहां से आरम्भ करना है?''

''यह वस्तुतः बहुत आसान है। दिन में दो या तीन बार एक या दो मिनट गहरा और जोर से सांस लेने का ध्यान रखना चाहिए।''

''मुझे यह कैसे पता चलेगा कि मैं प्रभावपूर्ण ढंग से सांस ले रहा हूं?''

''अच्छा, तुम्हारे पेट हल्का-सा हिलना चाहिए। इससे पता चलता है कि तुम पेट से सांस ले रहे हो, जो अच्छा है। एक तरकीब जो योगी रमन ने मुझे सिखाई थी वह यह थी कि मैं दोनों हाथों को कप के आकार का बनाकर अपने पेट पर रखूं। यदि सांस अन्दर लेने पर हाथ ऊपर नीचे हो, तो मेरा सांस लेने का तरीका सही है।''

''बहुत दिलचस्प बात है।''

''यदि तुम्हें यह बात पसन्द आई है, तो तुम्हें स्वस्थ जीवन की तीसरी प्रक्रिया (Third Ritual of Radiant living) भी अच्छी लगेगी,'' जूलियन ने कहा।

"वह कौन-सी है?"

"वह प्रक्रिया जीवित पोषण लेने की है (The Ritual of live Nourishment)। उन दिनों जब मैं वकील था, मैं भोजन में मांस का भुना टिक्का, तली हुई चीजें और तरह-तरह का जंक फूड खाना पसन्द करता था। निश्चय ही मैं देश के सबसे अच्छे रेस्त्रां में खाना खाता था, लेकिन यहां भी मैं जंक फूड से ही अपना पेट भरता था। मैं उस समय यह नहीं जानता था, लेकिन मेरे असन्तोष के मुख्य कारणों में से एक यह भी था।"

"वास्तव में?"

"हां। एक अपर्याप्त खराब भोजन का तुम्हारे जीवन पर स्पष्ट प्रभाव पड़ता है। यह तुम्हारे मूड को प्रभावित करता है और तुम्हारे मस्तिष्क की स्पष्टता को बिगाड़ता है। योगी रमन ने इस बात को इस प्रकार कहा, 'जैसा पोषण तुम अपने शरीर को देते हो वैसा ही तुम्हारे मस्तिष्क को मिलता है।' "

"मेरा अनुमान है कि तब तुमने अपने भोजन में परिवर्तन किया होगा।"

"पूर्णतया। और इससे मेरे अनुभव करने के तरीके में और मेरे व्यक्तित्व में आश्चर्यजनक परिवर्तन आया। मैं हमेशा सोचता था कि अपने काम के दबावों और तनावों के कारण इतना कमजोर हो गया था और बुढ़ापे की झुर्रीदार हाथ मेरे नजदीक पहुंच रहे थे। सिवाना में मुझे पता लगा कि मेरी सुस्ती का कारण निम्न स्तरीय ऊर्जा का भोजन ग्रहण करना था।"

"सिवाना के सन्त इतने अधिक युवा और स्वस्थ रहने के लिए क्या खाते थे?"

"जीवन्त भोजन," उसने दक्ष उत्तर दिया।

"हुंह ?"

"जीवन्त भोजन ही इसका उत्तर है। जीवन्त भोजन वह होता है, जिसका पोषण नष्ट नहीं होता।"

"जूलियन, जीवन्त भोजन है क्या?" मैंने अधीर होकर पूछा।

"बुनियादी रूप से, जीवन्त भोजन वह होता है जो सूर्य, वायु, पृथ्वी और जल की प्रतिक्रिया से निर्मित होता है। मैं यहां शाकाहारी भोजन की बात कर रहा हूं। अपनी प्लेट ताजा सब्जियों, फलों और अन्न से भर लो और तुम सदा स्वस्थ रहोगे।"

"क्या यह सम्भव है?"

"अधिकांश सन्त सौ वर्ष से भी ऊपर थे और उनमें बुढ़ापे का कोई चिह्न नहीं था और ठीक एक सप्ताह पहले मैंने एक ऐसे ग्रुप के बारे में पढ़ा है, जो ईस्ट चाइना सी के छोटे से द्वीप ओक्निावा में रह रहे हैं। अनुसंधानकर्ता दुनिया के उन सबसे अधिक शत वर्षिय लोगों के प्रति आकर्षित होकर वहां इकट्ठे हो रहे हैं।"

"उन्होंने क्या सीखा है?"

"कि शाकाहारी भोजन उनकी लम्बी उम्र के मुख्य राजों में से एक है।"

"लेकिन क्या इस तरह का भोजन स्वास्थ्यप्रद होता है? शायद यह अधिक शक्ति प्रदान नहीं करता होगा। याद रखो, मैं अभी भी एक व्यस्त वकील हूं, जूलियन।"

"यही तो भोजन है, जो हमें प्रकृति देना चाहती है। यह जीवित है, शक्तिशाली है और अत्यन्त स्वास्थ्यप्रद है। सन्त लोग इस भोजन पर हजारों साल से रह रहे हैं। वे इसे सात्विक भोजन या पवित्र भोजन कहते हैं, और जहां तक शक्ति का सवाल है, पृथ्वी पर जितने भी सबसे अधिक शक्तिशाली जानवर हैं, गोरिल्ला से लेकर हाथी तक, सभी शाकाहारी हैं। क्या तुम्हें पता है कि गोरिल्ला में एक आदमी से तीस गुना शक्ति अधिक होती है?"

"इस महत्त्वपूर्ण सूचना के लिए धन्यवाद।"

"देखो, सन्त अतिवादी लोग नहीं हैं। उनका सारा ज्ञान इस समयातीत सिद्धान्त पर आधारित है कि 'हर किसी को आत्मसंयम से जीवन जीना चाहिए। किसी बात की अति नहीं करनी चाहिए।'

इसलिए यदि तुम मांस खाना पसन्द करते हो, तो निश्चित रूप से खाना जारी रख सकते हो। बस याद रखो कि तुम मृतक भोजन कर रहे हो। यदि सम्भव हो सके तो लाल मांस की मात्रा घटा दो। इसको वास्तव में पचाना कठिन है और चूंकि तुम्हारा पाचन-तन्त्र शरीर की सबसे अधिक ऊर्जा पाचन-क्रिया में खपा देता है। अमूल्य शक्ति का भंडार अनावश्यक रूप से इस भोज्य पदार्थ को पचाने में समाप्त हो जाता है। क्या तुम समझ रहे हो कि मैं क्या कह रहा हूं? सलाद खाने के बाद और मीट का भुना टिक्का खाने के बाद अपनी ऊर्जा के स्तर की तुलना करो। यदि तुम पक्के शाकाहारी नहीं बनना चाहते, तो कम-से-कम हर बार खाने के साथ सलाद लेना चाहिए और भोजन के बाद फल अवश्य लेना चाहिए। इससे भी तुम्हारे शारीरिक जीवन के स्तर में बहुत अन्तर आ जाएगा।''

''ऐसा नहीं लगता कि इसे करना अधिक मुश्किल होगा,'' मैंने उत्तर दिया।

''मैं शाकाहारी भोजन की शक्ति के बारे में काफी सुन रहा हूं। अभी पिछले सप्ताह जैनी ने मुझे फिनलैंड में हुए एक अध्ययन के बारे में बताया, जिसमें यह पाया गया कि अड़तीस प्रतिशत लोग शुरुआती शाकाहारी जीवन में कम थकान अनुभव कर रहे थे और बहुत अधिक फुर्ती का अनुभव कर रहे थे। सिर्फ सात महीने हुए थे उनको यह नई आहार पद्धति अपनाए हुए। मुझे हर बार भोजन के साथ सलाद खाने की कोशिश करनी चाहिए। जूलियन तुम्हें देखकर मैं सलाद को भी भोजन बना सकता हूं।''

''एक महीने इसका प्रयोग करके देखो और परिणामों को स्वयं ही परखो। तुम विलक्षण अनुभव करोगे।''

''ठीक है। यदि यह सन्तों के लिए अच्छा है, तो यह मेरे लिए भी ठीक होगी। मैं तुमसे वादा करता हूं कि मैं इसका प्रयोग करने की कोशिश करूंगा। यह अधिक विस्तारवाली बात नहीं लगती और मैं भी हर रात सीख (बाबिक्यू) सेकते सेकते थक गया हूं।''

यदि जीवित पोषण (Ritual of Live Nourishment) समझ में आ गया हो, तो मैं सोचता हूं कि अब तुम्हें चौथी क्रिया समझाई जाए जो तुम्हें पसन्द आएगी।''

''तुम्हारा विद्यार्थी अभी भी खाली कप लिए हुए है।''

''चौथी क्रिया अधिक ज्ञान की क्रिया प्रचुर ज्ञान की प्रक्रिया (Ritual of Abundand Knowledge) के नाम से जानी जाती है। यह जीवन-भर सीखने और अपने ज्ञान के विस्तार से सम्बन्धित है जिसका उपयोग तुम अपनी भलाई के लिए और दूसरों की भलाई के लिए कर सकते हो?''

'' 'ज्ञान ही शक्ति है' वाला पुराना विचार?''

''जॉन, इसमें इससे कहीं अधिक है। ज्ञान एक प्रच्छन्न शक्ति है। इस शक्ति के निरूपण के लिए, इसका उपयोग करना आवश्यक है। अधिकतम लोग यह जानते हैं कि उनको किसी भी परिस्थिति में या अपने जीवन में इसके लिए क्या करना चाहिए। समस्या यह है कि वे प्रतिदिन निरन्तर ज्ञान का प्रयोग नहीं करते और अपने सपनों को पूरा नहीं कर पाते। अधिक ज्ञान की क्रिया प्रचुर ज्ञान की प्रक्रिया जीवन का विद्यार्थी बनने के विषय में है। इससे भी अधिक महत्त्वपूर्ण यह है कि तुमने अपने जीवन में जो कुछ सीखा है उसका कैसे उपयोग करते हो?''

''योगी रमन और दूसरे सन्तों ने इस प्रक्रिया के लिए क्या किया?''

''वे बहुत-सी उप-धार्मिक क्रियाएं भी प्रतिदिन किया करते थे। अधिक ज्ञान प्राप्त करने के लिए अत्यन्त महत्त्वपूर्ण तकनीकों में से एक तकनीक सबसे आसान है। तुम इसे आज भी शुरू कर सकते हो।''

''इसमें अधिक समय तो नहीं लगेगा। लगेगा क्या?''

जूलियन मुस्कुराया, ''ये तकनीक साधन और टिप्स जो मैं तुम्हें

बता रहा हूं, तुम्हें पहले से कहीं अधिक उत्पादक और प्रभावपूर्ण बनाएंगी। अशर्फियों की लूट में कोयलों पर मोहर मत लगाओ।"

"क्या कह रहे हो?"

"उन लोगों के बारे में विचार करो जिनके पास कम्प्यूटर का बैकअप करने के लिए समय नहीं है क्योंकि वे उन पर काम करने में अत्यन्त व्यस्त हैं। लेकिन जब वे मशीनें टूट जाती हैं और महीनों का महत्त्वपूर्ण काम खत्म हो जाता है तब वे इस बात के लिए पश्चाताप करते हैं कि इसको बचाने के लिए कुछ क्षणों का निवेश क्यों नहीं किया। क्या तुम मेरी बात समझ रहे हो।"

"मेरी प्रमुखताएं क्या होंगी?"

"बिल्कुल ठीक। अपने जीवन को दिनचर्या की जंजीरों से बांधकर मत जियो। इसकी बजाय अपने ध्यान को उन चीजों पर केन्द्रित करो जिनको तुम्हारा अन्तर्मन और दिल कहे। जब तुम अपने मन, शरीर और चरित्र के उच्चतम उत्थान के लिए समय देने लगते हो और अपना ध्यान उधर लगाने लगते हो, तब तुम यह अनुभव करने लगते हो कि तुम्हारे अन्दर ही व्यक्तिगत चालक तुम्हें यह बताने के लिए कि तुम्हें किन कामों के करने से सबसे अधिक महान प्रतिफल मिलेंगे। तुम अपनी घड़ी की चिन्ता करना छोड़ दोगे और अपना जीवन जीने लगोगे।"

"बात समझ में आ गई। अच्छा वह साधारण उप-धार्मिक प्रक्रिया कौन-सी है, जो तुम मुझे सिखानेवाले थे?" मैंने पूछा।

"नियमित रूप से पढ़ो। एक दिन में तीस मिनट तक प्रतिदिन पढ़ने से तुम्हें आश्चर्यजनक लाभ मिलेगा। मैं तुम्हें चेतावनी दे रहा हूं कि हर चीज को मत पढ़ो। तुम जो कुछ अपने मस्तिष्क के हरे-भरे बगीचे में रखना चाहते हो उसके बारे में बहुत अधिक चयनशील होना चाहिए। यह अत्यधिक शक्तिदायक होना चाहिए। इसका चयन इस प्रकार करो कि यह तुम्हें और तुम्हारे जीवन स्तर को सुधार सके।"

"सन्त क्या पढ़ते थे?"

"वे अपने जागने के समय के अधिकांश भाग में अपने पूर्वजों की शिक्षाप्रद पुस्तकें बार-बार पढ़ते थे। वे दार्शनिक साहित्य का गहन अध्ययन करते थे। मुझे अभी भी याद है कि आश्चर्यजनक व्यक्तित्व वाले लोग बांस की छोटी कुर्सियों पर बैठकर सजिल्द पुस्तकें पढ़ते रहते थे। पढ़ते समय उनके होंठों पर ज्ञान की सूक्ष्म मुस्कान दिखाई देती थी। वस्तुतः सिवाना में मैंने किताब की शक्ति और इस सिद्धान्त के बारे में जाना कि बुद्धिमान् व्यक्ति का सबसे अच्छा मित्र किताब ही हैं।"

"अतः मुझे हर अच्छी किताब, जो उपलब्ध हो जाए, पढ़नी चाहिए?"

"हां और नहीं," उत्तर मिला। "मैं तुमसे, जितनी पुस्तकें तुम पढ़ सकते हो, उनको पढ़ने के लिए कभी मना नहीं करूंगा। लेकिन याद रहे कुछ किताबें सरसरी निगाह से पढ़ी जाती हैं, कुछ का गहन अध्ययन करना पड़ता है और कुछ को कंठस्थ करना पड़ता है। इससे मैं दूसरी बात पर आता हूं।"

"तुम्हें भूख लग रही है?"

"नहीं जॉन," जूलियन हंसने लगा। मैं तुमसे सिर्फ यह कहना चाहता हूं कि एक महान पुस्तक से कुछ प्राप्त करने के लिए तुम्हें इसका अध्ययन करना चाहिए न कि सिर्फ पढ़ना। इसको इसी प्रकार अध्ययन करो जिस प्रकार तुम बड़े-बड़े मुवक्किलों के उन कांट्रेक्ट्स को पढ़ते हो, जो तुम्हारी कानूनी राय के लिए आते हैं। वास्तव में इस पर विचार करो, इसके साथ काम करो, इसके साथ एक हो जाओ। सन्त अपनी विशाल लाइब्रेरी में बहुत-सी तकरीबन दस और पन्द्रह बार पढ़ते हैं। वे पुस्तकों को पवित्र लेख और दैवीय उत्पत्ति के पवित्र दस्तावेज मानते थे।"

"वाह! पढ़ना क्या इतना महत्त्वपूर्ण है?"

"एक दिन में तीस मिनट नित्य पढ़ने से तुम्हारे जीवन में सुखद अन्तर आ जाएगा क्योंकि तुम अपने उपयोग के लिए ज्ञान के सुरक्षित भंडारों का अवलोकन करने लगोगे। कोई भी समस्या तुम्हारे जीवन

में कभी भी आई हो, उसका उत्तर इनमें है। यदि तुम बेहतर वकील, पिता, पुत्र, मित्र या प्रेमी बनना चाहते हो, तो ऐसी पुस्तकें हैं जो राकेट की तरह तुम्हें तुम्हारे लक्ष्य तक पहुंचा देंगी। जीवन में जितनी भी गलतियां तुम करोगे, वे पहले ही वे लोग कर चुके हैं जो तुमसे पहले जा चुके हैं। क्या तुम वास्तव में यह सोचते हो कि जिन चुनौतियों का तुम सामना कर रहे हो वे तुम्हारे लिए असाधारण हैं?"

"मैंने इस बारे में कभी नहीं सोचा है जूलियन। लेकिन मैं समझ रहा हूं कि तुम क्या कह रहे हो और मैं जानता हूं कि तुम सही हो।"

"सारी समस्याएं, जो कभी किसी के जीवन में हैं अथवा आगे कभी आएंगी, वे पहले भी रही हैं।" जूलियन ने कहा। "सबसे महत्त्वपूर्ण बात यह है कि उनके उत्तर और समाधान सब पुस्तकों के पन्नों में लिखे हुए हैं। सही पुस्तकें पढ़ो। इस बात को सीखो कि वे जो तुमसे पहले हुए हैं उन्होंने उन चुनौतियों का, जिनका वर्तमान में तुम सामना कर रहे हो, कैसे समाधान किया। उनकी तरकीबों को सफलता के लिए अपनाओ और तुम जीवन में उन सुधारों को देखकर आश्चर्यचकित रह जाओगे।"

"सही किताबें कौन-सी हैं?" मैंने जल्दी ही यह समझकर कि जूलियन का तर्क बहुत बढ़िया था, पूछा।

"मेरे मित्र, मैं यह तुम्हारे निर्णय पर छोड़ता हूं। मैं स्वयं जब से पूर्व से लौटा हूं, अपने दिन का अधिक भाग उन स्त्री-पुरुषों की जीवनी पढ़ने में लगाता हूं जिनकी मैं प्रशंसा करता हूं और ज्ञान पूर्ण साहित्य पढ़ता हूं।"

"नई शुरुआत करने को उत्सुक व्यक्ति को आप पुस्तकों के कुछ शीर्षक सुझाएंगे?" मैंने मुस्कुराते हुए कहा।

"निश्चित रूप से। महान अमेरिकन बैन्जामिन फ्रैंकलिन की जीवनी पढ़ने से तुम्हें बहुत लाभ मिलेगा। मैं सोचता हूं कि महात्मा गांधी की आत्म-कथा जिसका शीर्षक है, 'दि स्टोरी ऑफ माई एक्सपेरिमेन्ट्स विद ट्रुथ' पढ़ने से तुम्हें अपना विकास करने की बहुत

प्रेरणा मिलेगी। मेरा सुझाव है कि तुम हर्मन हैसे का 'सिद्धार्थ,' मार्कस आरिलस का अत्यन्त व्यावहारिक दर्शन–शास्त्र और कुछ पुस्तकें सेनेका की पढ़ो। तुम नेपोलियन हिल की 'थिंक एंड ग्रो रिच' भी पढ़ सकते हो। मैंने इसे पिछले सप्ताह पढ़ा है। मेरे विचार से यह बहुत गूढ़ है।''

''थिंक एंड ग्रो रिच!'' मैं चिल्ला पड़ा। ''लेकिन मैं सोचता था कि तुम हृदयाघात के बाद यह सब छोड़ चुके हो। मैं सचमुच 'द्रुत गति से धन कमाओ' वाली पत्रिकाओं से तंग आ गया हूं और थक गया हूं। सेल्समैन जगह–जगह पर जाकर कमजोर लोगों को इनका शिकार बनाते हैं।''

''मैं तुमसे अधिक सहमत नहीं हूं,'' जूलियन ने बुद्धिमान्, प्यार करनेवाले एक दादा के समान कहा। ''मैं भी समाज में चारित्रिक गुणों की पुर्नस्थापना करना चाहता हूं। वह छोटी–सी पुस्तक अधिक धन कमाने के बारे में नहीं है। यह जीवन को सफल बनाने के बारे में है। मैं पहले तुम्हें यह बता दूं कि अच्छा होने में और धन–सम्पन्न होने में बहुत अन्तर है। मैं इसे जी चुका हूं। और एक धनी व्यक्ति के जीवन के दर्द को जानता हूं। 'थिंक एंड ग्रो रिच' पुस्तक सम्पन्नता के बारे में है, जिसमें आध्यात्मिक सम्पन्नता भी शामिल है और जो कुछ अच्छा है उसे अपने जीवन में कैसे अपनाएं यह पुस्तक इस बात से सम्बन्धित है। तुम्हारे लिए इसे पढ़ना अच्छा होगा। लेकिन मैं इसके लिए कोई दबाव नहीं डालूंगा।''

''क्षमा करना जूलियन, मैं एक आक्रामक वकील की तरह व्यवहार नहीं करना चाहता था,'' मैंने माफी मांगते हुए कहा। ''मेरा अनुमान है कि कभी–कभी मेरा मिजाज काबू में नहीं रहता। यह एक और चीज है जिसे मैं सुधारना चाहता हूं। मैं सचमुच जो कुछ मुझे बता रहे हो उसके लिए तुम्हारे प्रति कृतज्ञ हूं।''

''कोई समस्या नहीं है। पानी अभी पुल के नीचे है। मेरा तर्क है कि सिर्फ पढ़ो और पढ़ते रहो। क्या तुम और कुछ रुचिकर बात जानना चाहते हो?''

"क्या?"

"तुम पुस्तकों से अधिक सम्पन्न नहीं बन पाओगे – पुस्तकें तुममें से क्या निकाल पाती हैं यह बात आखिर में तुम्हारे जीवन में परिवर्तन लाएगी। तुम जानते हो, जॉन किताबें वस्तुतः तुमको कुछ नया नहीं सिखातीं।"

"क्या यह सच है?"

"हां, पुस्तकें सिर्फ यह देखने में सहायता करती हैं कि तुम्हारे अन्दर पहले से ही क्या है। उच्चतम ज्ञान के बारे में यही है। मेरी पूरी यात्रा और अन्वेषण के बाद मैंने पाया कि मेरा पूरा चक्र पीछे घूम गया है, जहां से मैंने एक नवयुवक के रूप में प्रारम्भ किया था। लेकिन अब मैं अपने-आप को जानता हूं और जो कुछ भी मैं हूं या हो सकता हूं यह भी जानता हूं।"

"अतः प्रचुर ज्ञान की प्रक्रिया (Ritual of Abundant knowledge) पढ़ने और उससे प्राप्त जानकारी का अन्वेषण करने में है?"

"आंशिक रूप से। अब प्रतिदिन तीस मिनट तक पढ़ो। बाकी अपने-आप आ जाएगा," जूलियन ने रहस्य के साथ कहा।

"ठीक है," स्वस्थ रहने की पांचवी प्रक्रिया' (fifth Ritual of Radiant living) क्या है?"

"यह "व्यक्तिगत विचार शक्ति के बारे में है। सन्तों का आत्म-चिन्तन की शक्ति में दृढ़विश्वास था। स्वयं को जानने के लिए समय निकालकर तुम अपने-आपको अपने उन आयामों से जोड़ लेते हो जिनसे तुम अभी तक अनभिज्ञ थे।"

"काफी गम्भीर बात है।"

"यह वास्तव में एक बहुत ही व्यावहारिक सिद्धान्त है। तुम्हें पता है हम सबमें बहुत से विशिष्ट गुण सुप्तावस्था में होते हैं। उनको जानने में समय लगाकर हम उनको प्रज्जवलित कर लेते हैं। कैसे भी हो, मौन-चिन्तन इससे भी अधिक प्रदान करेगा। इस अभ्यास से तुम अधिक शक्तिशाली, अधिक सहज और अधिक बुद्धिमान् बन जाओगे। यह तुम्हारे दिमाग का बहुत ही लाभदायक प्रयोग है।"

"जूलियन यह धारण मेरी समझ में अभी भी नहीं आई।"

"बिल्कुल ठीक। जब पहली बार मैंने इसके बारे में सुना था, तो मेरी समझ में भी कुछ नहीं आया था। इसको बुनियादी धरातल पर देखा जाए, तो व्यक्तिगत चिन्तन सोचने की आदत के अलावा कुछ भी नहीं है।"

"लेकिन क्या हम सब सोचते नहीं हैं? क्या यह मनुष्य होने का लक्षण नहीं है?"

"ठीक है, हममें से अधिकांश लोग सोचते हैं। समस्या यह है कि अधिकांश व्यक्ति सिर्फ किसी प्रकार जीवित रहने के बारे में सोचते हैं। इस प्रक्रिया के बारे में जो बात मैं कह रहा हूं वह यह है कि समृद्ध होने के लिए सोचना। जब तुम बेन फ्रेंकलिन की जीवनी पढ़ोगे तब तुम्हारी समझ में आएगा कि मेरा मतलब क्या है। प्रत्येक शाम को सारे दिन साहित्यिक या कला सम्बन्धी काम करने के बाद, वह अपने घर के एक शान्त कोने में आराम से बैठकर अपने दिन के बारे में चिन्तन करता था। वह अपने सारे कार्यों के बारे में विचार करता था कि क्या वे निश्चयात्मक और निर्माणकारी थे या वे नकारात्मक थे जिनको सुधारने की आवश्यकता थी। स्पष्टरूप से यह जानकर कि उन दिनों वह जो कुछ कर रहा था गलत था। वह उनको सुधारने के लिए और आत्मनियन्त्रण के मार्ग पर आगे बढ़ने के लिए तुरन्त कदम उठाता था। प्रत्येक रात्रि को सन्त अपनी शरण-स्थली झोंपड़ी में चले जाते थे, जो गुलाब की पंखुड़ियों से ढकी हुई थीं और वहां गहन चिन्तन में बैठ जाते थे। योगी रमन अपने दिन का विस्तृत विवरण लिखते थे।"

"वे किस प्रकार की चीजें लिखा करते थे?" मैंने पूछा।

"सबसे पहले वह अपने सारे क्रिया-कलापों को लिखते थे, प्रातःकाल की अपनी व्यक्तिगत देखभाल सम्बन्धी क्रियाओं से लेकर दूसरे सन्तों से अपनी बातचीत, आग जलाने की लकड़ियों और ताजा भोजन की खोज में जंगल जाने तक। दिलचस्प बात यह है कि उस विशेष दिन उनके दिमाग में क्या विचार चलते रहे वह उनको भी लिख लेते थे।"

"क्या ऐसा करना कठिन नहीं है? पांच मिनट पहले मैं क्या सोच रहा था, यह भी मुझे मुश्किल से याद आएगा। बारह घंटे पहले की बात तो जाने ही दो।"

"नहीं, यदि तुम इस प्रक्रिया का प्रतिदिन अभ्यास करते हो, तो यह मुश्किल नहीं है। देखो, जो परिणाम मैंने प्राप्त किए हैं कोई भी प्राप्त कर सकता है कोई भी, वास्तविक समस्या यह है कि अधिकांश लोग बहानेबाजी की भयानक बीमारी से ग्रस्त हैं।"

"मैं सोचता हूं कि मुझे यह बीमारी अतीत में लग गई थी," मैंने यह बात पूर्णतया जानते हुए कहा कि मेरा बुद्धिमान् मित्र क्या कह रहा था।

"बहानेबाजी बन्द करो और इसको अभी करो!" जूलियन ने जोर से कहा, उसकी आवाज दृढ़ता की शक्ति से प्रतिध्वनित हो रही थी।

"क्या करूं?"

"विचार करने के लिए समय निकालो। प्रतिदिन आत्म-निरीक्षण की आदत डालो। एक बार जब योगी रमन एक कॉलम में यह लिख लेते थे कि उन्होंने क्या किया और क्या सोचा, फिर वह दूसरे कॉलम में उसका मूल्यांकन करते थे। चूंकि उनके कार्य और विचार उनके सामने लिखित रूप में मौजूद होते थे, वह स्वयं से प्रश्न करते थे कि क्या वे सकारात्मक प्रकृति के थे। यदि वे सकारात्मक प्रकृति के थे, तो वह उन पर अपनी बहुमूल्य ऊर्जा खर्च करना और जारी रखने का निर्णय लेते थे क्योंकि आगे चलकर उनको इनसे अत्यन्त लाभ मिलने वाला था।"

"और यदि वे नकारात्मक थे?"

"तब वह उनसे छुटकारा पाने का उपाय करते थे।"

"मेरे विचार से एक उदाहरण इस बात को समझने में मेरी सहायता करेगा।"

"क्या यह व्यक्तिगत हो सकता है?" जूलियन ने पूछा।

"निश्चित रूप से मुझे तुम्हारे आन्तरिक विचारों को जानकर बहुत प्रसन्नता मिलेगी," मैंने कहा।

"वस्तुत मैं तुम्हारे विचारों की बात कर रहा था।" हम दोनों ही स्कूल के अहाते में दो बच्चों के समान खिलखिलाकर हंसने लगे।

"अच्छा ठीक है। तुम हमेशा अपने तरीके से ही बात करते हो।"

"ठीक है। आओ उनमें से कुछ चीजों पर विचार करते हैं, जो तुमने आज कीं। कॉफी की मेज पर रखे उस कागज पर उन्हें लिख लो।" जूलियन ने निर्देश दिया।

मुझे आभास होने लगा कि कुछ महत्त्वपूर्ण काम होनेवाला है। वर्षों में यह पहली बार हो रहा था कि मैं यथार्थ में कुछ न करके अपने किए कामों पर और अपने विचारों पर चिन्तन करने जा रहा था। यह बहुत अद्‌भुत किन्तु बुद्धिमानीपूर्ण था। आखिर मैं अपने-आप को और अपने जीवन को सुधारने की आशा कैसे कर सकता था यदि मेरे पास यह जानने के लिए भी समय नहीं था कि मुझे क्या सुधारना है?"

"मैं कहां से शुरू करूं?" मैंने पूछा।

"इस बात से प्रारम्भ करो कि तुमने प्रातःकाल क्या किया और उसके बाद दिन में क्या किया। मुख्य बातों को लिख लो, हमें अभी भी बहुत-सी बातें करनी हैं और मैं कुछ ही मिनटों में योगी रमन की शिक्षाप्रद कहानी पर वापस आना चाहता हूं।"

"अच्छी बात है। मैं अपने बिजली के मुर्गे की आवाज पर प्रातःकाल छः बजकर तीस मिनट पर उठा," मैंने मजाक में कहा।

"गम्भीर हो जाओ और जारी रखो," जूलियन ने दृढ़तापूर्वक उत्तर दिया।

"ठीक है फिर मैं शॉवर से नहाया, दाढ़ी बनाई, जल्दी-जल्दी रोगनी रोटी खाई और काम के लिए निकल गया।"

"और तुम्हारे परिवार के बारे में?"

"वे सब सोये हुए थे। किसी प्रकार, एक बार जब ऑफिस में मैंने देखा कि मेरा सात बजकर तीस मिनटवाला अपोइंटमेंट मेरी सात बजे से प्रतीक्षा कर रहा था, और वह लड़का, आग-बबूला हो रहा था।"

"तुम्हारा कैसा प्रतिउत्तर था?"

"मैं भी जवाब में लड़ा और मुझसे क्या करने की आशा की जा सकती थी, क्या मैं उससे धक्के खाता?"

"हूं, ठीक है। फिर क्या हुआ?"

"फिर चीजें बद-से-बदतर होती गईं। मुझे कोर्ट हाउस में बुलाया गया और मुझे बताया गया कि जज वाइल्डबेस्ट अपने चेम्बर में मुझसे मिलना चाहते हैं और यदि दस मिनट के अन्दर मैं वहां नहीं पहुंचा तो हंगामा हो जाएगा। तुम्हें वाइल्डबेस्ट की याद है? तुम्हीं ने तो उसका नाम बिगाड़कर वाइल्ट बीस्ट कर दिया था जब उसके पार्किंग स्थल पर तुमने अपनी फ़रारी पार्क कर दी थी और अवमानना के लिए तुम पकड़े गए थे।" मैंने जोर-जोर से हंसते हुए कहा।

"तुम्हें तथ्यों को ऊपर लाना होगा – क्या ऐसा नहीं करोगे?" जूलियन ने उत्तर दिया। उसकी आंखों में उस शरारतपूर्ण चमक के अवशेष थे जिसके लिए वह प्रसिद्ध था। "फिर मैं जल्दी से कोर्ट-होउस गया और क्लर्कों से फिर दोबारा बहस हुई। जब तक मैं ऑफिस वापस आया, सत्ताईस फोन के सन्देश मेरी प्रतीक्षा कर रहे थे – और सब पर 'महत्त्वपूर्ण' का चिह्न था। आगे बढ़ने की आवश्यकता है?"

"कृपया जारी रखो।"

"ठीक है। घर जाते समय रास्ते में जब मैं कार में था, जैनी ने मुझे फोन किया कि मैं उसकी मां के यहां जाकर उन विस्मित करने वाली पाइज (कचौड़ी) को ले आऊं जिनके लिए मेरी सास प्रसिद्ध थी। समस्या यह हुई कि जब मैं बाहर निकलने लगा, तो मैंने अपने-आपको जाम में फंसा पाया। यह उन सबसे बुरी घटना थी, जो अब तक मेरे साथ घटित हुई थी। इस प्रकार मैं भयंकर भीड़ के समय ट्रैफिक में फंस गया था, भयंकर गर्मी में, तनाव से कांपते हुए और यह महसूस करते हुए कि और अधिक समय बीता जा रहा था।"

"तुमने इस पर किस प्रकार प्रतिक्रिया की?"

"मैंने ट्रैफिक को कोसा," मैंने पूरी ईमानदारी से कहा। 'मैं वास्तव में अपनी कार के अन्दर जोर-जोर से चीख रहा था। क्या तुम यह जानना चाहते हो कि मैंने क्या कहा?"

"मैं नहीं सोचता कि वह इस प्रकार की कोई चीज होगी, जिससे मेरे मस्तिष्क के बगीचे को पोषण मिलेगा," जूलियन ने मृदु मुस्कान के साथ कहा।

"लेकिन यह अच्छे खाद का काम कर सकता है।"

"नहीं, धन्यवाद। हमें यहां रुक जाना चाहिए। जरा एक सेकेंड के लिए अपने दिन का अवलोकन करो। स्पष्टतया, पुनर्विचार करने पर कुछ चीजें ऐसी अवश्य होती हैं, कि अवसर मिलता तो तुम उनको दूसरे तरीके से करते।"

"निश्चित रूप से।"

"जैसे?"

"हूं। अच्छा, पहले, एक पूरी तरह ठीक दुनिया में, मैं जल्दी उठता। मैं नहीं सोचता कि मैं जल्दबाजी करके अपने साथ कुछ अच्छा कर रहा हूं। प्रातःकाल मैं थोड़ी शान्ति पसन्द करता और दिन में सहज रहता। 'द हार्ट ऑफ द रोज' तकनीक जो तुमने मुझे पहले बताई है, लगता है उसको करने में मजा आएगा और यह भी कि मैं वास्तव में पसन्द करूंगा कि नाश्ते की मेज पर मेरा परिवार भी साथ हो, चाहे एक कटोरा दलिया ही खाना हो। इससे मुझमें बेहतर सन्तुलन की भावना आएगी। मुझे हमेशा महसूस होता है कि मैं जैनी और बच्चों को पर्याप्त समय नहीं दे पाता।"

"लेकिन यह सम्पूर्ण संसार है और तुम्हारा जीवन सम्पूर्ण है। तुममें अपने दिन को नियन्त्रित करने की शक्ति है। तुममें अच्छे विचार सोचने की शक्ति है। तुममें अपने सपनों के अनुरूप जीने की शक्ति है।" जूलियन ने कहा। उसकी आवाज तेज होती गई।

"मैं यह जान गया हूं। वास्तव में मैं अनुभव कर रहा हूं कि मैं बदल सकता हूं।"

"बहुत अच्छी बात है। अपने दिन पर चिन्तन जारी रखो," उन्होंने निर्देश दिया।

"अच्छा, काश मैं अपने मुवक्किल पर न चीखा-चिल्लाया होता।

मुझे कोर्ट-क्लर्क से बहस नहीं करनी चाहिए थी और न ही मुझे ट्रैफिक पर चीखना चाहिए था।''

''ट्रैफिक किसी की परवाह नहीं करता। क्या करता है?''

''ट्रैफिक तो ट्रैफिक ही रहता है।'' मैंने कहा।

''मेरे विचार से अब तुम व्यक्तिगत चिन्तन की प्रक्रिया की शक्ति जान गए हो। यह परख कर कि तुम क्या कर रहे हो, अपना दिन किस प्रकार बिता रहे हो, और किस प्रकार के विचार तुम सोच रहे हो, तुम अपने सुधार के पैमाने पर निशान लगाते हो। अपना कल सुधारने का तरीका है कि तुम यह जानो कि तुमने आज क्या गलत किया है।''

''और एक इस प्रकार की स्पष्ट योजना बनाओ कि यह दोबारा घटित न हो।'' मैंने कहा।

''बिल्कुल ठीक। त्रुटियां करने में कुछ गलत नहीं है। त्रुटियां जीवन का भाग हैं और विकास के लिए आवश्यक हैं। यह उस कहावत के अनुसार है, 'सुख सही निर्णय से प्राप्त होता है, सही निर्णय अनुभव से प्राप्त होता है, और अनुभव गलत निर्णय से प्राप्त होता है।' लेकिन उन्हीं त्रुटियों को बार-बार दिन-रात करना बहुत गलत होगा। इससे आत्म सजगता की कमी दिखाई पड़ती है। यही वह गुण है जो इंसान को जानवरों से पृथक करता है।''

''मैंने इस बाबत कभी नहीं सुना था।''

''हां यह सत्य है। केवल एक इंसान ही अपने में से बाहर जाकर यह विश्लेषण कर सकता है कि जो कुछ वह कर रहा है वह सही है या गलत। एक कुत्ता यह काम नहीं कर सकता। एक चिड़िया वह काम नहीं कर सकती। एक बन्दर भी यह काम नहीं कर सकता। लेकिन तुम कर सकते हो। व्यक्तिगत चिन्तन की प्रक्रिया के बारे में सबकुछ यही है। इस बात को जानने का प्रयत्न करो कि तुम्हारे दिनों में और जीवन में क्या सही है और क्या गलत है। तब तुरन्त उनमें सुधार करने का प्रयास करो।''

"काफी कुछ है सोचने के लिए जूलियन। काफी कुछ है सोचने के लिए," मैंने विचारपूर्वक कहा।"

स्वस्थ जीवन की छठी प्रक्रिया (Sixth Ritual for Radiant living) है प्रातःकाल जल्दी उठना (The Ritual of Early Awakening)।"

"ओह, हो। मैं समझ रहा हूं कि तुम क्या कहने जा रहे हो।"

"सिवाना के नखलिस्तान में जो ज्ञान मैंने प्राप्त किया उसमें सर्वोत्तम यह सलाह थी कि प्रातःकाल सूर्य के साथ उठने से दिन का प्रारम्भ बढ़िया होता है। हममें से अधिकांश लोग जितनी आवश्यकता होती है उससे कहीं अधिक सोते हैं। औसत व्यक्ति के लिए पूर्णतया स्वस्थ और तरोताजा रहने के लिए छः घंटे की नींद काफी है। नींद एक आदत से अधिक कुछ नहीं है और दूसरी आदतों की तरह तुम अपने-आपको अपेक्षित परिणाम के लिए प्रशिक्षित कर सकते हो, कम सोकर।"

"लेकिन यदि मैं बहुत जल्दी उठ जाता हूं, तो मैं बहुत थकान अनुभव करता हूं।" मैंने कहा।

"शुरू के कुछ दिनों में तुम बहुत थकान का अनुभव करोगे। मैं इस बात को खुले मन से स्वीकार करता हूं। तुम पूरे सप्ताह भी प्रातःकाल जल्दी उठने पर ऐसा ही अनुभव कर सकते हो। लेकिन कृपया देखो यह थोड़े दिनों का कष्ट अधिक लाभ प्राप्त करने के लिए है। तुम जब भी नई आदत अपनाते हो, तो थोड़ा परेशानी अनुभव करते हो। यह इस प्रकार है मानो नए जूते पहन रहे हो – पहले उनका पहनना थोड़ा मुश्किल लगता है और बाद में वे दस्ताने की तरह फिट हो जाते हैं। जैसा कि मैं तुम्हें पहले बता चुका हूं कि व्यक्तिगत विकास में पहले पीड़ा होती है। इससे भयभीत मत हो। इसके बजाय इसका आलिंगन करो।"

"ठीक है, प्रातःकाल जल्दी उठने के लिए अपने-आपको प्रशिक्षित करने का विचार मुझे पसन्द आया। सर्वप्रथम मैं तुमसे यह पूछना चाहता हूं कि 'जल्दी' से तुम्हारा क्या अभिप्राय है?"

"एक दूसरा उत्तम प्रश्न। कोई आदर्श समय नहीं है ठीक उसी प्रकार जो अन्य बातें मैंने तुम्हें बताई हैं, वही करो जो तुम्हारे लिए सही है। योगी रमन का निर्देश याद रखो 'किसी भी काम की अति मत करो, हर काम सीमा में करो।' "

"सूरज के साथ उठना अति लगता है।"

"वास्तव में ऐसा नहीं है। कुछ ही चीजें ऐसी होंगी जो नए दिन की प्रथम किरणों के वैभव के साथ उठने से अधिक प्राकृतिक होंगी। सन्तों का विश्वास था कि धूप भगवान का एक वरदान थी और जबकि वे बहुत अधिक धूप में रहने के प्रति सावधान थे, उनको नियमित रूप से प्रातःकाल की धूप में स्नान करते हुए तथा उनको उसमें बहुधा नृत्य करते हुए देखा जा सकता था। मुझे दृढ़विश्वास है कि यह उनके असाधारण लम्बे जीवन का दूसरा राज था।"

"क्या आप धूप में स्नान करते हैं?"

"बिल्कुल। सूर्य मुझे नव-जीवन देता है। जब मैं थक जाता हूं, यह मेरे मूड को प्रसन्न रखता है। पूर्व की प्राचीन संस्कृति के अनुसार सूर्य का सम्बन्ध आत्मा से था। लोग इसकी पूजा करते थे क्योंकि इसके द्वारा उनकी फसलें लहलहाती थीं और साथ में उनकी आत्मा भी। सूर्य से तुम्हारे अन्दर ऊर्जा प्रवाहित होगी और यह तुम्हारी भावनात्मक और शारीरिक शक्ति की क्षतिपूर्ति करेगा। यदि उसका दर्शन सीमा में किया जाए, तो यह एक सुखदायी डॉक्टर है। ओह मैं अपनी बात से भटक गया हूं। मुख्य बात यह है कि प्रतिदिन जल्दी उठना चाहिए।"

"हुं। मैं इस प्रक्रिया को अपनी दिनचर्या में कैसे अपनाऊं।"

"कुछ जल्दी असर करनेवाली टिप्स हैं। सबसे पहले इस बात को मत भूलो कि नींद की गुणवत्ता महत्त्व रखती है तादाद नहीं। छः घंटे बिना बाधा के गहरी नींद सोना कहीं अच्छा है, बजाय दस घंटे करवटें बदलकर सोने के। पूरा आशय तुम्हारे शरीर को आराम प्रदान करने का है ताकि इसकी प्राकृतिक प्रक्रिया इसकी मरम्मत कर सके

और तुम्हारे शरीर को स्वाभाविक स्वास्थ्य की पूर्वावस्था में ला सके, एक ऐसी अवस्था जो दैनिक प्रयोग के संघर्षों और दबावों में लुप्त हो गई थी। सन्तों की बहुत-सी आदतें इस सिद्धान्त पर आधारित हैं कि मनुष्य को स्तरीय आराम प्राप्त करने का प्रयास करना चाहिए न कि नींद की तादाद पर ध्यान देना चाहिए। उदाहरण के लिए योगी रमन रात को आठ बजे के बाद कभी खाना नहीं खाते थे। उनका कहना था कि भोजन पचाने की प्रक्रिया अच्छी नींद के स्तर को कम कर देती है। एक दूसरा उदाहरण था सोने के लिए जाने से तुरन्त पहले हार्प (सारंगी जैसा बाजा) की मधुर आवाज ध्यान से सुनने की आदत।''

'इसके पीछे क्या कारण था?''

''जॉन, मुझे तुमसे पूछना है। तुम सोने से पहले रात को क्या करते हो?''

''मैं जैनी के साथ न्यूज देखता हूं जैसा कि मेरी जानकारी के अधिकांश लोग करते हैं।''

''मैं यही बात सोचता था,'' जूलियन ने उत्तर दिया। उसकी आंखों में रहस्यमय चमक थी।

''मेरी समझ में कुछ नहीं आया! सोने से पहले थोड़ी देर न्यूज देखने में सम्भवतया क्या गलती हो सकती है?''

''तुम्हारे सोने से पहले और उठने के बाद दस मिनट का समय तुम्हारे अर्धचेतन मस्तिष्क के लिए बड़ा प्रभावशाली होता है। उस समय दोनों बार तुम्हारे मस्तिष्क में अत्यधिक प्रेरणास्पद और शान्त विचार होने चाहिए।

''तुम तो मस्तिष्क को कम्प्यूटर की तरह समझ रहे हो।''

''इसको इस तरह समझना बहुत अच्छा है – तुम इसके अन्दर जो रखोगे यह बाहर वही निकालेगा। उससे भी अधिक महत्त्वपूर्ण तथ्य यह है कि तुम अकेले ही इसका प्रोग्राम बनानेवाले हो। अन्दर जानेवाले विचारों पर निर्णय लेकर बाहर आनेवालों पर भी सही निर्णय

ले लेते हो। अतः सोने के लिए जाने से पहले न्यूज मत देखो, किसी के साथ बहस मत करो और न ही दिन–भर की घटनाओं पर मन में विचार करो। आराम करो। यदि तुम्हें पसन्द हो, तो एक कप हर्बल चाय पी लो। कोई मधुर क्लासिकल संगीत सुनो और अपने–आपको नवजीवन प्रदान करनेवाली गहरी नींद में जाने के लिए तैयार करो।"

"यह बात समझ में आती है जितनी बढ़िया नींद होगी, उतना ही कम मुझे सोने की आवश्यकता होगी।"

"बिल्कुल ठीक बात है और इक्कीस का प्राचीन नियम याद रखो; यदि तुम लगातार कोई भी काम इक्कीस दिन तक उसी समय करते चले जाओगे तो यह तुम्हारी आदत बन जाएगी। अतः इसे बिना नागा के इक्कीस दिन तक अपनाओ। तब तक यह तुम्हारे जीवन का हिस्सा बन चुका होगा। थोड़े ही समय में तुम प्रातःकाल पांच बजकर तीस मिनट पर उठने लगोगे। पांच बजे भी आसानी से उठ सकते हो, दूसरे महान दिन का वैभवपान करने के लिए।"

"ठीक है। मान लेते हैं कि मैं प्रतिदिन प्रातःकाल पांच बजकर तीस मिनट पर उठ रहा हूं। अब क्या करना है?"

"तुम्हारे प्रश्न दर्शाते हैं कि तुम सोच रहे हो, मेरे मित्र। मैं इसकी प्रशंसा करता हूं। एक बार उठने के बाद तुम बहुत से काम कर सकते हो। अपने दिन का प्रारम्भ अच्छे से करने का महत्त्व अपने दिमाग में बुनियादी तौर पर रखना है। जैसा कि मैं पहले भी बता चुका हूं कि उठने के प्रथम दस मिनट में तुम जो भी विचार करते हो या जो भी काम करते हो उसका तुम्हारे बाकी दिन पर विशेष प्रभाव पड़ता है।"

"गम्भीरतापूर्वक?"

"बिल्कुल। हमेशा सकारात्मक विचार सोचो। जो कुछ भी तुम्हारे पास है उसके लिए प्रार्थना में धन्यवाद दो। जिन कामों के लिए तुम कृतज्ञ हो उनकी सूची बनाओ। अच्छा संगीत सुनो। सूर्य को निकलते हुए देखो और यदि तुम्हें आवश्यकता अनुभव हो, तो प्राकृतिक

वातावरण में तेज घूमने के लिए जाओ। सन्त लोग वास्तव में अपने-आप को हंसाते थे चाहे उन्हें हंसी आ रही हो अथवा नहीं, सिर्फ इसलिए कि हास्य के स्राव प्रातःकाल शरीर में प्रवाहित हों।''

''जूलियन मैं अपना कप खाली रखने के लिए बहुत कठिन प्रयास कर रहा हूं – और मैं सोचता हूं कि तुम इस बात से सहमत होगे कि मैं नवसिखुआ होते हुए भी ठीक काम कर रहा हूं। लेकिन सचमुच, यह बड़ा अजीब लगता है सन्तों के समुदाय के लिए भी जो हिमालय पर्वत पर ऊंचाईयों पर रह रहा है।''

''लेकिन ऐसा नहीं है। जरा अनुमान लगाओ कि एक औसत चार साल का बालक दिन-भर में कितनी बार हंसता है?''

''कौन जानता है?''

''मैं जानता हूं, तीन सौ बार। अब अनुमान लगाओ कि कोई भी बड़ा व्यक्ति हमारे समाज में दिन-भर में कितनी बार हंसता होगा।

''पचास बार?'' मैंने कोशिश की।

''पन्द्रह बार, कोशिश करके देखो,'' जूलियन ने सन्तोष के साथ मुस्कुराते हुए कहा। ''तुम मेरी बात समझ रहे हो? हंसना आत्मा के लिए दवाई के समान है। चाहे तुम हंसना नहीं चाह रहे हो फिर भी शीशे में देखो और कुछ मिनट तक हंसो। तुम बहुत विलक्षण अनुभव करोगे। विलियम जेम्स ने कहा था, 'हम इसलिए नहीं हंसते कि हम खुश हैं। हम प्रसन्न हैं क्योंकि हम हंसते हैं।' अतः अपने दिन का आरम्भ प्रसन्नता की बुनियाद पर करो। हंसो, खेलो और जो कुछ भी तुम्हारे पास है उसके लिए धन्यवाद दो। हर दिन उत्कृष्टतापूर्ण प्रतिफल देगा।''

''तुम अपना दिन सकारात्मक आधार पर प्रारम्भ करने के लिए क्या करते हो?''

''वस्तुत, मैंने प्रातःकाल के लिए एक बहुत ही शालीन रुटीन विकसित की है, जिसमें द हार्ट ऑफ द रोज से लेकर कई गिलास ताजा फलों का रस पीना शामिल है। लेकिन एक विशेष तकनीक भी शामिल है जिसे मैं तुम्हें बताना चाहूंगा।''

"लगता है बहुत महत्त्वपूर्ण है।"

"हां। यह है, जागने के थोड़ी देर बाद अपनी शरण-स्थली में मौन रखने के लिए जाओ। स्थिर और ध्यान एकाग्र करके बैठ जाओ। तब अपने-आप से यह प्रश्न पूछो, 'यदि आज का दिन मेरा अन्तिम दिन होता, तो मैं क्या करता?' इस प्रश्न के उत्तर को जानना ही भेद की बात है। मानसिक रूप से जो भी काम तुम करते, जिन लोगों से तुम मिलना पसन्द करते और जिन क्षणों को तुम जीना चाहते उन सबकी सूची बना लो। इन सब कामों को बहुत ऊर्जा के साथ करते हुए अपने-आप को मानस-चित्र में देखो। कल्पना में देखो कि तुम अपने परिवार के साथ और अजनबियों के साथ कैसा व्यवहार करोगे। इस बात की भी तस्वीर अपने मन में देखो कि बिल्कुल अजनबियों के साथ किस प्रकार व्यवहार करोगे यदि आज का दिन पृथ्वी पर तुम्हारा आखिरी दिन होता। जैसा कि मैंने तुम्हें पहले भी बताया है यदि तुम प्रत्येक दिन को आखिरी दिन मानकर जिओगे तो तुम्हारे जीवन में चमत्कारपूर्ण गुणवत्ता आ जाएगी।"

और यह मुझे स्वस्थ जीवन की सातवीं प्रक्रिया पर ले आता है, संगीत की धार्मिक प्रक्रिया।"

"मुझे लगता है यह मुझे बहुत अच्छा लगेगा," मैंने उत्तर दिया।

"मुझे विश्वास है तुम पसन्द करोगे। सन्तों को अपना संगीत पसन्द था। यह उनकी आध्यात्मिक शक्ति में उसी प्रकार वृद्धि करता था जैसे सूर्य करता है। संगीत सुनकर वे हंसते थे, नृत्य करते थे और गाना गाते थे। यह तुम्हारे लिए भी यही करेगा। संगीत की शक्ति को कभी मत भूलना। इसके साथ थोड़ा समय अवश्य बिताओ चाहे काम पर जाते समय कार ड्राइव करते हुए कैसेट पर ही मधुर संगीत सुन लो। जब तुम उदासी अनुभव करते हो या थक जाते हो, तब कुछ संगीत सुनो मेरी जानकारी में यह सर्वोत्तम सक्रियता प्रदान करने वाला साधन है।"

"तुमसे अलग!" मैं गम्भीरतापूर्वक तेजी से चिल्ला पड़ा, "सिर्फ

तुम्हें सुनकर ही मैं अपने-आप को महान समझ रहा हूं। तुम सचमुच बदल गए हो जूलियन, और सिर्फ बाहर से ही नहीं। तुम्हारी पुरानी सनक समाप्त हो गई है। तुम्हारी पुरानी नकारात्मकता समाप्त हो गई है। तुम्हारी पुरानी आक्रामकता खत्म हो गई है। वास्तव में ऐसा प्रतीत होता है कि तुम अपने-आप में शान्ति सम्पन्न हो। आज की रात तुमने मेरे हृदय को छू लिया है।''

''अरे, अभी तो और है।'' अपनी मुट्ठी हवा में उठाकर जूलियन जोर से चिल्लाया। ''हमें जारी रखना है।''

''मुझे और किसी भी अन्य तरीके से यह सब समझ में नहीं आता।''

''ठीक है। आठवीं प्रक्रिया है 'बोले हुए शब्दों की धार्मिक प्रक्रिया' (Ritual of the spoken word)। सन्तों के पास मन्त्रों की शृंखला थी जिन्हें वे प्रातःकाल, दोपहर और रात को जपते थे। उन्होंने मुझे बताया कि यह अभ्यास उन्हें ध्यान केन्द्रित करने में, उनको शक्तिशाली बनाने में और सुखी बनाने में बहुत प्रभावपूर्ण था।''

''मन्त्र क्या होता है?'' मैंने पूछा।

''मन्त्र शब्दों का वह समूह है जिसमें शब्दों का प्रयोग निश्चयात्मक प्रभाव को निर्मित करने के लिए होता है। संस्कृत में 'मन' का अर्थ है मस्तिष्क और 'त्रा' का अर्थ है मुक्त करना। अतः मन्त्र वह शब्दों का समूह है जिसका उपयोग मस्तिष्क को मुक्त करने के लिए किया जाता है और मेरा विश्वास करो जॉन, मन्त्र उद्देश्य की पूर्ति बहुत ही शक्तिशाली ढंग से करते हैं।''

''क्या आप मन्त्रों का प्रयोग अपनी दैनिक दिनचर्या में कर रहे हैं?''

''मैं निश्चित रूप से कर रहा हूं। वे मेरे विश्वसनीय साथी हैं जहां-कहीं भी मैं जाता हूं मेरे साथ रहते हैं। चाहे मैं बस में हूं, या लाइब्रेरी की ओर जा रहा हूं, या दुनिया को पार्क में जाते हुए देख रहा हूं, मैं निरन्तर स्वीकार कर रहा हूं कि जो कुछ भी मेरी दुनिया में अच्छा है वह मन्त्रों द्वारा है।''

"इसलिए मन्त्र बोले जाते हैं?"

"उनको बोला जाना आवश्यक नहीं है। उनको लिखना भी बहुत प्रभावकारी है। लेकिन मैंने पाया है कि मन्त्रों को जोर-जोर से बोलने से मेरी आत्मा पर आश्चर्यजनक प्रभाव पड़ता है। जब मुझे क्रियाशीलता की आवश्यकता होती है, मैं बार-बार 'मैं प्रेरणापूर्ण हूं, अनुशासित हूं और ऊर्जावान हूं' आत्मविश्वास की ऊंची भावना, जो मैंने अपने अन्दर पैदा की है, को बनाए रखने के लिए दोहराता हूं, 'मैं शक्तिशाली हूं, योग्य हूं, और शान्त हूं।' मैं अपने-आपको युवा और ऊर्जावान बनाए रखने के लिए भी मन्त्रों का प्रयोग करता हूं," जूलियन ने स्वीकार किया।

"एक मन्त्र आपको युवा कैसे रख सकता है?"

"शब्द मस्तिष्क को उच्चारण के अनुसार प्रभावित करते हैं। वे चाहे बोले जाएं या लिखित में हों, शक्तिशाली व प्रभावपूर्ण होते हैं। जो कुछ तुम दूसरों से कहते हो वह महत्त्वपूर्ण होता है, लेकिन उससे भी अधिक महत्त्वपूर्ण होता है कि तुम अपने-आपसे क्या कहते हो।"

"स्वयं से बातचीत?"

"बिल्कुल ठीक। तुम वही हो, जो कुछ तुम दिन-भर सोचते रहे हो। तुम वही हो, जो कुछ अपने-आप से दिन-भर कहते रहे हो। यदि तुम यह कहते हो कि तुम वृद्ध हो, थक गए हो, यह मन्त्र तुम्हारे बाहरी अस्तित्व में यर्थाथ के रूप में दिखाई देने लगेगा। यदि तुम यह कहते हो कि तुम कमजोर हो और तुममें उत्साह की कमी है, तुम्हारी दुनिया इसी प्रकृति की हो जाएगी। लेकिन यदि तुम यह कहते हो कि तुम स्वस्थ हो, और पूरी तरह जीवन्त हो, तुम्हारा जीवन परिवर्तित हो जाएगा। तुम देखते हो, जो शब्द तुम अपने-आप से कहते हो तुम्हारी आत्मछवि को प्रभावित करते हैं, जो तुम्हारे द्वारा किए जानेवाले कामों का निर्णय़ लेती है। उदाहरण के लिए, तुम्हारी आत्मछवि ऐसे व्यक्ति की है जिसमें किसी भी महत्त्वपूर्ण काम को करने के लिए आत्मविश्वास की कमी है, तुम वही कदम उठा पाओगे, जो इस विशेषता के विरोधी

हैं। इसके विपरीत यदि तुम्हारी आत्मछवि एक स्वस्थ व्यक्ति की है जो भयरहित है, फिर तुम्हारे सारे कार्य इस गुण के अनुकूल ही होंगे। तुम्हारी आत्मछवि सब तरह की भविष्यवाणियों को स्वयंपूर्ण करती है।''

''ऐसा कैसे?''

''यदि तुम यह विश्वास करते हो कि तुम किसी काम को करने में असमर्थ हो, तो मैं कहूंगा कि एक अच्छे पार्टनर को ढूंढ़ लो, या तनावरहित जीवन जिओ, तुम्हारे विश्वास तुम्हारी स्वयं की छवि को प्रभावित करेंगे। उसकी बारी आने पर, आत्मछवि तुम्हें ठीक पार्टनर ढूढ़ंने के लिए कदम उठाने से, या शान्त जीवन बिताने से तुम्हें रोकेगी। तुम जो भी प्रयास इस दिशा में करोगे, यह वस्तुतः उनमें तोड़–फोड़ करेगी।''

''यह इस प्रकार काम क्यों करती है?''

''साधारण–सी बात है। तुम्हारी आत्मछवि एक प्रकार से गवर्नर है। यह अपने से असंगत तरीके से तुम्हें कभी काम नहीं करने देगी। खूबसूरत बात यह है कि तुम अपनी आत्मछवि को परिवर्तित कर सकते हो ठीक उसी प्रकार जिस प्रकार तुम अपने जीवन में किसी भी चीज को, जो इसका विस्तार करने के काम नहीं आ रही, बदल सकते हो। मन्त्र इस उद्देश्य को पूरा करने का सबसे बड़ा साधन है।''

''और जब मेरी अन्दर की दुनिया बदल जाएगी, मेरी बाहर की दुनिया भी बदल जाएगी।'' मैंने कर्तव्यनिष्ठा से कहा।

''कितना जल्दी तुम सीखते हो,'' जूलियन ने मुझे थम्स–अप की तरह संकेत देते हुए कहा, जैसा कि वह अपनी पिछली जिन्दगी में जब वह एक प्रसिद्ध वकील था, किया करता था।

''ये हमें स्वस्थ जीवन जीने की नौंवी धार्मिक प्रक्रिया की ओर ले जाता है, जो 'योग्य चरित्र की प्रक्रिया है' (The Ritual of congruent character)। यह एक तरह से जिस आत्मछवि की धारणा के बारे में हम अभी बातचीत कर रहे थे उसकी एक शाखा है। साधारण ढंग से

कहा जाए, तो इस धार्मिक प्रक्रिया में तुम्हें नित्यप्रति अपने चरित्र निर्माण के लिए अधिक और अधिक काम करने की आवश्यकता है। अपने चरित्र को मजबूत करने से वह तरीका, जिस प्रकार तुम अपने को देखते हो और कार्य करते हो, प्रभावित होता है। जो काम तुम करते हो वह एक साथ आकर तुम्हारी आदतों का निर्माण करते हैं और यह महत्त्वपूर्ण है। तुम्हारी आदतें ही तुम्हें तुम्हारे लक्ष्य की ओर ले जाती हैं। शायद योगी रमन ने यह फार्मूला बहुत ही अच्छे स्पष्ट तरीके से बताया जब उन्होंने कहा, ''तुम एक विचार बोते हो, तुम एक कर्म का फल प्राप्त करते हो। एक कर्म करते हो, एक आदत को बोते हो। तुम एक आदत को बोते हो, तुम चरित्र का फल प्राप्त करते हो। तुम चरित्र बोते हो, परिणामस्वरूप तुम अपना लक्ष्य प्राप्त करते हो।''

''अपने चरित्र निर्माण के लिए मुझे किस प्रकार के काम करने चाहिए?''

''कोई भी काम जो तुम्हारे गुणों को संवारे। इससे पहले कि तुम मुझसे यह पूछो कि मेरा 'गुणों' से क्या तात्पर्य है, मुझे इस धारणा को स्पष्ट करने दो। हिमालय के बुद्धिमान् लोगों का दृढ़विश्वास था कि गुणवान जीवन ही अर्थपूर्ण जीवन था। इसलिए वे अपने सारे कर्मों को युगों पुराने सिद्धान्तों की शृंखला से संचालित करते थे।''

लेकिन मैंने सोचा कि तुमने कहा था कि वे अपने जीवन का संचालन अपने उद्देश्य से करते थे?''

''हां, ऐसा ही है, लेकिन उनके जीवन के दिव्य आह्वान में इन सिद्धान्तों के अनुसार रहना भी शामिल था। इन सिद्धान्तों को उनके पूर्वजों ने हजारों वर्षों से अपने सीने से लगाकर रखा।''

''ये सिद्धान्त कौन-से हैं, जूलियन?'' मैंने पूछा।

''वे साधारण तौर पर ये हैं – उद्योग, दया, नम्रता, धैर्य, ईमानदारी और साहस। जब तुम्हारे सारे कर्म इन सिद्धान्तों के अनुसार होते हैं, तो तुम अन्तर्रात्मा की एकात्मता की गहन भावना और शान्ति का अनुभव करते हो। इस प्रकार जीवन जीने से तुम्हें आध्यात्मिक

सफलता अवश्य ही मिलकर रहेगी। ऐसा इसलिए है कि तुम जो कुछ कर रहे हो वह सही है। तुम इस तरह से काम कर रहे हो जो प्रकृति के नियमों के और ब्रह्मांड के नियमों के अनुसार है। ऐसा तब होगा जब तुम दूसरे क्षेत्र की ऊर्जा प्रवाहित करना प्रारम्भ कर दोगे। यदि चाहो तो इसे उच्चतर शक्ति कह सकते हो। यह तब होगा जब तुम्हारा जीवन साधारण से असाधारण हो जाएगा और तुम अपने अस्तित्व की पवित्रता अनुभव करने लगोगे। यह पहला कदम है जीवन-भर के लिए पूर्ण ज्ञान का।''

''क्या तुमने इसका अनुभव किया है?'' मैंने पूछा।

''मैंने किया है, और मेरा विश्वास है कि तुम भी करोगे। सही कर्म करो। इस तरीके से काम करो जो तुम्हारे चरित्र के अनुकूल हो। ईमानदारी से काम करो। अपने दिल की बात मानो। बाकी की देखभाल स्वयं हो जाएगी। तुम कभी भी अकेले नहीं हो, तुम जानते हो,'' जूलियन ने कहा।

''तुम्हारा क्या तात्पर्य है?''

''मैं इसे शायद तुम्हें दूसरी बार समझाऊंगा। अब से याद रखो तुम्हें अपने चरित्र-निर्माण के लिए प्रतिदिन छोटे-छोटे काम करने चाहिए। जैसा कि एमर्सन ने कहा, 'चरित्र बुद्धि से ऊंचा है। एक महान आत्मा जीने के लिए तथा सोचने के लिए भी मजबूत रहेगी।' तुम्हारा चरित्र तभी बनता है जब तुम उन सिद्धान्तों के अनुसार काम करते हो, जो मैंने अभी तुम्हें बताए हैं। यदि तुम ऐसा करने में असफल रहते हो, तो सच्ची खुशी तुमसे हमेशा दूर भागती रहेगी।''

''और अन्तिम धार्मिक प्रक्रिया क्या है?''

''यह सबसे महत्त्वपूर्ण धार्मिक प्रक्रिया है – सादगी की (Ritual of simplicity)। इस प्रक्रिया के अनुसार तुम्हें सादगीपूर्ण जीवन जीना चाहिए। जैसा कि योगी रमन ने कहा कि किसी भी व्यक्ति को जीवन की छोटी-छोटी बातों में समय बर्बाद नहीं करना चाहिए। अपनी प्रमुखताओं पर, उन कार्यों पर ध्यान केन्द्रित करना चाहिए, जो

वास्तव में महत्त्वपूर्ण हैं। तुम्हारा जीवन अस्त-व्यस्त न होकर, अच्छे परिणाम देनेवाला और असाधारण रूप से शान्तिप्रद होगा। यह मैं तुमसे वादा करता हूं।

"वह सही था। जिस क्षण मैंने गेहूं से भूसा अलग करना आरम्भ किया मेरे जीवन में एकात्मता भर गई। मैंने उतनी तीव्र गति से रहना बन्द कर दिया, जिसका मैं आदि हो चुका था। मैंने प्रचंड आंधी की तरह रहना बन्द कर दिया। इसके बजाय मेरी गति धीमी हो गई और (मुहावरे में प्रयुक्त) गुलाब सूंघने के लिए मैं समय निकालने लगा।"

"तुमने सादगी की आदत डालने के लिए क्या काम किए?"

"मैंने कीमती वस्त्र पहनना छोड़ दिया। मैंने एक दिन में छः-छः अखबार पढ़ने की आदत छोड़ दी। मैंने हर समय हर किसी के लिए उपलब्ध होना छोड़ दिया। मैं शाकाहारी बन गया और मैं कम खाना खाने लगा। बुनियादी तौर पर मैंने अपनी आवश्यकताओं को कम कर दिया। देखो जॉन, जब तक तुम अपनी आवश्यकताओं को नहीं घटाओगे, तब तक तुम पूर्ण नहीं होगे। तुम हमेशा लॉस वेगास के उस जुआरी की तरह रहोगे, जो घूमनेवाले पहिये के साथ अटका रहता है – 'एक चक्कर और' इस आशा में कि अबकी बार उसका लकी नम्बर ऊपर आ जाएगा। जितना तुम्हारे पास है उससे अधिक की ही तुम्हें आवश्यकता होगी। ऐसी स्थिती में तुम कैसे प्रसन्न रह सकते हो?"

"लेकिन अभी पहले तुमने कहा था कि प्रसन्नता उपलब्धि से प्राप्त होती है। अब तुम मुझसे अपनी आवश्यकताएं घटाने के लिए और थोड़े में ही सन्तुष्ट रहने के लिए कह रहे हो। क्या यह विरोधाभास नहीं है?"

"बहुत बढ़िया तर्क है, जॉन। वास्तव में बुद्धिमानीपूर्ण। यह विरोधी प्रतीत हो सकता है, लेकिन ऐसा है नहीं। जीवन में हमेशा प्रसन्नता संपनों को पूरा करने के प्रयास से ही मिलती है। तुम सर्वोत्तम तब होते हो जब तुम आगे बढ़ रहे होते हो। इसकी कुंजी अपनी प्रसन्नता

के लिए इन्द्रधनुष की समाप्ति पर मिलनेवाले मायावी सोने के कलश की प्राप्ति नहीं है। उदाहरण के लिए, यद्यपि मैं करोड़पति था, मैंने अपने-आप से कहा कि मेरे लिए सफलता का तात्पर्य तीन सौ मिलियन डॉलर बैंक एकाउंट में रखने से नहीं है। यह तो विपत्ति बुलाने का नुस्खा है।''

''तीन सौ मिलियन?'' मैंने अविश्वास के साथ पूछा।

''तीन सौ मिलियन। इसका कोई महत्त्व नहीं है कि मेरे पास कितना धन था, मैं कभी भी सन्तुष्ट नहीं था। मैं हमेशा दुःखी रहता था। यह लालच के अलावा कुछ भी नहीं था। मैं इस बात को अब स्वतन्त्र रूप से स्वीकार कर सकता हूं। यह बहुत कुछ राजा मिदास की कहानी से मिलता है। मुझे विश्वास है कि तुमने यह कहानी अवश्य सुनी होगी?''

''निश्चयपूर्वक। वह व्यक्ति सोने को इतना अधिक प्यार करता था कि उसने भगवान से प्रार्थना की कि वह जो कुछ भी छुए, सोने में परिवर्तित हो जाए। जब उसकी इच्छा मंजूर हो गई, तो वह बहुत खुश हुआ। ऐसा जब तक रहा जब तक कि उसने यह अनुभव नहीं किया कि वह कुछ नहीं खा सकता था क्योंकि उसका खाना सोने में परिवर्तित हो गया था, और ऐसा ही आगे होता रहा।

''ठीक है। इसी प्रकार मैं इतना अधिक धन के पीछे पड़ा हुआ था कि जो कुछ मेरे पास था मैं उसका उपभोग नहीं कर सकता था। क्या तुम जानते हो कि एक बार ऐसा समय आया जब मैं सिर्फ ब्रेड पानी के साथ खा सकता था।'' जूलियन ने बहुत शान्त और चिन्तनपूर्ण मुद्रा में कहा।

''क्या तुम गम्भीर हो? मैं तो हमेशा सोचा करता था कि तुम सबसे अच्छे रेस्त्राओं में अपने प्रतिष्ठित मित्रों के साथ खाना खाते थे।''

''यह प्रारम्भ के दिनों में था। ज्यादा लोग इस बारे में नहीं जानते हैं लेकिन मेरी अनियन्त्रित जीवन-शैली के कारण मुझे खूनी अलसर हो गया था। मैं एक हॉट डॉग खाकर भी बीमार पड़ जाया करता था।

क्या जिन्दगी थी? बहुत सारा पैसा होते हुए भी मैं केवल पानी और ब्रैड खा सकता था। यह सचमुच बहुत करुणापूर्ण स्थिती थी।'' जूलियन ने अपने-आप सूत्र पकड़ते हुए कहा, ''लेकिन मैं ऐसा नहीं हूं कि अतीत में रहूं। यह जीवन के दूसरे महान पाठों में से एक था। जैसा कि मैंने तुम्हें पहले बताया, पीड़ा एक शक्तिशाली शिक्षक है। पीड़ा को इन्द्रियातीत करने के लिए पहले मुझे इसका अनुभव करना पड़ा। इसके बिना मैं आज जहां हूं वहां नहीं होता,'' उसने उदासीन भाव से कहा।

''ऐसा कोई विचार है जिसे अपनाकर मैं सादगी की प्रक्रिया (Ritual of simplicity) को अपने जीवन में उतार सकूं?''

''बहुत सारी चीजें तुम कर सकते हो। छोटी चीजों से भी बहुत अन्तर आएगा।''

''जैसे?''

''हर बार फोन की घंटी बजने पर उसे उठाना बन्द कर दो, बेकार की डाक पढ़ने में समय नष्ट करना बन्द कर दो, एक सप्ताह में तीन बार बाहर खाना बन्द कर दो, गोल्फ-क्लब की सदस्यता छोड़ दो और अपने बच्चों के साथ अधिक समय व्यतीत करो, एक दिन या एक सप्ताह बिना घड़ी के बिताओ, कुछ दिनों तक सूर्य को निकलता हुआ देखो, अपना सेलुलर फोन बेच दो और पेजर हटा दो। क्या मुझे जारी रखने की आवश्यकता है।?'' जूलियन ने अलंकारिक शैली में पूछा।

''बात मेरी समझ में आ गई। लेकिन सेलफोन बेच दूं?'' मैंने चिन्तित होकर पूछा जैसे एक छोटा शिशु डॉक्टर के सुझाव पर कि उसकी नाल काट दी जाए, अनुभव करेगा। ऐसा मैं अनुभव कर रहा था।

''जैसा कि मैं तुम्हें बता चुका हूं कि अपनी यात्रा से जो कुछ मैंने सीखा वह तुम्हें भी बताना मेरा कर्तव्य है। तुम्हें हर योजना अपने जीवन में अपनाने की आवश्यकता नहीं है। उन्हीं तकनीकों को आजमाओ और प्रयोग करो जो तुम्हारे लिए ठीक हों।''

"मैं जानता हूं। अति किसी बात की नहीं, हर चीज अनुपात से।"

"बिल्कुल ठीक।"

"यद्यपि मैं मानता हूं कि तुम्हारी हर तकनीक महान है। लेकिन क्या उनसे मेरे जीवन में केवल तीस दिनों में बड़ा परिवर्तन आएगा?" तीस दिन से भी कम समय लगेगा – और उससे भी अधिक," जूलियन ने कहा, अपनी शरारतपूर्ण खास मुस्कान के साथ मुस्कुराते समय उसके गालों में गड्ढे पड़ जाते थे।

"अब हम फिर आगे चलते हैं। विस्तार से समझाओ, हे बुद्धिमान् व्यक्ति।"

"जूलियन कहना ठीक रहता, यद्यपि 'बुद्धिमान्' मेरे पुराने लैटर-पैड पर लिखा हुआ भयानक मालूम पड़ता," उसने मजाक में कहा।

"मैं कहता हूं कि इसमें तीस दिन से भी कम समय लगेगा क्योंकि वास्तविक परिवर्तन जीवन में अपने-आप हो जाता है।"

"अपने आप?"

"हां, यह पलक झपकते ही हो जाता है, उसी क्षण जब तुम अन्तःकरण से यह निर्णय लेते हो कि तुम अपना जीवन उच्चतम स्तर तक ले जाओगे। उसी क्षण, तुम एक परिवर्तित व्यक्ति बन जाते हो, जो अपने लक्ष्य की प्राप्ति के मार्ग पर बढ़ चुका होता है।"

"फिर तीस दिन से अधिक क्यों?"

"मैं तुमसे वादा करता हूं कि इन योजनाओं और साधनों का प्रयोग करके अब से एक महीने के अन्दर तुम इच्छित सुधार देखोगे। तुम्हारे अन्दर अधिक ऊर्जा होगी, कम चिन्ताएं, अधिक क्रियाशीलता, और जीवन के हर पहलू में कम दबाव होगा। यह भी बता चुका हूं कि सन्तों की विधियां 'क्विक-फिक्स' टाईप की नहीं हैं। वे समय की सीमा से परे की परम्पराएं हैं जिनका प्रतिदिन पूरे जीवन-भर तुम्हें पालन करना है। यदि तुम उनका प्रयोग बन्द कर दोगे, तो तुम पाओगे कि तुम धीरे-धीरे अपने पुराने ढर्रे पर वापस आ गए हो।"

मुझे स्वस्थ जीवन के लिए दस धार्मिक प्रक्रियाएं समझाने के बाद,

जूलियन रुक गया। "मैं जानता हूं कि तुम चाहते हो कि मैं बताना जारी रखूं अतः मैं जारी रखूंगा। मैं जो कुछ भी तुम्हें बता रहा हूं, उसमें मेरा अटूट विश्वास है सारी रात तुम्हें जगाए रखने में मुझे कोई आपत्ति नहीं है। शायद यह सही समय है जब थोड़ा गहराई में जाया जाए।"

"तुम बिल्कुल ठीक रूप से क्या कहना चाहते हो? मेरे विचार से तो आज की रात जो कुछ भी मैंने सुना है वह काफी गम्भीर है," मैंने आश्चर्य से कहा।

"जो गूढ़ रहस्य मैंने तुम्हें बताए हैं उनके द्वारा तुम और तुम्हारे सम्पर्क में आनेवाले लोग, अपने जीवन को अपनी इच्छानुसार बना सकते हैं। लेकिन सिवाना के सन्तों के दर्शनशास्त्र में, जो आंखों को दिखाई पड़ता है उससे कहीं अधिक बहुत कुछ है। जो कुछ मैंने अब तक तुम्हें सिखाया वह बहुत व्यावहारिक है लेकिन तुम्हें उस आध्यात्मिक प्रवाह के बारे में जो इन सिद्धान्तों में अन्तर्निहित है, जिनकी रूपरेखा मैंने तुम्हें बताई है, जानना चाहिए। यदि जिसके बारे में मैं बात कर रहा हूं, तुम्हारी समझ में नहीं आती, तो इसके लिए चिन्ता मत करो। उसको सिर्फ सुनो, कुछ देर विचार करो। तुम बाद में उसको समझ सकते हो।"

"जब विद्यार्थी तैयार है, शिक्षक को सामने आना पड़ेगा?"

"बिल्कुल सही है," जूलियन ने अब मुस्कुराते हुए कहा। "तुम हमेशा पढ़ने में तेज थे।"

"ठीक है, आओ हम आध्यात्मिक बातें सुनते हैं।" मैंने उत्साह से कहा, इस बात से अनभिज्ञ कि सुबह के दो बजकर तीस मिनट हो रहे थे।

"तुम्हारे अन्दर सूर्य है, चन्द्रमा है, आकाश है और ब्रह्मांड के सारे आश्चर्य हैं। जिस बुद्धिकौशल से इन आश्चर्यों की सृष्टि हुई उसी शक्ति ने तुम्हारी सृष्टि की है। तुम्हारे चारों ओर की सभी चीजें उसी स्रोत से आई हैं। हम सब एक हैं।"

''मुझे नहीं लगता कि मैं तुम्हें समझ पा रहा हूं।''

''इस पृथ्वी पर हर प्राणी में हर चीज में एक आत्मा है। सारी आत्माएं एक आत्मा में प्रवाहित होती हैं, यह अखिल ब्रह्मांड की आत्मा हैं। तुम्हें मालूम है जॉन, जब तुम अपने मस्तिष्क और अपनी आत्मा का पोषण करते हो, तो तुम ब्रह्मांड की आत्मा का पोषण कर रहे होते हो। जब तुम अपने में सुधार कर रहे होते हो, तो अपने आस-पास के सभी लोगों के जीवन में सुधार कर रहे होते हो और जब तुम आत्मविश्वास के साथ अपने सपनों को पूरा करने की दिशा में आगे बढ़ने का साहस रखते हो, तुम ब्रह्मांड की शक्ति खींचने लगते हो। जैसा कि मैंने तुम्हें पहले बताया, जीवन तुम्हें वही देता है, जो तुम उससे मांगते हो। यह हमेशा तुम्हें सुनता है।''

''इस प्रकार स्व-स्वामित्व और कैजेन की सिद्धान्त प्रणाली मेरी और मेरे द्वारा दूसरों की सहायता करने में मेरी सहायता करेगी?''

''कुछ उसी तरह। जब तुम अपने मस्तिष्क को समृद्ध करोगे, तब तुम अपने शरीर की देखभाल करोगे और जब तुम अपनी आत्मा को पोषण दोगे, तब तुम ठीक से समझने लगोगे कि मैं क्या कह रहा हूं।''

''जूलियन, मैं जानता हूं तुम्हारा मतलब ठीक है। लेकिन एक पारिवारिक व्यक्ति के लिए, जिसका वजन 215 पौंड है, जिसने अब तक अपना समय अपने विकास के बजाय मुवक्किलों के विकास में अधिक लगाया है, स्व-स्वामित्व की बात एक काफी ऊंचा आदर्श है। यदि मैं असफल रहा, तो क्या होगा?''

''कोशिश करने का साहस न होना ही असफलता है, न इससे अधिक और न इससे कम। अधिकांश लोगों में उनके और उनके सपनों के बीच सिर्फ एक बाधा होती है वह है असफलता का भय। लेकिन असफलता किसी भी प्रयास की सफलता के लिए आवश्यक है। असफलता हमारी परीक्षा लेती है और हमारा विकास करती है। यह हमें शिक्षा देती है और पूर्ण ज्ञान के मार्ग पर ले जाती है। पूर्व के गुरुओं का कहना है कि हर तीर जो सांड की आंख का भेदन करता है, सौ बार चूकने का परिणाम होता है। प्रकृति का मूलभूत सिद्धान्त

है – नुकसान से लाभ उठाना। असफलता से कभी मत डरो। असफलता तुम्हारी मित्र है।''

''असफलता को गले लगाओ?'' मैंने अविश्वास से पूछा।

''ब्रह्मांड बहादुर का पक्ष लेता है। जब तुम हमेशा के लिए अपने जीवन को उच्चतम स्तर तक उठाने का निर्णय ले लेते हो, तो तुम्हारी आत्मा की शक्ति तुम्हारा मार्गदर्शन करती है। योगी रमन का विश्वास था कि हर किसी का भाग्य जन्म से ही निश्चित होता है। यह मार्ग हमेशा शानदार खजानों से भरे हुए चमत्कारपूर्ण स्थान की ओर जाता है। यह व्यक्ति पर निर्भर है कि वह इस मार्ग पर चलने का साहस कर सके।'' एक कहानी है, जो उन्होंने मुझे सुनाई थी और मैं तुम्हें सुनाऊंगा :

''एक बार प्राचीन भारत में एक बहुत दुष्ट राक्षस रहता था। उसका समुद्र के किनारे एक शानदार किला था। चूंकि राक्षस अनेक वर्षों से युद्ध के सिलसिले में बाहर था, आस-पास के गांवों के बच्चे राक्षस के सुन्दर बगीचे में आ जाया करते थे और बहुत आनन्द से खेला करते थे। एक दिन राक्षस वापस आ गया और उसने उन छोटे-छोटे बच्चों को उठाकर अपने बगीचे से बाहर फेंक दिया। किले का विशाल दरवाजा गुस्से से बन्द करते हुए उसने चीखकर कहा, 'अब कभी यहां वापस मत आना।' फिर उसने संगमरमर की ऊंची दीवार बनवा ली ताकि बच्चे अन्दर न आ सकें।

''भयानक ठंड के साथ सर्दी का मौसम आ गया, भारतीय उप-महाद्वीप के एकदम उत्तरी भाग में तो सर्दी हमेशा ही रहती है, और राक्षस कामना करने लगा कि गर्माहट शीघ्र ही आ जाए। बसन्त ऋतु उस गांव में आ गई, जो राक्षस के किले के नीचे बसा हुआ था, लेकिन शरद ऋतु के बर्फीले पंजे उसका बगीचा छोड़ने को तैयार नहीं थे। आखिरकार एक दिन राक्षस को बसन्त ऋतु में खिलनेवाले पुष्पों की गन्ध आ गई और उसने अपनी खिड़की से सूर्य का प्रकाश देखा। 'आखिर बसन्त आ ही गया।' अपने बगीचे में दौड़ते हुए उसने

चीखकर कहा। लेकिन राक्षस उस दृश्य को देखने के लिए तैयार नहीं था, जो उसने वहां देखा। गांव के बच्चे किसी प्रकार किले की दीवार पर चढ़ गए थे और बगीचे में खेल रहे थे। उनकी उपस्थिति के कारण बगीचा एक सर्द ऊसर भूमि से हरे-भरे स्थान में परिवर्तित हो गया था। जिसमें गुलाब, डैफोडिल्स और ओर्किड्स के पुष्प खिले हुए थे। सब बच्चे हंस रहे थे, आनन्द से खिल-खिला रहे थे, सिवाय एक बच्चे के। राक्षस ने अपनी आंखों की कोर से देखा कि एक स्थान पर एक छोटा-सा बच्चा खड़ा हुआ था। उसकी आंखों से आंसू बह रहे थे क्योंकि उसमें दीवार पर चढ़कर बगीचे में आने की शक्ति नहीं थी। राक्षस ने जब उस मायूस बच्चे को देखा, तो उसे बहुत दुःख हुआ। जीवन में पहली बार उसने अपनी गलती पर पश्चाताप किया। राक्षस को इस बच्चे के लिए दुख का अनुभव हुआ। 'मैं इस बच्चे की सहायता करूंगा,' उसने बच्चे की तरफ दौड़ते हुए मन में कहा। जब दूसरे बच्चों ने राक्षस को आते हुए देखा, तो वे वहां से जान बचाकर भाग गए। लेकिन छोटा बच्चा वहीं मैदान में खड़ा रहा, और उसने हकलाते हुए कहा कि 'मैं राक्षस की गर्दन काट दूंगा। मैं अपने खेलने के मैदान की रक्षा करूंगा।'

"जब राक्षस बच्चे के पास पहुंचा, तो उसने अपनी बांहें फैला दीं। और प्रेमपूर्वक कहा, 'मैं तुम्हारा मित्र हूं, मैं दीवार पर चढ़ने और बगीचे में आने के लिए तुम्हारी सहायता करने आया हूं। अब से यह बगीचा तुम्हारा है।' छोटा बच्चा, जो अब बच्चों का हीरो बन गया था, बहुत खुश हुआ और उसने अपना सोने का हार जो वह हर समय गर्दन में पहने रहता था, राक्षस को दे दिया। उसने कहा 'यह मेरा भाग्यशाली ताबीज है, मैं चाहता हूं कि तुम इसे पहनो।'

"उस दिन से बच्चे राक्षस के साथ उसके आश्चर्यजनक बगीचे में रोज खेलने लगे। लेकिन वह बहादुर बच्चा, जिसको राक्षस सबसे अधिक प्यार करता था, कभी वापस नहीं आया। समय बीतने के साथ राक्षस बीमार रहने लगा और कमजोर हो गया। बच्चे बगीचे में खेलते

रहते थे लेकिन राक्षस में उनके साथ खेलने की शक्ति नहीं रह गई थी। उन शान्त दिनों में राक्षस ने सबसे अधिक उस छोटे-से बच्चे को याद किया।

"एक दिन, बहुत तेज ठंड पड़ रही थी। राक्षस ने अपनी खिड़की से बाहर झांककर देखा। उसे बहुत आश्चर्यजनक दृश्य दिखाई दिया; यद्यपि बगीचे का अधिकांश भाग बर्फ से ढका हुआ था, बगीचे के बीचों-बीच एक शानदार गुलाब की झाड़ी थी, जो विस्मयकारी रंगीन फूलों से लदी हुई थी। गुलाब के फूलों के पास ही वह छोटा लड़का खड़ा था, जिसको राक्षस बहुत प्यार करता था। लड़का मन्द-मन्द मुस्कुरा रहा था। राक्षस उसे देखकर बहुत खुश हुआ और उस बच्चे को गले लगाने के लिए बाहर की ओर दौड़ा। उसके पास पहुंचकर राक्षस ने कहा, 'मेरे छोटे मित्र, इतने वर्षों तक तुम कहां रहे? मुझे तुम्हारी बहुत याद आई।'

"लड़के ने गम्भीरता से उत्तर दिया, 'अनेक वर्ष पहले तुम मुझे दीवार से उठाकर जादुई बगीचे में लाए थे। अब मैं तुम्हें अपने बगीचे में ले जाने के लिए आया हूं।' बाद में उस दिन जब बच्चे राक्षस से मिलने आए, तो उन्होंने उसे जमीन पर मरा हुआ पाया। सिर से लेकर पांव तक, वह हजारों गुलाब के सुन्दर पुष्पों से ढका हुआ था।

"हमेशा बहादुर बनो, जॉन, उस छोटे बालक के समान। अपने सिद्धान्त पर जमे रहो और अपने सपनों को पूरा करने का प्रयत्न करो। वह तुम्हें तुम्हारे भाग्य तक ले जाएंगे। अपने लक्ष्य का अनुसरण करो, यह तुम्हें ब्रह्मांड के चमत्कारपूर्ण क्षेत्र में ले जाएगा और हमेशा ब्रह्मांड के आश्चर्यों का अनुकरण करो, क्योंकि वे तुम्हें गुलाब के फूलों से भरे हुए एक विशेष बगीचे में ले जाएंगे।"

जब मैंने जूलियन की तरफ यह कहने के लिए देखा कि इस कहानी ने मेरे हृदय को अन्दर तक छू लिया है, उस समय मैंने जो कुछ देखा उसे देखकर मैं हैरान रह गया। वह पत्थर की तरह कठोर वकील जिसने अपने जीवन का अधिक भाग धनवान और प्रतिष्ठित लोगों को बचाने में व्यतीत किया था, रो रहा था।

अध्याय 9

क्रिया विधि का सार • जूलियन का ज्ञान संक्षेप में

प्रतीक

सद्गुण

- कैजेन का अभ्यास।

ज्ञान

- स्व–स्वामित्व जीवन–नियन्त्रण का डी.एन.ए. है
- बाह्य सफलता आन्तरिक सफलता से मिलती है
- अपने मस्तिष्क, शरीर और आत्मा को निरन्तर संवारने से पूर्ण ज्ञान प्राप्त होता है।

तकनीक

- ऐसे काम करो जिनसे तुम्हें डर लगता है। स्वस्थ जीवन के लिए दस प्राचीन धार्मिक प्रक्रियाएं।

उद्धरण योग्य कथन

- ब्रह्मांड बहादुरों पर कृपा करता है। जब तुम अपने जीवन को उच्चतम स्तर तक ले जाने का निर्णय करते हो, तुम्हारी आत्मा की शक्ति तुम्हारा मार्गदर्शन करके ऐसे जादुई स्थान पर ले जाती है जहां शानदार खजाने हैं।

अध्याय 10

•••

अनुशासन की शक्ति

मुझे विश्वास है कि आज के दिन अपने भाग्य निर्माता हम स्वयं हैं, कि जो कार्य हमें सौंपा गया है वह हमारी शक्ति से अधिक नहीं है; कि इसको करने में जो कष्ट आएंगे या जो श्रम करना पड़ेगा वह मेरी सहनशक्ति से परे नहीं है। जब तक हमें अपने लक्ष्य में और जीतने की अजेय इच्छा-शक्ति में विश्वास है, हमें विजय अवश्य मिलेगी।

– विन्सटन चर्चिल

जूलियन ने योगी रमन की रहस्यवादी शिक्षाप्रद कहानी का मुझे ज्ञान देते समय मुख्य आधार बनाए रखा। मुझे अपने मस्तिष्क में बगीचे का ज्ञान हो गया था, जो शक्ति और क्षमता का भंडार था। प्रकाश घर (लाईट हाउस) के प्रतीक से मैं जीवन में निश्चित उद्देश्य के महत्त्व को और लक्ष्य निर्धारण के प्रभाव को बहुत अच्छी तरह समझ गया था। नौ फुट लम्बे और नौ सौ पौंड के जापानी सूमो पहलवान के उदाहरण से मैंने समयातीत 'कैजेन' की धारणा के बारे में निर्देश प्राप्त किए थे और यह जान गया था कि स्व-स्वामित्व से अनगिनत लाभ होंगे। इसके बारे में मुझे अभी तक बहुत कम पता था सर्वोत्तम तो अभी जानना बाकी था।

"तुम्हें याद होगा कि हमारा मित्र सूमो पहलवान बिल्कुल नंगा था।"

"सिवाय इसके कि उसने गुलाबी केबिल का तार से अपने गुप्त अंग ढक रखे थे," मैं मजाक में बीच में बोल पड़ा।

"बिल्कुल सही," जूलियन ने प्रसन्नता से कहा। "गुलाबी तार एक अधिक समृद्ध, अधिक प्रसन्न और अधिक ज्ञानपूर्ण जीवन के निर्माण में तुम्हें आत्म-नियत्रन्ण और अनुशासन की याद दिलाएंगे। सिवाना में रहनेवाले मेरे गुरु दुनिया के जितने भी लोगों से कभी मिला हूं, उनमें निःसन्देह सबसे अधिक स्वस्थ, सन्तुष्ट और शान्त लोग थे। वे सबसे अधिक अनुशासित भी थे। इन सन्तों ने मुझे सिखाया कि आत्मानुशासन का गुण केबिल के तार के समान था। जॉन, क्या तुमने कभी सचमुच केबल के तारों का अध्ययन करने में समय लगाया है?"

"यह कभी मेरी प्रमुखताओं की सूची में नहीं रहा," मैंने जल्दी से खीसें निपोरते हुए कहा।

"अच्छा, कभी किसी को ध्यान से देखना। तुम देखोगे कि इसमें अनेक पतले, छोटे तार एक-दूसरे के ऊपर रखे हुए होते हैं। एक अकेला तार पतला और कमजोर होता है। लेकिन एक साथ मिलकर यह लोहे से भी अधिक मजबूत हो जाता है। आत्मनियन्त्रण और इच्छाशक्ति भी इसी के समान है। इच्छाशक्ति को लोहे की तरह मजबूत बनाने के लिए, व्यक्तिगत अनुशासन के गुण को बढ़ानेवाले छोटे-छोटे काम करने जरूरी है। नियमित रूप से किए गए छोटे-छोटे काम एक-दूसरे के ऊपर ढेर बन जाएंगे और प्रचुरता से आन्तरिक शक्ति उत्पन्न करेंगे। शायद एक पुरानी अफ्रीकन कहावत में इस बात को सबसे अच्छी तरह से कहा गया है, 'जब मकड़ी के जाले इकट्ठे हो जाएं, तो एक शेर को बांध सकते हैं।' जब तुम अपनी इच्छाशक्ति को आजाद करते हो, तो अपनी व्यक्तिगत दुनिया के स्वामी बन जाते हो। जब तुम स्व-शासन की प्राचीन कला का निरन्तर अभ्यास करते हो, तो तुम्हारे लिए कोई भी बाधा पार करना मुश्किल नहीं होगा, कोई भी चुनौती इतनी कठिन नहीं होगी कि तुम उसे जीत न सको और न ही कोई संकट इतना भयानक होगा कि तुम उसे ठंडे दिमाग से बर्दाश्त न कर सको। आत्मानुशासन तुम्हें

मानसिक शक्तियों के भंडार उपलब्ध कराएगा। जब कभी जीवन में कोई परेशानी होगी, तो उससे मुक्ति दिलाने के लिए।''

''मैं तुम्हें इस बात से सावधान करना चाहता हूं कि इच्छाशक्ति की कमी होना एक मानसिक बीमारी है,'' जूलियन ने चकित करते हुए कहा। ''यदि तुम इस बीमारी से ग्रस्त हो, तो इसको सबसे पहले जल्दी से उखाड़ फेंको। जिन व्यक्तियों का चरित्र मजबूत और आश्चर्यजनक जीवन रहा है, इच्छाशक्ति और अनुशासन की बहुलता उनकी मुख्य विशेषताएं हैं। इच्छाशक्ति तुम्हें वह सब करने देती है, जो तुम करना चाहते हो। यह इच्छाशक्ति ही है जो तुम्हें प्रातःकाल पांच बजे उठा देती है, अपने मस्तिष्क को ध्यान द्वारा संवारने के लिए या अपनी आत्मा का पोषण देने के लिए जंगल में घूमने देती है जबकि सर्दी के मौसम में आरामदायक बिस्तर तुम्हें अपनी ओर खींच रहा होता है। जब कोई अज्ञानी तुम्हारा अपमान कर देता है या कुछ ऐसा कर देता है जिससे तुम सहमत नहीं हो, तब इस इच्छाशक्ति के कारण ही तुम चुप रहते हो। यह इच्छाशक्ति ही है, जो तुम्हारे सपनों को आगे बढ़ाती है जब मुसीबतें अजेय दिखाई पड़ती हैं। यह इच्छाशक्ति ही है, जो तुम्हें दूसरों से किए गए अपने वादों को और शायद उससे भी अधिक महत्त्वपूर्ण है, अपने-आप से किए गए वादों को पूरा करने के लिए तुम्हें आंतरिक शक्ति प्रदान करती है।''

''क्या यह सचमुच इतनी महत्त्वपूर्ण है?''

''निश्चित रूप से बहुत ज्यादा, मेरे मित्र। यह प्रत्येक उस आदमी का जिसने अपने जीवन को उत्साह से, सम्भावना से और शान्ति से समृद्ध किया है, आवश्यक गुण है।''

जूलियन ने फिर अपने चोगे में हाथ डाला और एक चमकदार चांदी का लॉकेट बाहर निकाला। उसने कहा, ''इस तरह का लॉकेट तुम प्राचीन मिस्त्र से सम्बन्धित किसी संग्रहालय में प्रदर्शित वस्तुओं में देख सकते हो।''

''तुम्हें इसे नहीं रखना चाहिए,'' मैंने मजाक में कहा।

"सिवाना के सन्तों ने वहां उनके साथ मेरी अन्तिम सन्ध्या को यह उपहार में दिया था। एक परिवार के सदस्यों के बीच, जो सम्पूर्णता के साथ जीवन जी रहे थे, उनके साथ यह एक आनन्दपूर्ण प्यारा-सा उत्सव था। यह मेरे जीवन की सबसे महान और सबसे दुःखद रात्रि थी। मैं सिवाना का निर्वाण छोड़ना नहीं चाहता था। वह मेरी शरणस्थली थी। इस संसार में जो कुछ भी अच्छा है उस सबका नखलिस्तान। सन्त मेरे आध्यात्मिक भाई-बहन बन गए थे। उस शाम मैंने अपना एक भाग वहां हिमालय की ऊंचाई पर छोड़ दिया," जूलियन ने धीमी आवाज में कहा।

"लॉकेट में कौन-से शब्द खुदे हुए हैं?"

"यह मैं तुम्हें पढ़कर सुनाऊंगा। जॉन, इनको कभी मत भूलना। जब भी कठोर समय आया इन्होंने सचमुच मेरी मदद की है। मेरी ईश्वर से प्रार्थना है कि मुसीबत के समय में उनसे तुम्हें आराम मिले। वे कहते हैं –

"दृढ़ अनुशासन द्वारा तुम ऐसे चरित्र का निर्माण करोगे, जो साहस और शान्ति से समृद्ध होगा। इच्छाशक्ति के गुण द्वारा तुम जीवन के उच्चतम आदर्श तक निश्चित रूप से पहुंच जाओगे और एक स्वर्गीय भवन में रहोगे जो अच्छी, आनन्द प्रदान करनेवाली ऊर्जावान वस्तुओं से भरा होगा। उनके बिना तुम उस नाविक की तरह हो, जो कम्पास के बिना रास्ता भटक गया है, और अन्त में अपने जहाज के साथ डूब जाता है।"

"मैंने वास्तव में आत्मनियन्त्रण के महत्त्व के बारे में कभी भी नहीं सोचा, यद्यपि बहुत बार मैंने कामना की कि काश मेरे अन्दर और अधिक अनुशासन होता," मैंने स्वीकार किया। "क्या तुम यह कह रहे हो कि मैं वास्तव में अनुशासन का निर्माण कर सकता हूं, ठीक उसी तरह जिस तरह मेरा बीस वर्ष से कम आयु का पुत्र स्थानीय जिम में अपनी मांसपेशियां बना रहा है।"

"यह तुलना बहुत बढ़िया है। तुम अपनी इच्छाशक्ति को उसी

प्रकार दृढ़ करो जिस प्रकार तुम्हारा लड़का जिम में अपने शरीर को मजबूत बना रहा है। कोई भी व्यक्ति वर्तमान में कितना ही कमजोर और आलसी क्यों न हो, अपेक्षाकृत कम समय में अनुशासित हो सकता है। महात्मा गांधी एक अच्छा उदाहरण हैं। जब अधिकतम लोग इस आधुनिक सन्त के बारे में सोचते हैं, तो उन्हें एक ऐसे व्यक्ति की याद आती है, जो अपने लक्ष्यों की प्राप्ति के लिए कई सप्ताह बिना भोजन के रह सकते थे और अपने सिद्धान्तों के लिए भयंकर पीड़ा सहन कर सकते थे। लेकिन जब तुम महात्मा गांधी के जीवन का अध्ययन करोगे, तो तुम्हें पता चलेगा कि वह हमेशा आत्मनियन्त्रण के स्वामी नहीं थे।''

''तुम मुझसे यह तो नहीं कहनेवाले कि गांधी जी चॉकलेट खाने के बहुत अधिक आदि थे?''

''नहीं बिल्कुल नहीं जॉन। दक्षिण अफ्रीका में जब वह युवा वकील थे, उन्हें गुस्सा बहुत आता था और उनके लिए उपवास और ध्यान उतने ही अजनबी थे जितनी कि सफेद लंगोटी, जो आखिर में उनके बाद के वर्षों में उनकी व्यक्तिगत पहचान बन गई।''

''क्या तुम यह कह रहे हो कि प्रशिक्षण और तैयारी के सही मिश्रण से मैं महात्मा गांधी के समान इच्छाशक्ति प्राप्त कर लूंगा?''

''हर कोई भिन्न है। एक मूलभूत सिद्धान्त जो योगी रमन ने मुझे सिखाया वह यह था कि वास्तविक ज्ञान प्राप्त व्यक्ति कभी भी दूसरों के जैसे नहीं बनना चाहते। इसके बजाय वे अपने स्वयं के पहले रूप से महान बनना चाहते हैं। दूसरों के साथ मत दौड़ो। अपने खिलाफ दौड़ो,'' जूलियन ने उत्तर दिया।

''जब तुममें आत्मनियन्त्रण होता है, तो तुम वह सब-कुछ काम करने का निर्णय लेते हो, जो तुम हमेशा करना चाहते रहे हो। तुम्हारे लिए, यह गम्भीर समस्या से निपटने का, या तेज लहरों पर लट्ठों की नाव से यात्रा करने की कला में निपुणता प्राप्त करने का या वकालत छोड़कर कलाकार बनने का प्रशिक्षण हो सकता है। यह चाहे भौतिक

धन हो या आध्यात्मिक सम्पदा – जिसका भी तुम स्वप्न देख रहे हो – मैं तुम्हारा आलोचक नहीं बनूंगा। मैं तुम्हें सिर्फ इतना बता सकता हूं कि जब तुम अपनी इच्छाशक्ति के सुप्त भंडार को जगाओगे ये सभी चीजें तुम्हारी मुट्ठी में होंगी।''

जूलियन ने आगे कहा, ''अपने जीवन में आत्मनियन्त्रण और अनुशासन की भावना का निर्माण करने से तुम्हें जबर्दस्त स्वतन्त्रता की भावना अनुभव होगी। इसी से सबकुछ बदल जाएगा।''

''तुम्हारा क्या मतलब है?''

''बहुत से लोग स्वतन्त्र हैं। वे जहां जाना चाहें जा सकते हैं और जो कुछ करना चाहें कर सकते हैं। लेकिन बहुत अधिक संख्या में लोग अपनी भावनाओं के गुलाम भी हैं। वे क्रियाशील होने के बजाय प्रतिक्रियावादी हो गए हैं। तात्पर्य यह है कि वे समुद्र की लहरों के उस भाग की तरह हैं, जो चट्टानी तट पर टकराकर जिस दिशा में भी ज्वार ले जाए चले जाते हैं। यदि वे अपने परिवार के साथ समय बिता रहे होते हैं और कार्यस्थल से अगर उन्हें कोई परेशानी में बुलाए, तो वे गुस्से से पैर पटकते हुए दौड़े चले जाते हैं। कभी रुककर यह नहीं सोचते कि कौन–सा काम उनके जीवन के उद्देश्य के लिए ज्यादा जरूरी है। अतः जो कुछ मैंने जीवन में दोनों जगह पूर्व में और पश्चिम में देखा है उसके आधार पर मैं यही कहूंगा कि ऐसे लोगों के पास स्वतन्त्रता तो होती है लेकिन आजादी नहीं होती। उनके अर्थपूर्ण, ज्ञान प्राप्त जीवन में एक तत्त्व की कमी रहती है : वृक्षों से परे जंगल देखने की आजादी जैसी नकली दिखाई पड़नेवाली चीजों के बजाय जो सही है उसको चुनने की आजादी।''

मैं जूलियन से सहमत था। निश्चय ही मेरे पास शिकायत करने के लिए कुछ नहीं था। मेरा बड़ा परिवार था, एक आरामदायक घर था और अच्छा–खासा वकालत का पेशा था। लेकिन वास्तव में मैं यह नहीं कह सकता था कि मुझे आजादी प्राप्त हो गई थी। मेरा पेजर मेरी सीधी भुजा से जुड़ा सदा मेरे पास रहता था। मैं हमेशा दौड़ता

रहता था। मेरे पास कभी भी जैनी से प्यार की बातें करने का समय नहीं होता था और मेरे लिए निकट भविष्य में शान्त समय वैसे ही था जैसे – बोस्टन मैराथन जीतना। जितना अधिक मैंने इस बारे में सोचा, उतना ही अधिक मैंने जाना कि मैंने कभी भी सच्ची, सीमाहीन आजादी का अनुभव नहीं किया था। जब मैं छोटा था, मेरा अनुमान है कि मैं वास्तव में अपनी कमजोर भावनाओं का शिकार था। मैं हमेशा वही करता था, जो कोई मुझसे करने को कहता था।

"और इच्छाशक्ति मजबूत होने से क्या मुझे अधिक आजादी प्राप्त हो जाएगी?"

"आजादी एक घर की तरह है। तुम इसे एक-एक ईंट रखकर बनाते हो। पहली ईंट जो तुम लगाओ वह इच्छाशक्ति की हो। यह गुण तुम्हें किसी भी परिस्थिति में सही काम करने की प्रेरणा देता है। यह तुम्हें साहस के साथ काम करने की शक्ति देता है। यह तुम्हें अपनी कल्पनानुसार जीवन नियन्त्रित करने की शक्ति देता है बजाय तुम्हारा जीवन जैसा है उसे स्वीकार करने के।"

जूलियन ने और भी बहुत से व्यावहारिक लाभ बताए, जो अनुशासन का निर्माण करने से होंगे।

"विश्वास करो या न करो, अपनी इच्छाशक्ति का विकास करके तुम अपनी चिन्ता करने की आदत मिटा देते हो, अपने-आप को स्वस्थ रखते हो और पहले से कहीं अधिक ऊर्जावान बन जाते हो। तुमने देखा जॉन, आत्मनियन्त्रण, मानसिक नियन्त्रण के अलावा कुछ नहीं है। इच्छा मानसिक शक्तियों का राजा है। जब तुम दिमाग पर नियन्त्रण प्राप्त कर लेते हो, तो तुम अपने जीवन पर नियन्त्रण प्राप्त कर लेते हो। प्रत्येक विचार, जो तुम सोचते हो, उसको नियन्त्रित करने में समर्थ होने से मानसिक स्वामित्व प्रारम्भ होता है। जब तुममें इतनी क्षमता विकसित हो जाती है कि तुम सारे कमजोर विचारों का बहिष्कार कर सको और जो कुछ सकारात्मक और अच्छा है उस पर ध्यान केन्द्रित कर सको, तो अपने-आप सकारात्मक और अच्छे कार्य

होने लगेंगे। शीघ्र ही तुम जो कुछ भी सकारात्मक और सही है वह तुम अपने जीवन के लिए, आकर्षित करना प्रारम्भ कर दोगे।''

''मैं तुम्हें एक उदाहरण देता हूं। मान लेते हैं तुम्हारे व्यक्त्वि विकास के लक्ष्यों में से एक लक्ष्य हर रोज प्रातःकाल छः बजे उठने का है और तुम्हारे घर के पीछे जो बगीचा है उसके चारों और एक चक्कर लगाने का है। यह सर्दियों के बीच का मौसम है और तुम्हारी अलार्म घड़ी तुम्हें गहरी और आरामदायक नींद से उठाती है। तुम्हारे अन्दर पहला भाव यह उठता है कि बोलनेवाला बटन बन्द कर दिया जाए और वापस नींद के आगोश में लौटा जाए। यह व्यायाम करने का काम कल से शुरू किया जाए। यही क्रम कुछ दिनों तक चलता है। फिर तुम यह निश्चय करते हो कि तुम इतने वृद्ध हो गए हो कि अब अपना रंग-ढंग बदल नहीं सकते और शारीरिक स्वास्थ्य ठीक करने का लक्ष्य बहुत ही अव्यावहारिक था।''

''तुम मुझे बहुत अच्छी तरह से जानते हो,'' मैंने गम्भीरतापूर्वक कहा।

''आओ, अब इसके दूसरे पक्ष पर विचार करते हैं। बहुत अधिक ठंड पड़ रही है। अलार्म बजकर बन्द हो जाता है और तुम बिस्तर पर रुकने के बारे में सोचने लगते हो। लेकिन अपनी पुरानी आदतों का गुलाम बने रहने के बजाय तुम उन्हें अधिक शक्तिशाली विचारों से चुनौती देते हो। तुम अपने मानस पटल पर अपनी फोटो देखने लगते हो कि जब तुम पूरी तरह ठीक शेप में आ जाओगे तो कैसे दिखाई दोगे, कैसा अनुभव करोगे और कैसे काम करोगे। तुम ऑफिस में अपने साथ काम करनेवालों द्वारा अपनी तारीफ में कहे हुए प्रशंसा के शब्द सुनते हो जब तुम मन्द गति से अपने आकर्षक छरहरे बदन में उनके पास से गुजरते हो। तुम अपना ध्यान उन कामों पर केन्द्रित करते हो, जिनको उस बढ़ी हुई ऊर्जा से पूरा कर सकोगे, जो नियमित व्यायाम कार्यक्रम से तुम्हें प्राप्त होगी। अब टेलीविजन के सामने रात नहीं गुजारनी पड़ेगी क्योंकि पूरे दिन कचहरी में काम

करके तुम्हें थकान नहीं होगी, बल्कि अब तुम्हारे दिन शक्ति, उत्साह और महत्त्व से भर गए हैं।''

''लेकिन, मैं यह बात कह रहा हूं कि मैं अभी भी सोने के लिए जाना पसन्द करूंगा बजाय दौड़ने के।''

''शुरू में, पहले कुछ दिनों में यह थोड़ा मुश्किल होगा और तुम अपनी पुरानी आदतों को फिर अपनाना चाहोगे। लेकिन योगी रमन का विशेषतौर से एक समयातीत सिद्धान्त में दृढ़विश्वास था – सकारात्मक हमेशा नकारात्मक पर विजयी होता है। इसलिए यदि तुम उन कमजोर विचारों के प्रति युद्ध जारी रखो, जो चुपचाप तुम्हारे मस्तिष्करूपी महल में वर्षों से घुसे बैठे हैं, तो अन्त में वे समझ जाएंगे कि वे वहां अवांछित हैं और उन आगन्तुकों की तरह छोड़कर चले जाएंगे, जो यह जानते हैं कि उनका स्वागत नहीं किया जाएगा।''

''तुम मुझसे यह कहना चाहते हो कि विचार शारीरिक चीज हैं?''

''हां, और वे पूरी तरह तुम्हारे नियत्रन्ण में रहते हैं। सकारात्मक विचारों को सोचना भी उतना ही आसान है जितना नकारात्मक विचारों को।''

''फिर इस संसार में इतने लोग दुःखी क्यों हैं और वे नकारात्मक विचारों पर ही अपना ध्यान केन्द्रित क्यों करते हैं?''

''क्योंकि उनको आत्मनियन्त्रण और अनुशासित सोच की कला नहीं आती। अधिकांश व्यक्तियों को जिनके बारे में मैं बात कर रहा हूं यह पता नहीं होता कि उनमें हर विचार को नियन्त्रित करने की शक्ति है, जो वे प्रत्येक दिन के हर मिनट के हर क्षण सोचते हैं। उनका विश्वास है कि विचार अपने-आप ही आ जाते हैं और उन्होंने यह कभी अनुभव नहीं किया कि यदि तुम अपने विचारों को नियन्त्रित करना आरम्भ नहीं करोगे, तो वे तुम्हें नियन्त्रित कर लेंगे। जब तुम सिर्फ अच्छे विचारों पर ध्यान केन्द्रित करना प्रारम्भ करते हो और अपनी इच्छाशक्ति से बुरे विचारों को सोचना बन्द कर देते हो, मैं तुमसे वादा करता हूं कि वे बहुत शीघ्र ही सूखकर झड़ जाएंगे।''

"इसलिए, यदि मैं आन्तरिक शक्ति रखना चाहता हूं। प्रातःकाल जल्दी उठने के लिए, कम खाने के लिए, अधिक पढ़ने के लिए, कम चिन्ता करने के लिए, अधिक धैर्यवान बनने के लिए और अधिक प्रिय बनने के लिए, तो जो कुछ मुझे करना है वह यह है कि मेरी इच्छाशक्ति मेरे विचारों को शुद्ध करने का प्रयास करे।"

"जब तुम अपने विचारों को वश में करते हो, तो तुम्हारा मन वश में हो जाता है। जब तुम अपना मन वश में रखते हो, तो तुम्हारा जीवन तुम्हारे वश में हो जाता है। और एक बार जब तुम अपने जीवन को पूर्णतया वश में करने की स्थिति में पहुंच जाते हो, तो तुम अपने भाग्य के निर्माता बन जाते हो।"

मुझे यह सब सुनने की आवश्यकता थी। इस अद्‌भुत किन्तु प्रेरणास्पद सन्ध्या को मैं एक नास्तिक और एक प्रसिद्ध वकील, जो संन्यासी बन गया था, को ध्यानपूर्वक परखते हुए सुन रहा था जो अब पूरी तरह एक आस्तिक बन गया था, जिसकी आंखें वर्षों में प्रथम बार खुली हैं। काश जैनी भी यह सब सुन पाती। वास्तव में मैं चाहता था कि मेरे बच्चे भी इन ज्ञान की बातों को सुनते। मैं जानता हूं यह उन पर भी उतना ही प्रभाव डालता जितना इसने मेरे ऊपर डाला है। मैं हमेशा परिवार में बेहतर इंसान बनने की और अधिक पूर्णता के साथ जीने की योजना बनाता था, लेकिन मैंने हमेशा देखा कि मैं इतना अधिक व्यस्त था कि जीवन की छोटी-छोटी खुशियों की ओर ध्यान नहीं दे पाता था। सब इतना बनावटी प्रतीत होता था। हो सकता है यह कमजोरी हो, आत्मनियन्त्रण की कमी हो। एक अक्षमता वृक्षों के लिए जंगल की ओर देखने की। शायद जीवन बहुत तेज गति से चल रहा था। कल की-सी बात लगती थी जब मैं कानून का एक युवा विद्यार्थी था, ऊर्जा और उत्साह से भरा हुआ। मैं तब एक राजनीतिक नेता या सुप्रीम कोर्ट का जज बनने का सपना देखा करता था। लेकिन जैसे-जैसे समय बीतता गया, मैं एक रुटीन में बंध गया। अहंकारी वकील होते हुए भी जूलियन मुझसे कहा करता था, 'यह सन्तोषमारक

है।' जितना अधिक मैंने इसके बारे में सोचा उतना ही अधिक मुझे ज्ञात हुआ कि मैं अपनी प्रबल अभिलाषा खो चुका था। यह अभिलाषा एक बड़े मकान या किसी तेज चलनेवाली गाड़ी के लिए नहीं थी। यह बहुत गहन अभिलाषा थी। यह तीव्र अभिलाषा अधिक महत्त्वपूर्ण, अधिक आनन्द मंगलमय एवम् अधिक सन्तोषपूर्ण जीवन जीने की थी।

मैं दिवास्वप्न देखने लगा जबकि जूलियन ने अपनी परिचर्चा जारी रखी। यह भूलकर कि वह क्या कह रहा है, मैंने पहले अपने-आप को पचास वर्ष के व्यक्ति के रूप में देखा और फिर साठ वर्ष के बूढ़े के रूप में। क्या मैं अपने जीवन के उस मोड़ पर भी यही काम करता रहूंगा? उन्हीं लोगों के साथ, उन्हीं संघर्षों का सामना करते हुए? मुझे इस बात से डर लगने लगा। मैं हमेशा संसार के लिए किसी-न-किसी प्रकार कुछ करना चाहता था और मैं निश्चित रूप से इस समय ऐसा कुछ नहीं कर रहा था। मैं सोचता हूं कि इसी क्षण, जूलियन के बराबर में जुलाई की चिपचिपी रात में अपने लिविंग रूम के फर्श पर बैठे हुए, मुझ में परिवर्तन हो गया। जापानी लोग इसे 'सटोरी' कहते हैं जिसका अर्थ है 'तुरन्त जागृति,' और वास्तव में ठीक यही हुआ। मैंने अपने सपनों को पूरा करने का और अपने जीवन को बेहतर बनाने का निर्णय किया। मैंने पहली बार वास्तविक आजादी का सुख अनुभव किया। यह आजादी तब आती है जब तुम हमेशा के लिए अपने जीवन का और इसको बनानेवाले सभी आवश्यक तत्त्वों का उत्तरदायित्व संभाल लेते हो।

"मैं तुम्हें इच्छाशक्ति का विकास करने के लिए एक सूत्र बताऊंगा," जूलियन ने कहा, जिसे मेरे आन्तरिक रूपान्तरण का, जो मैंने अभी-अभी अनुभव किया था, कुछ पता नहीं था। "ज्ञान अपने प्रयोग में आनेवाले उचित साधनों के बिना कोई ज्ञान नहीं है।"

उसने परिचर्चा जारी रखते हुए कहा, "प्रतिदिन जब तुम काम करने जाओ, मैं चाहूंगा कि तुम कुछ साधारण शब्दों को बार-बार दोहराओ।"

"क्या यह उनमें से कोई मन्त्र है, जिनके बारे में तुमने मुझे पहले बताया है?" मैंने पूछा।

"हां, यह उन्हीं में से एक है। यह वह मन्त्र है, जो पांच हजार वर्षों से भी अधिक समय से अस्तित्व में है, यद्यपि इसके बारे में सिर्फ सिवाना के सन्तों के छोटे-से समुदाय को जानकारी है। योगी रमन ने मुझे बताया कि इसको बार-बार दोहराने से बहुत थोड़े समय में ही मेरे अन्दर आत्म-नियन्त्रण और अजेय इच्छाशक्ति का विकास हो जाएगा। याद रखो, शब्द बहुत प्रभावशाली होते हैं। शब्दशक्ति के वाचिक प्रतीक हैं। अपने मस्तिष्क को आशावादी शब्दों से भरकर तुम आशावादी हो जाते हो। अपने मस्तिक को दयालुता के शब्दों से भर कर तुम दयालु हो जाते हो। अपने मस्तिष्क को साहसपूर्ण शब्दों से भरकर तुम साहसी हो जाते हो। शब्दों में शक्ति होती है," जूलियन ने कहा।

"ठीक है। मैं ध्यानपूर्वक सुन रहा हूं।"

"इस मन्त्र को जो मैं तुम्हें बताने जा रहा हूं, तुम्हें कम-से-कम प्रतिदिन तीस बार दोहराना चाहिए, 'मैं जो दिखाई देता हूं, उससे कहीं अधिक हूं। सारे संसार की ताकत और शक्ति मेरें अन्दर समाई हुई है।' इससे तुम्हारे जीवन में महान परिवर्तन आएगा। इस मन्त्र के शीघ्रगामी परिणाम के लिए इस मन्त्र के साथ-साथ क्रियाशील कल्पनादर्शन करो, जिसके बारे में मैं पहले बता चुका हूं। उदाहरण के लिए एक शान्त स्थान पर जाओ। अपनी आंखें बन्द करके बैठ जाओ। अपने मन को भटकने मत दो। शरीर को स्थिर रखो, क्योंकि एक कमजोर दिमाग का निश्चित लक्षण है कि शरीर स्थिर नहीं रह सकता। अब जोर-जोर से इस मन्त्र का बार-बार उच्चारण करो। जब तुम ऐसा कर रहे हो, अपने-आपकी एक अनुशासित, दृढ़ व्यक्ति के रूप में, जिसका मन, शरीर और आत्मा उसके पूर्ण नियन्त्रण में है, कल्पना करो। एक चुनौतीपूर्ण परिस्थिति में महात्मा गांधी या मदर टेरेसा किस प्रकार काम करते उस प्रकार करतें हुए तुम अपने-आपको

मानस–पटल पर देखो। तुम्हें निश्चित रूप से आश्चर्यजनक परिणाम मिलने लगेंगे,'' उसने वादा किया।

''क्या ऐसा है?'' इस फार्मूले की प्रत्यक्ष सादगी से चकित होकर मैंने पूछा। ''मैं इस साधारण व्यायाम से अपनी इच्छाशक्ति के सुरक्षित भंडार को प्राप्त कर सकता हूं?''

''यह तकनीक शताब्दियों से पूर्व के आध्यात्मिक गुरुओं द्वारा शिष्यों को सिखाई जाती रही है। यह आज भी एक कारण से प्रासंगिक हैं : क्योंकि यह काम करती है। हमेशा की तरह परिणाम से आंकलन करो। यदि तुम रुचि रखते हो, तो तुम्हारी इच्छाशक्ति की ताकत बढ़ाने के लिए और आंतरिक अनुशासन विकसित करने के लिए मैं तुम्हें कुछ दूसरे अभ्यास भी बता सकता हूं। लेकिन मैं तुम्हें सचेत कर दूं कि वे तुम्हें पहली नज़र में अजीब प्रतीत होंगे।''

''ओह जूलियन, मैं जो कुछ सुन रहा हूं उससे मन्त्रमुग्ध हो गया हूं। उपदेश देना जारी रखो। अब रुको मत।''

''ठीक है। पहला काम तो यह है कि जो काम तुम नहीं करना चाहते उनको करना प्रारम्भ करो। तुम्हारे लिए यह काम इतना साधारण–सा हो सकता है जैसे कि अपना बिस्तर बिछाना अथवा काम पर गाड़ी चलाकर जाने के बजाय पैदल जाना। अपनी इच्छा से प्रयत्न करने की आदत डालकर तुम अपनी कमजोर भावनाओं के गुलाम नहीं रहोगे।''

''इसका उपयोग करो या समाप्त कर दो?''

''बिल्कुल ठीक। इच्छाशक्ति का और आंतरिक ताकत का निर्माण करने के लिए तुम्हें पहले इसका उपयोग करना चाहिए। जितना अधिक तुम आत्मानुशासन के भ्रूण को पोषण दोगे उतनी ही जल्दी यह परिपक्व होकर तुम्हें तुम्हारे अभिवांछित परिणाम देगा। दूसरा अभ्यास योगी रमन को बहुत प्रिय था। वह पूरे दिन बिना बोले व्यतीत करते थे सिवाय सीधा प्रश्न करने पर उत्तर देने के।''

''मौन प्रतिज्ञा के समान?''

"वास्तव में यह बिल्कुल वही है, जॉन। तिब्बत के सन्तों ने इस अभ्यास को लोकप्रिय बनाया। उनका विश्वास था कि एक निर्धारित समय की अवधि तक चुप रहने से अनुशासन बढ़ाने में प्रभाव पड़ता है।"

"लेकिन किस प्रकार?"

"बुनियादी तौर पर, एक दिन का मौन रखकर तुम अपनी इच्छाशक्ति को अपने आदेश पर काम करने के लिए तैयार करते हो। हर बार जब भी बोलने का मन करता है, तुम तुरन्त इस भावना को दबा देते हो और चुप रहते हो। देखो, तुम्हारी इच्छा का अपना मन नहीं होता। यह तुम्हारे निर्देशों की प्रतीक्षा करती है और उनके अनुसार काम करती है। जितना अधिक तुम इसको अपने वश में करोगे, यह उतनी ही अधिक शक्तिशाली हो जाएगी। समस्या यह है कि अधिकांश लोग अपनी इच्छाशक्ति का प्रयोग नहीं करते।"

"ऐसा क्यों है?" मैंने पूछा।

"शायद इसलिए कि अधिकांश लोग यह विश्वास करते हैं कि उनकी कोई इच्छा नहीं है। वे हर किसी पर और हर चीज पर सिवाय अपने, इस प्रत्यक्ष कमजोरी के लिए दोषारोपण करते हैं। जिनका स्वभाव दुष्ट होगा वे तुमसे कहेंगे, 'मैं कुछ नहीं कर सकता, मेरे पिताजी भी ऐसे ही करते थे।' जिनको बहुत अधिक चिन्ता करने की आदत है वे तुमसे कहेंगे, 'यह मेरा दोष नहीं है, मेरा काम बहुत दबाववाला है।' जो बहुत अधिक सोते हैं वे कहेंगे, 'मैं क्या कर सकता हूं? मेरे शरीर को एक रात में दस घंटे सोने की आवश्यकता है।' ऐसे लोगों में आत्मदायित्व की कमी होती है, जो उस असाधारण क्षमता के बारे में जानकर आती है। यह असाधारण क्षमता हममें से प्रत्येक के अन्दर इस प्रतीक्षा में रहती है कि उसको प्रेरित करके कब काम में लाया जाए। जब तुम प्रकृति के समयातीत नियमों के बारे में जान जाते हो वे नियम जो ब्रह्मांड और उसके अन्दर जो भी कुछ है, उसका संचालन करते हैं, तो तुम यह भी जान जाओगे कि यह तुम्हारा जन्मसिद्ध अधिकार है कि तुम वह सब-कुछ बन जाओ जो

बन सकते हो। तुममें अपने वातावरण से अधिक शक्ति होती है। तुममें अपने अतीत के कैदी बनने के बजाय बहुत कुछ बनने की क्षमता होती है। ऐसा करने के लिए तुम्हें अपनी इच्छा का स्वामी बनना चाहिए।''

''मुश्किल प्रतीत होता है।''

''वास्तव में, यह बहुत ही व्यावहारिक धारणा है। कल्पना करो कि यदि तुम्हारी इच्छाशक्ति दोगुनी या तिगुनी हो जाए जितनी कि अब वर्तमान में है, तो तुम क्या करोगे। तुम वह अभ्यास शुरू कर सकते हो जिसे तुम आरम्भ करने के बारे में स्वप्न देखते थे; तुम अपने समय का निपुणता के साथ सदुपयोग कर सकते हो; तुम अपनी चिन्ता की आदत को हमेशा के लिए मिटा सकते हो; या तुम आदर्श पति बन सकते हो। अपनी इच्छाशक्ति का प्रयोग तुम अपने में प्रेरणा और ऊर्जा प्रज्ज्वलित करने में कर सकते हो, जिसके बारे में तुम कहने लगे थे कि तुम खो चुके हो। ध्यान देने के लिए यह बहुत महत्त्वपूर्ण क्षेत्र है।''

''इसलिए, आधारभूत बात यह है कि अपनी इच्छाशक्ति को नियमित रूप से प्रयोग करना प्रारम्भ करना है?''

''हां, उन कामों को करने का निश्चय करो जो तुम्हें करने चाहिए थे बजाय जरा भी विरोध के मार्ग पर आगे बढ़ने के। अपनी बुरी आदतों और कमजोर भावनाओं के गुरुत्वाकर्षण के बल से लड़ना आरम्भ करो। ठीक उसी प्रकार जिस प्रकार एक राकेट पृथ्वी के गुरुत्वाकर्षण से ऊपर उठकर अंतरिक्ष के क्षेत्र में प्रवेश कर जाता है। दंड लगाओ। जरा देखो कुछ सप्ताहों में ही कितना अन्तर आता है।''

''क्या इसमें मन्त्र मददगार साबित होंगे?''

''हां, जो मन्त्र मैंने तुम्हें दिया है उसे अपने दैनिक अभ्यास के साथ रोज दोहराना, तो तुम वैसे बन जाओगे जैसे तुम बनने की इच्छा रखते हो। अनुशासन तुम्हें विशाल रूप से साहस देगा। यह तुम्हें तुम्हारे सपनों से जोड़ देगा। तुम्हें अपने संसार को एक ही दिन में बदलने की जरूरत नहीं है। धीरे-धीरे शुरुआत करो। हजारों मील

लम्बी यात्रा भी हमेशा पहले कदम से शुरू होती है। हम एक-एक अवस्था को प्राप्त करते हुए विशालता को प्राप्त करते हैं। अपने-आप को एक घंटा जल्दी उठने के लिए प्रेरित करो यह आदत आपमें आत्मविश्वास उजागर करेगी, खुद को ऊंचा उठने के लिए प्रेरित करो।''

''मुझे इसमें सम्बन्ध दिखाई नहीं देता,'' मैंने स्वीकार किया।

''छोटी विजयों को प्राप्त करने से बड़ी विजय प्राप्त होती है। तुम्हें बड़ा लक्ष्य प्राप्त करने के लिए छोटी बातों से शुरुआत करनी चाहिए। हर दिन प्रातःकाल जल्दी उठने के साधारण से निर्णय का पालन करने से तुम्हें वह सुख और सन्तुष्टि प्राप्त होगी, जो किसी भी उपलब्धि से प्राप्त हो सकती है। यह अच्छा लगता है। तरकीब यह है कि अपने आदर्शों को निरन्तर ऊंचा उठाने के निशान ऊंचा और ऊंचा लगाते जाओ। तब यह चमत्कारपूर्ण गति प्रदान करेगा जो तुम्हें तुम्हारी अनन्त क्षमता को खोजने में तुम्हें क्रियाशील बनाएगा। क्या तुम्हें स्कीईंग पसन्द है?''

''हां मुझे स्कीईंग करना पसन्द है,'' मैंने उत्तर दिया। ''जैनी और मैं बच्चों को पर्वतों पर ले जाते हैं जब भी सम्भव होता है, ऐसा वैसे बहुत अधिक नहीं हो पाता, जिससे जैनी को काफी निराशा होती है।''

''ठीक है। जरा सोचो स्की पहाड़ी की चोटी से आगे धकेलना कैसा लगता है। पहले तुम धीरे-धीरे आरम्भ करते हो। लेकिन एक मिनट के अन्दर ही तुम पहाड़ी से नीचे की ओर उड़ान भरने लगते हो मानो कोई कल है ही नहीं। सही बात है?''

''मुझे निन्जा स्कीइर कहकर पुकारो। मुझे तेज गति पसन्द है।

''तुम इतना तेज क्यों चलते हो?''

''मेरे शरीर की बनावट वायुगति के अनुकूल है।'' मैंने जल्दी से उत्तर दिया।

''अच्छी कोशिश है,'' जूलियन हंसने लगा।

'' 'गति' उत्तर है जो मैं ढूंढ़ रहा हूं। गति आत्मानुशासन निर्मित करने का एक गुप्त तत्त्व है। जैसा कि मैंने कहा तुम छोटी बातों से

शुरुआत करो, चाहे उसका तात्पर्य प्रातःकाल रोज थोड़ा जल्दी उठने से हो, हर रात अपने ब्लॉक के चारों ओर घूमने से हो या जब काफी देर हो जाए तो अपने-आपको टेलीविजन ऑफ करने का प्रशिक्षण देने से हो। ये छोटी-छोटी जीत वह आवेग निर्मित करती हैं जो तुम्हें तुम्हारे उच्चतम स्वरूप के मार्ग पर ले जाने के लिए बड़े कदम उठाने के लिए प्रेरित करते हैं। शीघ्र ही तुम वह काम कर रहे होते हो, जिसे तुम कभी नहीं जानते थे कि कर पाओगे, उस शक्ति और ऊर्जा के साथ जिसके बारे में तुमने कभी नहीं सोचा था कि वह तुम्हारे पास है। यह एक आनन्दपूर्ण प्रक्रिया है, जॉन, यह वास्तव में हैं। और योगी रमन की जादुई कहानी का गुलाबी तारवाला केबिल हमेशा तुम्हें तुम्हारी इच्छा की शक्ति की याद दिलाएगा।''

जैसे ही जूलियन ने अनुशासन के विषय पर अपने विचार प्रकट करने समाप्त किए, मैंने सूर्य की प्रथम किरणों को लिविंग रूम में झांकते हुए देखा। उन्होंने अंधकार ऐसे दूर कर दिया था जैसे कि एक बालक अवांछित बैड कवर को हटा देता है। 'यह एक महान दिन होगा,' मैंने सोचा। 'मेरे बाकी जीवन का पहला दिन।'

अध्याय 10

क्रिया विधि का सार • जूलियन का ज्ञान संक्षेप में

प्रतीक

सद्गुण

- अनुशासन के साथ रहो।

ज्ञान

- अनुशासन का निर्माण निरन्तर छोटे–छोटे साहसपूर्ण काम करके किया जाता है
- जितना अधिक तुम अनुशासन के भ्रूण को पोषण दोगे उतना ही यह परिपक्व होगा
- इच्छाशक्ति पूर्ण तथा यथार्थ जीवन का आवश्यक गुण है।

तकनीक

- मन्त्र/क्रियाशील कल्पना–दर्शन
- मौन प्रतिज्ञा।

उद्धरण योग्य कथन

- कमजोर विचारों के साथ, जो तुम्हारे मस्तिष्क रूपी महल में रेंग आए हैं, युद्ध करो। वे जान जाएंगे कि वे अवांछित हैं और तिरस्कृत आगन्तुक की तरह चले जाएंगे।

अध्याय 11

•••

आपकी सबसे बहुमूल्य वस्तु

सुनियोजित समय सुनियोजित मस्तिष्क का प्रतीक है।

–सर ईजाक पिटमैन

"तुम जानते हो जीवन के बारे में हास्यजनक क्या है?" जूलियन ने मुझसे पूछा।

"मुझे बताओ।"

"अधिकांश लोगों को जब तक यह पता चलता है कि वे क्या चाहते हैं और उसे किस प्रकार प्राप्त कर सकते हैं, आमतौर पर बहुत देर हो चुकी होती है। यह कहावत कितनी सच है, 'काश जवानी समझ पाती, काश बुढ़ापा कर पाता'।"

"क्या योगी रमन की शिक्षाप्रद कहानी में दीवार घड़ी इसी तथ्य की ओर संकेत करती है?"

"हां, नंगा नौ फुट लम्बा, नौ सौ पौंड का सूमो पहलवान गुलाबी तारों के केबिल से अपने गुप्त अंगों को ढके हुए एक सोने की चमकदार दीवार घड़ी पर फिसलकर गिर जाता है। जिसे कोई उस सुन्दर बगीचे में छोड़ गया है।" जूलियन ने मुझे याद दिलाया।

"मैं कैसे भूल सकता हूं," मैंने खी-खी करते हुए कहा।

तब तक मैं जान गया था कि योगी रमन की रहस्यवादी कहानी स्मृति की शृंखलाओं के अलावा कुछ नहीं थी, जो जूलियन को ज्ञान प्राप्त जीवन जीने के प्राचीन दर्शन शास्त्र के तत्त्वों को सिखाने के लिए और उसे याद रखने के लिए तैयार की गई थी। मैंने अपनी बात उसे बताई।

"आहा एक वकील की छठी इन्द्रिय। तुम बिल्कुल ठीक कह रहे हो। मेरे बुद्धिमान् गुरु की विधियां प्रारम्भ में अजनबी प्रतीत हुईं और मैंने उनकी कहानी के महत्त्व को समझने का प्रयास किया ठीक़ उसी प्रकार जिस प्रकार तुम आश्चर्यचकित हो रहे थे, जब मैंने तुम्हें पहले–पहल बताया था। लेकिन मैं तुम्हें बताना चाहता हूं, जॉन, कि इस कहानी के सातों तत्त्व बगीचे और नंगे सूमो पहलवान से लेकर पीले गुलाब के पुष्पों और हीरे जड़ित मार्ग तक, जो अब मेरी समझ में आ गए हैं, सिवाना में जो ज्ञान मैंने प्राप्त किया उसकी सशक्त ढंग से याद दिलाते हैं। बगीचे से मेरा ध्यान प्रेरणास्पद विचारों पर केन्द्रित रहता है, प्रकाश घर (लाईट हाउस) मुझे इस तथ्य का स्मरण कराता है कि जीवन का उद्देश्य ही उद्देश्यपूर्ण जीवन है। सूमो पहलवान निरन्तर आत्मविश्लेषण पर मेरा ध्यान केन्द्रित करता है, जबकि गुलाबी तारों का केबल इच्छा–शक्ति से सम्बद्ध करता है। एक भी दिन इस कहानी के बारे में सोचे बिना तथा योगी रमन द्वारा सिखाए गए सिद्धान्तों के बारे में विचार किए बिना नहीं गुजरता।"

"और चमकदार सोने की स्टॉप वाच किस चीज का सही प्रतिनिधित्व करती है?"

"यह हमारी सबसे महत्त्वपूर्ण वस्तु 'समय' का प्रतीक है।"

"निश्चयात्मक सोच, लक्ष्य निर्धारण और आत्मनियन्त्रण का क्या महत्त्व है?"

"समय के बिना उनका कोई अर्थ नहीं है। सिवाना की आनन्ददायक वनस्थली को अपना अस्थायी निवास बनाने के छः माह पश्चात् गुलाब के पुष्पों से निर्मित अपनी कुटिया में, एक दिन जब मैं अध्ययन कर रहा था एक सन्त का आगमन हुआ। उस सन्त का नाम दिव्या था। वह गजब की सुन्दर स्त्री थी। उसके बाल एकदम काले थे जो उसकी कमर के नीचे तक फैले हुए थे। उसने बहुत ही विनम्र और मधुर आवाज में बताया कि उस गुप्त पहाड़ी निवास स्थान की वह सबसे छोटी सन्त थी। उसने मुझे यह भी बताया कि वह मेरे गुरु

योगी रमन के निर्देश पर आई थी, जिन्होंने उसे बताया था कि मैं उनका सर्वोत्तम विद्यार्थी था। हो सकता है जो पीड़ा तुमने अपने पिछले जीवन में बर्दाश्त की है, उसी के कारण तुमने हमारे ज्ञान को हृदय से स्वीकार किया है।

''अपने समुदाय में सबसे छोटी होने के कारण मुझसे तुम्हें यह उपहार देने के लिए कहा गया। यह हम सबकी तरफ से हैं और इसे हम तुम्हें सम्मान के प्रतीक के स्वरूप में दे रहे हैं। तुमने हमारे सिद्धान्त सीखने के लिए इतनी दूर की यात्रा की है। किसी भी बात पर न तो तुमने हमारी निन्दा की है और न ही हमारी परम्पराओं की हंसी उड़ाई है। इसलिए यद्यपि तुम हमें कुछ ही सप्ताहों में छोड़कर जाने का निर्णय कर चुके हो, हम तुम्हें अपने में से ही एक समझते हैं। किसी भी बाहरी व्यक्ति को वह नहीं मिला है, जो मैं तुम्हें देनेवाली हूं।''

''उपहार क्या था?'' मैंने अधीर होकर पूछा।

''दिव्या ने हाथ से कते हुए सूत से बने हुए थैले में से कोई वस्तु निकाली और मुझे दे दी। किसी प्रकार के कागज के सुगन्धित कवर में लिपटी हुई कोई चीज थी जिसके बारे में मैंने कभी नहीं सोचा था कि मैं लाखों वर्षों में भी इसे वहां देख पाऊंगा। यह छोटी-सी घंटा घड़ी थी जो शुद्ध शीशे और चन्दन के एक छोटे-से टुकड़े से बनी थी। मेरी भावाभिव्यक्ति देखकर, दिव्या ने मुझे तुरन्त बताया कि प्रत्येक सन्त को बचपन में यह यन्त्र प्राप्त हुआ था। 'यद्यपि हमारे पास कोई सम्पत्ति नहीं है और हम पवित्र, सादा जीवन जीते हैं, हम समय का सम्मान करते हैं और इसका गुजरना नोट करते हैं। ये छोटी-छोटी घंटा घड़ियां हमें नित्य हमारी मरणाशीलता की याद दिलाती हैं और अपने उद्देश्यों की पूर्ति के लिए आगे बढ़ने और समयपूर्ण उत्पादक जीवन जीने का महत्त्व बताती हैं।' ''

''हिमालय पर्वत की ऊंचाइयों पर भी ये सन्त समय का ध्यान रखते थे?''

"उनमें से प्रत्येक समय का महत्त्व समझता था। वे सभी समय के प्रति बहुत जागरुक थे। तुम्हें पता है, मैं जान गया था कि समय हमारे हाथों से रेत के कणों की तरह फिसलता है, कभी वापस न आने के लिए। जो लोग समय का शुरू से सदुपयोग करते हैं वे प्रतिफल स्वरूप सम्पन्न, उत्पादक और सन्तुष्ट जीवन जीते हैं। जो लोग इस सिद्धान्त को नहीं जानते कि 'समय पर नियन्त्रण ही जीवन पर नियन्त्रण' होता है वे कभी भी विशाल मानवीय क्षमता को नहीं जान पाएंगे। समय एक महान समतावादी है। चाहे हम विशेष सुविधा प्राप्त हों या परिस्थितियां हमारे प्रतिकूल हों, चाहे हम टेक्सास में रहें या टोक्यो में, हम सबको चौबीस घंटे का ही दिन प्रदान किया गया है। उन व्यक्तियों को जो असाधारण जीवन का निर्माण करते हैं, असफल व्यक्तियों से जो चीज पृथक करती है, वह उनका समय का सदुपयोग करने का तरीका ही है।"

"एक बार मैंने अपने पिता को कहते हुए सुना था कि सबसे अधिक व्यस्त व्यक्तियों के पास ही खाली समय होता है। तुम इस बात से क्या समझते हो?"

"मैं पूरी तरह सहमत हूं। व्यस्त, उत्पादनशील व्यक्ति समय का सदुपयोग करने में अत्यन्त निपुण होते हैं – टिके रहने के लिए उनका ऐसा करना आवश्यक है। समय का कुशल प्रबन्धक होने का यह तात्पर्य नहीं है कि आपको काम करने का नशा हो जाए। इसके विपरीत समय पर नियन्त्रण होने से तुम जीवन में वह सब काम कर पाते हो जो तुम करना चाहते हो और जो तुम्हारे लिए बहुत महत्त्व रखते हैं। समय को ठीक से प्रयोग करो। याद रखो, यह लौटकर दोबारा नहीं आता।

"मैं तुम्हें एक उदाहरण देता हूं," जूलियन ने कहा। "अच्छा मानो सोमवार की सुबह है और तुम्हारी समय-सारिणी, मिलने के समय, मीटिंग्स और कचहरी में उपस्थित होने के कार्यक्रम से भरी हुई है। हमेशा की तरह प्रातःकाल साढ़े छः बजे उठने, एक कप जावा

निगलने, तेज गति से काम करने और फिर सारा दिन झपटकर काम करने के दबाव में बिताने के स्थान पर, यदि तुमने एक दिन पूर्व पन्द्रह मिनट का समय काश अपने दिन को सुनियोजित करने में दिया होता या और भी अधिक प्रभावपूर्ण होने के लिए – तुमने शान्त रविवार के दिन अपना एक घंटा पूरे सप्ताह की योजना बनाने में लगाया होता। अपनी दैनिक समय-सारिणी में तुमने लिख लिया होता कि कब तुम अपने मुवक्किलों से मिलोगे, कब तुम कानूनी नुक्ते ढूंढ़ोगे, और कब टेलीफोन काल्स का उत्तर दोगे। सबसे अधिक महत्त्वपूर्ण यह होता कि तुमने अपनी समय-सारिणी में पूरे सप्ताह के व्यक्तिगत, सामाजिक और आध्यात्मिक विकास के लक्ष्यों को भी लिख लिया होता। यह साधारण काम सन्तुलित जीवन का रहस्य है। अपनी दैनिक समय-सारिणी में अपने जीवन के सभी अत्यन्त महत्त्वपूर्ण पहलुओं के बारे में लिखने से तुम इस बात से निश्चिन्त हो जाते हो कि तुम्हारे सप्ताह में और तुम्हारे जीवन में महत्त्व और शान्ति की भावना है।''

''निश्चय ही तुम यह सुझाव देने नहीं जा रहे हो कि मैं काम से व्यस्त अपने दिन में से कुछ समय निकालकर पार्क में घूमने अथवा ध्यान करने चला जाऊं?''

''हां, मैं निश्चित रूप से यही कहने जा रहा हूं। तुम इतने अधिक रूढ़िवादी क्यों हो? तुम ऐसा क्यों सोचते हो कि जैसे अन्य लोग काम करते हैं तुम्हें भी उसी प्रकार काम करना है। अपनी दौड़ स्वयं दौड़ो। एक घंटा पहले काम करना आरम्भ क्यों नहीं कर देते ताकि तुम्हारे ऑफिस के सामने जो सुन्दर पार्क है उसमें प्रातःकाल शान्तिपूर्वक घूमने का आनन्द उठा सको? अथवा सप्ताह के प्रारम्भ में कुछ घंटे अतिरिक्त काम क्यों नहीं कर लेते ताकि शुक्रवार को जल्दी काम समाप्त करके बच्चों को चिड़ियाघर ले जा सको? अथवा सप्ताह में दो दिन घर पर काम करना क्यों नहीं शुरू कर देते ताकि अपने परिवार को और अधिक देख सको। जो कुछ मैं कह रहा हूं वह यह है कि

अपने सप्ताह की योजना बनाओ और अपने समय को क्रियाशीलता के साथ व्यवस्थित करो। अपनी प्रमुखताओं पर अपने समय को केन्द्रित करने का अनुशासन रखो। तुम्हारे जीवन में अत्यन्त महत्त्वपूर्ण चीजों का बलिदान तुच्छ चीजों के लिए नहीं होना चाहिए और याद रखो योजना बनाने में असफल होना असफल होने की योजना बनाने के समान है। दूसरों के साथ अपनी अपॉइन्टमेंट लिखकर ही नहीं बल्कि पत्नि को प्रेमपत्र लिखकर भी तुम अपने समय के साथ कहीं अधिक उत्पादनशील हो जाओगे। कभी मत भूलो कि जो समय तुम अपने काम न करनेवाले समय की वृद्धि करने में लगाते हो, वह कभी भी व्यर्थ नहीं जाता। यह तुम्हारे काम करने के समय में तुम्हें अत्यन्त निपुणता प्रदान करता है। खंडों में जीना बन्द करो और हमेशा के लिए समझ लो कि जो कुछ भी तुम करते हो उससे एक अविभाजित सम्पूर्ण बनता है। जिस तरह का व्यवहार तुम घर पर करते हो उसी तरह का व्यवहार तुम काम के स्थान पर करते हो। जिस तरह तुम ऑफिस में लोगों के साथ व्यवहार करते हो, अपने परिवार और मित्रों के साथ भी उसी तरह करते हो।''

''मैं सहमत हूं, जूलियन, लेकिन वस्तुतः दिन के मध्य में अवकाश के लिए मेरे पास कोई समय नहीं है। जैसा कि मैं अधिकांश शामों को काम करता हूं। मेरी समय–सारिणी वास्तव में आजकल कचूमर निकालनेवाली चल रही है।'' यह कहते समय काम का ढेर जो मेरे सामने था उसके विचार–मात्र से ही मेरे पेट में सिहरन होने लगी।

''व्यस्त होना कोई बहाना नहीं है। वास्तविक प्रश्न है कि तुम किस काम में इतने व्यस्त हो? एक महान् सिद्धान्त जो मैंने उस बुद्धिमान् वृद्ध सन्त से सीखा वह यह था कि अपने जीवन में अस्सी प्रतिशत परिणाम तुम्हें तुम्हारे बीस प्रतिशत क्रियाओं से मिलता है, जो तुम्हारा समय व्यस्त रखती है। योगी रमन इसे बीस का प्राचीन सिद्धान्त कहते थे।''

''मुझे नहीं लगता कि मैं तुम्हारी बात समझ पा रहा हूं।''

''ठीक है। आओ तुम्हारे व्यस्त सोमवार की ओर वापस चलें। सुबह से रात तक का समय तुम क्लाइंट्स के साथ फोन पर बातचीत करने और कानूनी दलीलें तैयार करने से लेकर अपने सबसे छोटे बच्चे को सोते समय कहानी पढ़कर सुनाना या अपनी पत्नी के साथ शतरंज खेलना आदि काम करते हुए बिताते हो। सहमत हो?''

''हां, सहमत हूं।''

''लेकिन तुम जो सैंकड़ों तरह के काम करने में अपना समय व्यतीत करते हो उसमें से सिर्फ बीस प्रतिशत ही वास्तविक और स्थायी परिणाम प्रदान करते हैं। जो कुछ तुम करते हो उसका बीस प्रतिशत ही तुम्हारे जीवन की गुणवत्ता को प्रभावित करता है। ये तुम्हारी प्रभाववाली क्रियाएं हैं। उदाहरण के लिए, आज से दस वर्ष पश्चात् क्या तुम वास्तव में सोचते हो कि जो सारा समय तुम वाटर कूलर के सामने या किसी धुंए से भरे हुए खाने के कमरे में या टेलीविजन देखते हुए बिताते हो, उसका कोई परिणाम निकलेगा?''

''नहीं, वास्तव में नहीं।''

''ठीक है। उसी प्रकार, मुझे विश्वास है कि तुम इस बात से भी सहमत होगे कि इस प्रकार के अनेक कार्य हैं, जो हर क्षण का परिणाम देंगे।''

''तुम्हारा तात्पर्य है, जैसे मैं कानूनी ज्ञान सुधारने में समय व्यतीत करूं। अपने मुवक्किलों से अपने सम्बन्धों में वृद्धि करने में समय लगाऊं, और एक कुशल वकील बनने में समय लगाऊं?''

''हां, और अपना समय जैनी और बच्चों के साथ अपने सम्बन्धों को समृद्ध करने में लगाना, प्रकृति के साथ जुड़ने में समय लगाना, और जो कुछ तुम्हारे पास है उसके लिए कृतज्ञता व्यक्त करने में समय लगाना, अपने मस्तिष्क, शरीर और आत्मा को पुर्नजीवित करने में समय लगाना। ये उच्च प्रभाव देनेवाली कुछ क्रियाएं हैं जिनसे तुम्हारा जीवन तुम्हारी इच्छा के अनुरूप बन जाएगा। अपना सारा समय उन कार्यों में लगाओ जिनका कुछ महत्त्व है। ज्ञान प्राप्त लोग प्रमुखताओं से प्रेरित हुए हैं। यही समय नियन्त्रण का रहस्य है।''

"ओह। योगी रमन ने तुम्हें यह सब सिखाया है?"

"मैं जीवन का विद्यार्थी बन गया हूं, जॉन। योगी रमन निश्चय ही एक आश्चर्यजनक और प्रेरणा देनेवाले गुरु थे, और उसके लिए मैं उन्हें कभी नहीं भूलूंगा। लेकिन वे सारी शिक्षाएं जो मैंने अपने विभिन्न अनुभवों से प्राप्त कीं एक साथ एक बड़ी जिगसा-पजल के समान एकत्रित हो गई हैं, मुझे बेहतर जीवन का मार्ग दिखाने के लिए।"

जूलियन ने आगे कहा, "मुझे आशा है कि तुम मेरी पहली गलतियों से शिक्षा लोगे। कुछ व्यक्ति दूसरों की गलतियों से शिक्षा प्राप्त करते हैं। वे बुद्धिमान् व्यक्ति होते हैं। दूसरे व्यक्ति यह अनुभव करते हैं कि वास्तविक शिक्षा व्यक्तिगत अनुभव से प्राप्त होती है। ऐसे व्यक्ति अपने जीवन में अनावश्यक पीड़ा और कष्ट सहते हैं।"

एक वकील होने के नाते मैं टाइम मैनेजमेंट की कई सेमिनार्स में गया हूं। लेकिन मैंने समय पर नियन्त्रण के सिद्धान्त के बारे में कभी नहीं सुना जिसके बारे में अब मुझे जूलियन बता रहा था। समय का प्रबन्ध (टाइम मैनेजमेंट) सिर्फ ऑफिस में उस पर ध्यान देना और बन्द होने पर उसकी अवहेलना करना नहीं था। यह एक ऐसी स्वस्थ पद्धति थी, जिसे अगर मैं ठीक से लागू करता तो वह मेरे जीवन के हर क्षेत्र को अधिक सन्तुलित और परिपूर्ण बना सकती थी। मैं जान गया कि अपने दिनों की योजना बनाकर और यह सुनिश्चित करने का समय निकालकर कि मैं अपने समय के प्रयोग में सन्तुलित था, मैं कहीं अधिक उत्पादनशील ही हो जाऊंगा।

"इस प्रकार जीवन सूअर के मांस की एक मोटी पट्टी के समान है," मैंने सहमत होते हुए कहा। "अपने समय पर स्वामित्व प्राप्त करने के लिए तुम्हें चर्बी से मांस को अलग करना है।"

"बहुत अच्छा। अब तुम इसे समझ रहे हो और यद्यपि मैं शाकाहारी होने के नाते ऐसा नहीं कर सकता, मुझे तुलना बहुत पसन्द आई क्योंकि यह सीधा सिर पर प्रहार करती है। जब तुम अपना समय और बेशकीमती मानसिक ऊर्जा मांस पर केन्द्रित करते हो, तुम्हारे पास

चर्बी पर बर्बाद करने के लिए समय नहीं होता। यही बिन्दु हैं जहां तुम्हारा जीवन साधारण क्षेत्र से असाधारण की उत्कृष्टता में प्रवेश करता है। अब तुम वास्तव में बुद्धिमतापूर्ण काम करने लगते हो और ज्ञान के मन्दिर के दरवाजे अचानक खुल जाते हैं।'' जूलियन ने कहा।

''यह मुझे दूसरे बिन्दु पर लाता है। दूसरों को अपना समय मत चुराने दो। समय के चोरों से सावधान रहो। जैसे ही तुम बच्चों को सुलाकर अपनी प्रिय कुर्सी पर उस सनसनीखेज उपन्यास को पढ़ने के लिए बैठते हो, जिसके बारे में तुमने बहुत कुछ सुन रखा है तो हमेशा ये लोग तुमसे टेलीफोन पर बातें करने लगते हैं। जैसे ही व्यस्त दिन में से कुछ समय आराम के लिए तथा अपने विचारों को एकत्रित करने के लिए निकालते हो, ये लोग तुम्हारे ऑफिस में अकस्मात् आ धमकते हैं। क्या यह सुपरिचित बात है?''

''हमेशा की तरह, जूलियन तुम इस बारे में सही हो। मेरा अनुमान है कि मैं हमेशा ही इतना नम्र रहा हूं कि न तो उनको जाने के लिए कह सका और न ही अपना दरवाजा बन्द रख सका,'' मैंने उसको विश्वास में लेते हुए कहा।

''तुम्हें अपने समय के साथ निष्ठुर होना पड़ेगा। मना करना सीखो। छोटी-छोटी चीजों के लिए 'नहीं' कहने का साहस तुम्हें बड़ी-बड़ी चीजों के लिए 'हां' कहने की शक्ति देगा। जब तुम्हें किसी बड़े केस की तैयारी करने के लिए कुछ घंटे काम करने की आवश्यकता हो, तो अपने ऑफिस का दरवाजा बन्द रखो। याद रखो, जो कुछ मैंने तुम्हें बताया है, हर बार घंटी बजने पर फोन मत उठाओ। यह तुम्हारी सुविधा के लिए है न कि दूसरों की सुविधा के लिए। विडम्बना यह है कि लोग तुम्हें अधिक सम्मान तभी देंगे जब वे देखेंगे कि यह व्यक्ति अपने समय को महत्त्व देता है। वे समझ जाएंगे कि तुम्हारा समय कीमती है और वे उसका सम्मान करेंगे।''

''टाल-मटोल करने की आदत के बारे में क्या विचार है? बहुधा मैं जो काम नहीं करना चाहता उसको टाल देता हूं और उसके स्थान

पर अपने–आपको पुरानी डाक की छानबीन करते हुए अथवा कानूनी मैगज़ीन के पन्ने पलटते हुए पाता हूं। हो सकता है कि मैं अपना समय बरबाद कर रहा होऊं।"

"समय बरबाद करना एक उपयुक्त रूपक है। यह सच है कि जो चीज अच्छी लगे उसे पहले करना और जो बुरी लगे उससे बचना मानव स्वभाव है। लेकिन जैसा कि मैंने पहले कहा कि अत्यधिक उत्पादनशील व्यक्ति उन कार्यों को करने के आदि होते हैं जिनको कम उत्पादनशील लोग नहीं करना चाहते। हो सकता है कि वे भी उनको न करना चाहते हों।"

मैं रुक गया और गम्भीरता से, जो कुछ अभी सुना था उस पर विचार करने लगा। सम्भवतया किसी भी काम को स्थगित करना मेरी समस्या नहीं थी। हो सकता है कि मेरा जीवन अत्यन्त जटिल हो गया हो। जूलियन मेरी चिन्ता का विषय समझ गया।

"योगी रमन ने मुझे बताया कि जो व्यक्ति अपने समय पर स्वामित्व रखते हैं वे सादा जीवन जीते हैं। जल्दबाजी और उतावलेपन से काम करना प्रकृति के अनुकूल नहीं है। उनका विश्वास था कि स्थायी प्रसन्नता उन्हीं लोगों को प्राप्त हो सकती है जो प्रभावी हैं और अपने लिए जिन्होंने लक्ष्यों का निर्धारण कर लिया है। वे उपलब्धि और योगदान से समृद्ध जीवन जी रहे हैं और यहां तक पहुंचने के लिए उन्हें अपने मन की शान्ति का त्याग नहीं करना पड़ा। जो कुछ ज्ञान की बातें मैं सुन रहा था उनमें मुझे यह सबसे अधिक मनोमुग्धकारी प्रतीत हुआ। इससे मैं उत्पादक भी हो सकता था और अपनी आध्यात्मिक अभिलाषाओं की भी पूर्ति कर सकता था।"

मैं जूलियन के सामने और अधिक खुलने लगा। "तुम मेरे साथ हमेशा ईमानदार और स्पष्टवादी रहे हो ऐसे ही मैं तुम्हारे साथ रहूंगा। मैं अधिक प्रसन्न और अधिक सन्तुष्ट होने के लिए अपनी वकालत, अपना घर और अपनी कार त्यागना नहीं चाहता। मैंने, जो कुछ मन बहलाव के साधन और भौतिक वस्तुएं अर्जित की हैं, उनको मैं पसन्द करता हूं। जब हम पहली बार मिले थे, तब से अब तक के वर्षों की

मेरी मेहनत का वे प्रतिफल हैं। लेकिन मैं खालीपन का अनुभव करता हूं – मैं वास्तव में खालीपन का अनुभव करता हूं। इतना अधिक और कुछ भी है जो मैं अपने जीवन में कर सकता था। तुम जानते हो मैं लगभग चालीस वर्ष का हूं और मैं अभी तक ग्रांड केन्योन या एफिल टॉवर नहीं गया। मैं कभी रेगिस्तान में नहीं घूमा हूं और न ही किसी गर्मी के दिन शान्त झील में चप्पू से नाव चलाई है। मैं एक बार भी कभी जूते-मोजे उतारकर पार्क में नंगे पांव बच्चों की हंसी सुनते हुए या कुत्तों का भौंकना सुनते हुए, नहीं घूमा हूं। मुझे यह तक याद नहीं है कि बर्फ गिरने के बाद प्राकृतिक नाद और अनुभूतियों का आनन्द लेने के लिए आखिरी बार मैं कब लम्बी और शान्त सैर पर गया था।''

''तब अपने जीवन को सादगीपूर्ण बनाओ।'' जूलियन ने सहानुभूति-पूर्वक सुझाव दिया। ''अपनी दुनिया के हर क्षेत्र में सादगी का प्राचीन सिद्धान्त अपनाओ। ऐसा करने से तुम्हें निश्चय ही इन भव्य चमत्कारों का सुख पाने का समय मिल जाएगा। अधिकतर लोग क्षितिज में गुलाब के पुष्पों के किसी जादुई बगीचे की कल्पना करते हैं बजाय अपने घर के पीछे उगे हुए गुलाबों का सुख पाने के। कितनी दुखदायी बात है।''

''और कोई सुझाव?''

''वह मैं अब तुम्हारी अपनी कल्पनाशक्ति पर छोड़ता हूं। मैंने तुम्हें बहुत-सी प्रक्रिया बताई हैं, जो मैंने सन्तों से सीखी थीं। वे चमत्कारपूर्ण कार्य करेंगी यदि तुममें उनका प्रयोग करने का साहस है। ओह, इस बात से मुझे एक दूसरी चीज की याद आ गई है, जो मैं अपने जीवन को शान्त व सादगीपूर्ण बनाए रखने के लिए करता हूं।''

''वह क्या है?''

''मैं तीसरे पहर थोड़ी देर के लिए झपकी लेता हूं।'' यह मुझे उर्जावान, ताजगीपूर्ण और युवा रखती है। मुझे अन्दाजा है कि तुम यह कह सकते हो कि मुझे सौन्दर्य निद्रा की आवश्यकता है।'' जूलियन ने हंसते हुए कहा।

''सौन्दर्य कभी तुम्हारे मजबूत तर्कों में नहीं रहा।''

"तुम्हारा हमेशा मजाक करने का स्वभाव रहा है और इसके लिए मैं तुम्हारी प्रशंसा करता हूं। हमेशा हंसी की शक्ति को याद रखो। जीवन के दबावों तथा तनावों के लिए यह भी संगीत की तरह टॉनिक का काम करता है। मेरे विचार से योगी रमन ने ठीक ही कहा था, 'हंसी की खिलखिलाहट तुम्हारे हृदय को खोल देती है और आत्मा को प्रसन्न करती है। किसी को भी अपने जीवन को इतनी गम्भीरतापूर्वक नहीं लेना चाहिए कि वह अपने ऊपर ही हंसना भूल जाए।' "

समय के विषय पर बताने के लिए जूलियन के पास एक आखिरी विचार और था। "शायद यह सबसे अधिक महत्त्वपूर्ण है, जॉन, इस तरह से व्यवहार करना छोड़ दो मानो तुम्हें पांच सौ वर्ष जीना है। जब दिव्या मुझे वह छोटी घंटा-घड़ी देने आई थी तब उसने जो सलाह मुझे दी वह मैं कभी भी नहीं भूलूंगा।"

"उसने क्या कहा?"

उसने मुझसे कहा कि "एक वृक्ष को लगाने का सबसे उत्तम समय चालीस वर्ष पहले था। दूसरा सर्वोत्तम समय आज है। अपने दिन का एक मिनट भी व्यर्थ न करो। मृत्युशैय्या की मानसिकता विकसित करो।"

"मृत्युशैय्या की मानसिकता से तुम्हारा क्या तात्पर्य है?"

"यह अपने जीवन को एक नए दृष्टिकोण से देखने का तरीका है – एक अधिक सशक्त रूपान्तरण का तरीका यदि तुम चाहो तो – एक ऐसा तरीका जो तुम्हें इस बात की याद दिलाता है कि आज का दिन तुम्हारा अन्तिम दिन हो सकता है, अतः इसका भरपूर आनन्द लो।"

"यदि मुझसे पूछते हो, तो मुझे यह एक अस्वस्थ विचार लगता है। यह मुझे मृत्यु के बारे में सोचने पर विवश करता है।"

"वस्तुतः यह सिद्धान्त जीवन के बारे में है। जब तुम मृत्युशैय्या वाली मानसिकता अपना लेते हो, तो हर दिन इस प्रकार रहते हो जैसे यह तुम्हारा अन्तिम दिन हो। हर दिन जल्दी उठने की और अपने-आप से यह साधारण प्रश्न पूछने की कल्पना करो। 'यदि आज का दिन मेरा आखिरी दिन होता तो मैं क्या करता?' फिर इस बारे में

विचार करो कि अपने परिवार के साथ, अपने साथ काम करनेवालों के साथ, यहां तक कि जिन्हें तुम नहीं जानते हो उनके साथ कैसा व्यवहार करोगे। इस बारे में सोचो कि तुम कितना उत्पादक और उत्साहपूर्ण रहोगे, हर क्षण को अधिक-से-अधिक जीने के लिए। मृत्यु-शैय्या का प्रश्न अकेला ही तुम्हारे जीवन में परिवर्तन करने में सक्षम है। यह तुम्हारे दिनों को ऊर्जावान बनाएगा और जो कुछ भी तुम करोगे उसे जोश और उत्साह से भर देगा। तुम उन सब महत्त्वपूर्ण चीजों पर ध्यान देना प्रारम्भ कर दोगे जिन्हें तुम अब तक स्थगित करते आए हो, और उन तुच्छ बातों पर समय बर्बाद करना समाप्त कर दोगे जिन्होंने तुम्हें संकट और अव्यवस्था के दलदल में घसीटा है।"

जूलियन ने जारी रखा, "अपने-आपको और अधिक काम करने के लिए तथा और अधिक अनुभव करने के लिए प्रोत्साहित करो, अपनी ऊर्जा को अपने स्वप्नों के विस्तार में लगाओ। हां अपने सपनों का विस्तार करो। सामान्य दर्जे का जीवन स्वीकार मत करो जबकि तुम्हारे मस्तिष्क के दुर्ग में इतनी असीमित क्षमता मौजूद है। अपनी महानता को उजागर करो। यह तुम्हारा जन्मसिद्ध अधिकार है।"

"सशक्त सामग्री है।"

"अभी तो और भी है। निराशा का सम्मोहन बहुत लोगों को उत्पीड़न देता है। उसको तोड़ने का एक साधारण उपाय है।"

"मेरा कप अभी भी ख़ाली है," मैंने मृदु स्वर में कहा।

"इस तरह काम करो मानो असफलता असम्भव है, और तुम्हारी सफलता सुनिश्चित हो जाएगी। अपने उद्देश्यों को चाहे वे भौतिक हों अथवा आध्यात्मिक, प्राप्त न कर पाने का विचार मिटा दो। बहादुर बनो, और अपनी कल्पनाशक्ति के कार्यों के लिए सीमा निर्धारित मत करो। अपने अतीत के कभी गुलाम मत बनो। अपने भविष्य के निर्माता बनो। तुम पहले जैसे कभी नहीं रहोगे।"

ज्यों-ज्यों शहर जागने लगा और दिन पूरी तरह निकल आया, मेरे चिरयुवा मित्र ने पूरी रात एक उत्सुक शिष्य के साथ अपना ज्ञान बांटने के बाद पहली बार थकान के लक्षण प्रकट किए। जूलियन के

जीवट से, उसकी असीम ऊर्जा से और उसके अन्तहीन उत्साह से मैं अचम्भित था। उसने अपनी परिचर्चा ही आगे नहीं बढ़ाई बल्कि अपनी चाल की गति भी बढ़ा दी।

"हम योगी रमन की जादुई कहानी के अन्त तथा उस समय के निकट पहुंच रहे हैं जब मुझे तुमसे विदा लेनी है।" उसने भद्रतापूर्वक कहा। "मुझे बहुत कुछ करना है और बहुत लोगों से मिलना है।"

"क्या तुम अपने साथियों को यह बतानेवाले हो कि तुम घर लौट आए हो?" मैंने पूछा, मेरी उत्सुकता बहुत अधिक बढ़ गई थी।

"सम्भवतया नहीं," जूलियन ने उत्तर दिया। "मैं, उस जूलियन मेंटले से जिससे वे परिचित थे, बहुत भिन्न हूं। मेरे विचार उस तरह के नहीं रहे। मैं उस तरह के कपड़े नहीं पहनता। मैं उस तरह के काम नहीं करता। मैं मौलिक रूप से बदला हुआ व्यक्ति हूं। वे मुझे पहचानेंगे नहीं।"

"तुम वास्तव में एक नए व्यक्ति हो," मैंने सहमति से मुंह दबाकर हंसते हुए कहा। मैंने इस रहस्यमय संन्यासी को, जो सिवाना की पारम्परिक पोशाक पहने हुए था, मन-ही-मन उसके पिछले जीवन की गहरी लाल रंग की फ़रारी में चढ़ते हुए देखा।

"एक नया प्राणी सम्भवतया अधिक सही है।"

"मुझे अन्तर दिखाई नहीं देता," मैंने स्वीकार किया।

"भारतवर्ष में एक पुरानी कहावत है। 'हम ऐसे मानवीय प्राणी नहीं हैं जिन्हें आध्यात्मिक अनुभव हो। हम आध्यात्मिक प्राणी हैं जिन्हें मानवीय अनुभव है।' मैं अब ब्रह्मांड में अपनी भूमिका समझता हूं। मैं देखता हूं, मैं हूं। मैं इस विश्व में नहीं हूं। यह विश्व मुझमें है।"

"मैं इस बात को समझने का प्रयत्न करूंगा," मैंने पूरी ईमानदारी से कहा। जो कुछ जूलियन ने कहा था, मैं ठीक से नहीं समझ सका।

"निश्चित रूप से मैं समझता हूं, मेरे मित्र। एक समय आएगा, जब जो कुछ मैं तुमसे कह रहा हूं वह स्पष्टतया तुम्हारी समझ में आ जाएगा। यदि तुम उन सिद्धान्तों का पालन करो और उन तकनीकों का प्रयोग करो जो मैंने तुम्हें बताई हैं, तुम निश्चित रूप से ज्ञान के मार्ग पर आगे बढ़ोगे। तुम स्वशासन की कला में पारंगत हो जाओगे।

तुम अपने जीवन को, वास्तव में जो यह है उसी तरह देखोगे, अनन्तता के चित्रपट पर एक बिन्दु देखोगे और तुम स्पष्टतया समझ जाओगे कि तुम कौन हो और तुम्हारे जीवन का आखिरी उद्देश्य कौन-सा है?"

"कौन-सा है?"

"सेवा करना, निःसन्देह। तुम्हारा कितना ही बड़ा घर हो, या कितनी ही चमकदार कार तुम चलाते हो, इन सबका कोई महत्त्व नहीं है क्योंकि अन्त समय में जो चीज तुम अपने साथ ले जा सकते हो वह तुम्हारी आत्मा है। अपनी आत्मा की आवाज सुनो। इसे अपना मार्गदर्शन करने दो। यह जानती है कि सही क्या है। यह तुम्हें बताएगी कि जीवन में तुम्हारा आह्वान आखिर में किसी-न-किसी रूप में दूसरों की निःस्वार्थ सेवा करने के लिए है। पहाड़ों की मेरी दुर्गम यात्रा ने मुझे यही सिखाया है। अब मुझे न जाने कितने लोगों से मिलना है, उनकी सेवा करनी है और उन्हें स्वस्थ करना है। मेरा मिशन सिवाना के सन्तों के इस प्राचीन ज्ञान का उन लोगों में प्रचार करना है जिनको इसे सुनने की आवश्यकता है। यही मेरा लक्ष्य है।"

ज्ञान की अग्नि ने जूलियन की जीवनी शक्ति को प्रज्वलित कर दिया था – यह तो मुझ जैसे अज्ञानी आत्मावाले व्यक्ति को भी स्पष्ट था। जो कुछ वह कह रहा था उसके प्रति वह इतना अधिक भाव प्रवण, इतना वचनबद्ध और इतना जोशपूर्ण था, कि उसके शारीरिक आयाम में भी वह प्रतिबिम्बित हो रहा था। एक कमजोर, वृद्ध वकील से एक शक्तिशाली, युवा एडोनिस (सुन्दर जवान) रूप में उसका रूपान्तरण, उसके भोजन में साधारण परिवर्तन से और दैनिक क्विक-फिक्स व्यायाम योजना से नहीं हुआ था। नहीं, यह तो एक कहीं अधिक प्रभावशाली रामबाण औषधि थी, जो जूलियन को भव्य पर्वतों की उस ऊंचाई पर इत्तफाक से हाथ लग गई थी। उसे समय भेद का पता चल गया था जिसे लोग युगों से खोज रहे थे। यह यौवन, परिपूर्णता और प्रसन्नता के रहस्य से भी कहीं अधिक था। जूलियन ने आत्मा का रहस्य खोज लिया था।

अध्याय 11

क्रिया विधि का सार • जूलियन का ज्ञान संक्षेप में

प्रतीक

सद्‌गुण

- अपने समय की कद्र करो।

ज्ञान

- समय तुम्हारी सबसे कीमती वस्तु है, और यह पुनः वापस नहीं आएगा
- अपनी प्रमुखताओं पर ध्यान दो और सन्तुलन बनाए रखो
- अपने जीवन में सादगी लाओ।

तकनीक

- 20 का प्राचीन सिद्धान्त
- 'नहीं' कहने का साहस रखो
- मृत्यु शैय्यावाली मानसिकता।

उद्धरण योग्य कथन

- समय हमारे हाथों से रेत के कणों की तरह फिसल जाता है, कभी न फिर वापस आने के लिए। जो व्यक्ति प्रारम्भ से समय का उपयोग बुद्धिमानीपूर्वक करते हैं, उन्हें प्रतिफल स्वरूप समृद्ध, उत्पादक और सन्तोषप्रद जीवन प्राप्त होता है।

द मांक हू सोल्ड हिज़ फ़रारी

अध्याय–12

•••

जीवन का अन्तिम लक्ष्य

"जो कुछ भी जीवित है, अकेला नहीं है, न ही अपने लिए है।"

– विलियम ब्लैक

"जिन लोगों से मैं अब तक मिला था उनमें सिवाना के सन्त न सिर्फ सबसे युवा थे बल्कि निसन्देह रूप से सबसे अधिक दयालु भी थे।" जूलियन ने स्वीकार किया।

"योगी रमन ने मुझे बताया कि बचपन में जब वह नींद की प्रतीक्षा कर रहे होते थे, उनके पिता धीरे–से गुलाब के पुष्पों से ढकी कुटिया में प्रवेश करते थे और उनसे पूछते थे कि उस दिन उन्होंने कौन–से अच्छे कार्य किए थे। विश्वास करो या मत करो, यदि वह यह कहते थे कि उन्होंने कोई भी अच्छा कार्य नहीं किया है, तो उनके पिता उनसे अनुरोध करते कि वह उठें और कोई भी कृत्य परोपकार का और निःस्वार्थ सेवा का करके आएं तभी उनको सोने की अनुमति मिलेगी।"

जूलियन ने आगे कहा, "सबसे अधिक आवश्यक गुण ज्ञान प्राप्त जीवन जीने के लिए जो मैं तुम्हें बता सकता हूं, जॉन, वह यह है : जब सब–कुछ बताया जा चुका है और किया जा चुका है इस बात का कोई महत्त्व नहीं है कि तुम्हारे कितने समर होम्स हैं, न इस बात का कोई महत्त्व है कि तुम्हारे गैरेज में कितनी कारें खड़ी हैं, तुम्हारे जीवन की गुणवत्ता तुम्हारे योगदान की गुणवत्ता पर निर्भर करती है।"

"क्या योगी रमन की कहानी में ताजा पीले गुलाब के फूलों से इसका कोई सम्बन्ध है?"

"निःसन्देह, इसका सम्बन्ध है। फूल तुम्हें चीन की प्राचीन कहावत की याद दिलाते हैं, वह इस प्रकार है, 'जो हाथ तुम्हें गुलाब के फूल प्रदान करते हैं उनमें थोड़ी सुगन्ध हमेशा लगी रह जाती है।' इसका अर्थ स्पष्ट है – जब तुम दूसरों के जीवन को सुधारने का काम करते हो, तुम इस प्रक्रिया में अप्रत्यक्ष रूप से अपने जीवन का उत्कर्ष करते हो। जब तुम प्रतिदिन छोटे-मोटे परोपकार के काम करने के अभ्यास का ध्यान रखते हो, तुम्हारा निजी जीवन कहीं अधिक समृद्ध और अधिक महत्त्वपूर्ण होने लगता है। प्रत्येक दिन की पवित्रता और धार्मिकता बनाए रखने के लिए किसी-न-किसी प्रकार दूसरों की सेवा करो।"

"क्या तुम्हारा सुझाव है कि स्वयं सेवा के कार्यों में लग जाऊं?"

"वह एक बहुत सुन्दर बिन्दु है प्रारम्भ करने के लिए। लेकिन जो कुछ मैं कहने जा रहा हूं वह बहुत अधिक दार्शनिक है। मेरा सुझाव है कि तुम इस पृथ्वी पर अपनी भूमिका के लिए नया रूपान्तरण अपनाओ।"

"अब फिर मेरी समझ में कुछ नहीं आ रहा है। शब्द 'रूपान्तरण' (Paradigm) पर कुछ प्रकाश डालो। मुझे वास्तव में, इसके बारे में जानकारी नहीं है।"

"रूपान्तरण (Paradigm) परिस्थितियों को या जीवन को साधारण तौर से देखने का सिर्फ एक तरीका है। कुछ व्यक्ति जीवन के गिलास को आधा खाली देखते हैं। आशावादी लोग इसे आधा भरा हुआ देखते हैं। वे उन्हीं परिस्थितियों का भिन्न तरीके से विश्लेषण करते हैं क्योंकि उन्होंने भिन्न दृष्टिकोण अपना लिया है। एक पैराडिग्म बुनियादी तौर पर वह लैंस (शीशा) होता है जिसके द्वारा तुम जीवन की बाह्य और आंतरिक घटनाओं को देखते हो।"

"अतः जब तुम मुझे यह सुझाव देते हो कि मैं अपने लक्ष्य के प्रति

रूपान्तरण (Paradigm) अपनाऊं, तो क्या तुम यह कह रहे हो कि मुझे अपना दृष्टिकोण बदल देना चाहिए?''

''कुछ इसी तरह अपने जीवन की गुणवत्ता में नाटकीय सुधार लाने के लिए तुम्हें नए दृष्टिकोण से देखना होगा कि तुम इस पृथ्वी पर क्यों आए हो। तुम्हें ज्ञात होना चाहिए कि जब तुम इस संसार में आए थे, तो तुम्हारे पास कुछ नहीं था और जब तुम इस संसार से विदा लोगे तब भी कुछ साथ नहीं जाएगा। अतः तुम्हारे यहां होने का एक ही कारण हो सकता है?''

''और वह क्या होगा?''

''अपने को दूसरों की सेवा में लगाओ और महत्त्वपूर्ण तरीके से अपना योगदान करो,'' जूलियन ने उत्तर दिया। ''मैं यह नहीं कहता कि तुम अपनी मन बहलाव की चीजें नहीं रख सकते या अपने जीवन को दुखी, गरीबों की सेवा में लगाने के लिए अपनी वकालत छोड़ दो, यद्यपि मैं अभी हाल ही में ऐसे लोगों से मिला हूं जिन्होंने बड़े सन्तोष के साथ इस रास्ते को अपनाया है। हमारी दुनिया बहुत बड़े परिवर्तन के दौर से गुजर रही है। लोग धन का उपयोग महत्त्वपूर्ण कामों के लिए कर रहे हैं। जो वकील लोगों का आकलन उनकी आर्थिक स्थिति के आधार पर करते थे, आज उनका आकलन दूसरों के प्रति वचनबद्धता और भावनाओं के आधार पर करते हैं। शहर के संघर्षशील अन्दर के क्षेत्र में रहनेवाले गरीब बच्चों को बौद्धिक पोषण देने के लिए शिक्षक अपनी सुरक्षित नौकरियां छोड़ रहे हैं। परिवर्तन के लिए स्पष्ट आह्वान को लोगों ने सुन लिया है। लोग इस बात को जान रहे हैं कि वे यहां किसी उद्देश्य के लिए हैं और उसको पूरा करने में सहायता देने के लिए उनको विशेष उपहार मिले हैं।''

''किस प्रकार के विशेष उपहार?''

''ठीक वही जिनके बारे में सारी रात तुमको बताया है : बहुतायत में मानसिक क्षमता, सीमाहीन ऊर्जा, असीमित क्रियाशीलता, अनुशासन का भंडार और शान्ति का स्रोत। सिर्फ इन खजानों का ताला खोलने और जनसाधारण की भलाई के लिए इनका उपयोग करने की बात है,'' जूलियन ने कहा।

"मैं अब भी तुम्हारे साथ हूं। कोई भी व्यक्ति भलाई कैसे कर सकता है?"

"मैं सिर्फ यह कह रहा हूं कि पहले तुम्हें संसार के प्रति अपने दृष्टिकोण को बदलना चाहिए ताकि तुम स्वयं को एक अकेले व्यक्ति के रूप में देखना बन्द कर दो और समूह के हिस्से के रूप में देखना प्रारम्भ कर दो।"

"इसलिए मुझे अधिक दयालु और भला बनना चाहिए?"

"इस बात को समझ लो सबसे अधिक भला काम जो तुम कर सकते हो वह है दूसरों को देना। पूर्व के सन्त इसे आत्मा को बेड़ियों से मुक्त कराने की प्रक्रिया कहते हैं। यह अपनी आत्म-चेतना को खोने और एक उच्चतर लक्ष्य को प्राप्त करने के लिए ध्यान केन्द्रित करना प्रारम्भ करने के विषय में है। यह अपने आस-पास के लोगों को देने के रूप में हो सकता है – चाहे इसका तात्पर्य अपना समय देने से हो अथवा ऊर्जा देने से – ये वास्तव में तुम्हारे दो अत्यन्त बहुमूल्य साधन हैं। यह कोई इतना बड़ा काम हो सकता है जैसे एक वर्ष तक प्रत्येक शनिवार या रविवार को गरीबों के बीच काम करना या इतना मामूली भी हो सकता है जैसे अचानक ट्रैफिक जाम के मध्य कुछ कारों को अपने से आगे निकलने देना। यह बात घिसी-पिटी लग सकती है लेकिन एक बात जो मैंने सीखी है वह यह है कि जब तुम दुनिया को बेहतर स्थान बनाने का प्रयास प्रारम्भ करते हो, तो तुम्हारा जीवन एक अधिक चमत्कारपूर्ण दायरे की ओर बढ़ जाता है। योगी रमन ने कहा कि जब हम पैदा होते हैं, हम रो रहे होते हैं, जबकि दुनिया खुशी मनाती है। उन्होंने सुझाव दिया कि हमें अपना जीवन इस प्रकार जीना चाहिए कि जब हम मरें तो दुनिया रो रही हो और हम प्रसन्न हो रहे हों।"

मैं जानता था कि जूलियन की बात में तर्क था। एक चीज जो मुझे वकालत करने में परेशान कर रही थी वह थी कि वास्तव में मैं यह अनुभव नहीं कर रहा था कि जो प्रतिदान मैं करने में सक्षम था वह कर पा रहा था। यह बात सही है कि मैंने बहुत से मुकदमे ऐसे लड़ाए थे जो नजीर बन गए थे और जिन्होंने अच्छे कामों को आगे

बढ़ाया था। लेकिन कानून मेरे लिए व्यवसाय बन गया था बजाय निर्लोभ परिश्रम के। अपने न जाने कितने समकालीन कानून पढ़ने वाले छात्रों की तरह मैं भी एक आदर्शवादी था। अपने छात्रावास के कमरों में कोल्ड कॉफी और बासी पिज्जा खाते समय हमने दुनिया का परिवर्तन करने की योजना बनाई थी। तब से लगभग बीस वर्ष गुजर चुके थे और परिवर्तन की वकालत करने की मेरी तीव्र लालसा का स्थान गिरवी का कर्ज चुकाने और रिटायरमेंट फंड बनाने की तीव्र लालसा ने ले लिया था। काफी समय पश्चात् मेरी समझ में आया कि मैंने अपने-आपको मध्यम श्रेणी के कोकून गृह में सुस्थापित कर लिया था। जिसने मुक्त समाज से और जिस समाज का मैं अभ्यस्त हो गया था, मेरा बचाव किया।

"आओ मैं तुम्हें एक पुरानी कहानी सुनाता हूं जिससे बात तुम्हारी समझ में आ जाएगी।" जूलियन ने जारी रखते हुए कहा :

"एक बार की बात है एक कमजोर वृद्ध महिला का पति मर गया। इसलिए वह अपने पुत्र उसकी पत्नी और पुत्री के साथ रहने के लिए चली गई। प्रतिदिन उस महिला की दृष्टि और सुनने की शक्ति कमजोर होती चली गई। कभी-कभी उसके हाथ इतने अधिक कांपते थे कि उसकी प्लेट से मटर के दाने लुढ़ककर नीचे गिर जाते थे और कप से सूप गिर जाता था। उसका पुत्र और उसकी पत्नी इस गन्दगी से बहुत परेशान हो जाते थे। एक दिन उन्होंने कहा कि बस अब बहुत हो चुका। इसलिए एक दिन उन्होंने उस वृद्ध महिला के लिए एक छोटी मेज झाड़ू रखने की कोठरी के निकट लगा दी। उसको वहीं बैठकर अकेले ही हर बार खाना खिलाया जाने लगा। वह भोजन के समय अश्रुपूरित नेत्रों से उनकी ओर, अपने कमरे से देखा करती, लेकिन खाते समय उसके चम्मच या कांटा गिराने पर उसे बुरा-भला कहने के सिवाय वे उससे कोई बात नहीं करते थे।

"एक शाम, रात के भोजन से जरा देर पहले उनकी छोटी बेटी घर बनाने के ब्लॉक्स से खेल रही थी। उसके पिता ने प्यार से पूछा,

'तुम क्या बना रही हो?' मैं आपके और मम्मी के लिए एक छोटी मेज बना रही हूं – उसने कहा, 'अतः किसी दिन जब मैं बड़ी हो जाऊंगी तब आप दोनों कोने में बैठकर खाना खा सकोगे।' पिता और माता दोनों की बोलती बन्द हो गई। काफी देर चुप्पी रही। फिर वे दोनों रोने लगे। अपने कृत्यों की प्रकृति और दुख जो उन्होंने दिया था, उसे वे उसी क्षण समझ गए। उसी रात को वे उस वृद्ध महिला को अपनी बड़ी खाने की मेज पर, जहां उसका सही स्थान था, वापस ले गए और फिर उस दिन से हमेशा उस वृद्ध महिला ने उनके साथ ही भोजन किया। और जब कभी भोजन का छोटा हिस्सा मेज पर गिर जाता था या कांटा छिटककर फर्श पर जा गिरता, तो किसी को इससे कोई परेशानी नहीं होती थी।''

जूलियन ने कहा, ''इस कहानी में मां-बाप बुरे लोग नहीं थे। करुणा की ज्योति जलाने के लिए उन्हें केवल बोध की चिनगारी की आवश्यकता थी। करुणा और परोपकार के दैनिककार्य जीवन को कहीं अधिक समृद्ध बनाते हैं। प्रत्येक प्रातःकाल समय निकालकर विचार करो कि पूरे दिन में दूसरों की क्या भलाई करोगे। जिन लोगों को जरा भी इसकी आशा नहीं है उनके प्रति प्रशंसा के सद्भावना पूर्ण शब्द, जो मित्र मुसीबत में हैं उनके साथ सहृदयतापूर्ण व्यवहार, अपने परिवार के सदस्यों को बिना किसी कारण के प्यार के छोटे स्मृति-चिह्न देना – ये सब चीजें जीवन जीने के आश्चर्यजनक तरीके में वृद्धि करती हैं और जहां तक मित्रता की बात है – उसे निश्चित रूप से निरन्तर सुधारने की आवश्यकता है। वह व्यक्ति जिसके ये तीन ठोस मित्र हैं – वास्तव में बहुत सम्पन्न है।''

मैंने सहमति से सिर हिलाया।

''मित्र जीवन में हंसी-मजाक, सम्मोहन और सौन्दर्य प्रदान करते हैं। एक पुराने मित्र के साथ पेट पकड़-पकड़कर हंसनेवाली हंसी में शरीक होने से अधिक नवजीवन देनेवाली कोई चीज नहीं है। जब आप अत्यधिक आत्मसंयत हो जाते हैं तब मित्र आपको विनम्र बनाए

रखते हैं, जब जीवन थोड़ा जटिल हो जाता है और स्थिति वास्तविकता से अधिक खराब दिखाई देती है, तब अच्छे मित्र सहायता करते हैं। जब मैं एक व्यस्त वकील था, मेरे पास मित्रों के लिए कोई समय नहीं था। मैं अकेला हूं, सिवाय तुम्हारे, जॉन। मेरे साथ उस समय जंगल में लम्बे भ्रमण के लिए जानेवाला कोई नहीं है जब हर कोई नींद के मधुर तथा धुंधलें आगोश में छिपा पड़ा रहता है जब मैं कोई आश्चर्यजनक पुस्तक पढ़कर समाप्त करता हूं, जिससे मैं बहुत अधिक प्रभावित होता हूं, मेरे पास उन विचारों को बांटनेवाला कोई नहीं होता, और जब पतझड़ के एक भव्य दिन की धूप मेरे हृदय को सुखद लगती है तथा मुझे प्रसन्नता से भर देती है, मेरे पास ऐसा कोई नहीं होता जिसके सामने मैं अपने हृदय के उद्‌गार व्यक्त कर सकूं।''

जूलियन ने शीघ्र ही अपने ऊपर काबू पा लिया। ''किसी भी प्रकार, पश्चाताप के लिए मेरे पास कोई समय नहीं है। सिवाना में अपने गुरुओं से मैंने सीखा है कि हर सुबह ज्ञान प्राप्त लोगों के लिए एक नया दिन है।''

मैंने हमेशा जूलियन को एक महा-मानव कानूनी मल्ल-योद्धा के रूप में देखा था, जो अपने विरोधियों के तर्कों को इस प्रकार चरमराकर तोड़ देता था जिस प्रकार एक मार्शल आर्टिस्ट बोर्ड के भारी चिट्‌टे को तोड़ देता है। मैं देख सकता था कि जिस आदमी से वर्षों पहले मैं मिला था वह एक बिल्कुल भिन्न प्रकृति के व्यक्ति में परिवर्तित हो गया था। जो व्यक्ति मेरे सामने खड़ा था वह भला, दयालु और शान्तिपूर्ण था। वह अपने जीवन में और जीवन के रंगमंच में जो भूमिका उसे मिली थी उससे आश्वस्त प्रतीत हो रहा था। उसके जैसे किसी व्यक्ति से मैं कभी नहीं मिला था। वह अपने अतीत की पीड़ा को एक बुद्धिमान्, प्रौढ़ शिक्षक की भांति देख रहा था और उसी समय वह यह भी ध्यान दिला रहा था कि उसका जीवन अतीत की घटनाओं के जोड़ से कहीं अधिक था।

जूलियन की आंखें अभी आगे आनेवाली बातों की आशा से

चमकने लगीं। मैं संसार के आश्चर्यों के प्रति उसके आनन्द की भावना से अभिभूत हो गया और जीने के लिए उसके अनियन्त्रित सुख से प्रभावित हुआ। मुझे ऐसा प्रतीत हुआ कि जूलियन मेंटले – एक आहत प्रेमी, तर्कों को तोड़ने मरोड़नेवाला मुकदमेबाज वकील, जिसे धनाढ्य लोग नियुक्त करते थे, जीवन व्यतीत करते हुए जिसने कभी किसी की चिन्ता नहीं की – साधारण व्यक्ति से आध्यात्मिक व्यक्ति बन गया था, जो जीवन में सिर्फ दूसरों की चिन्ता करने लगा था। शायद मैं भी इसी मार्ग पर चलनेवाला था।

अध्याय – 12

क्रिया विधि का सार • जूलियन का ज्ञान संक्षेप में

प्रतीक

सद्‌गुण

- निःस्वार्थ भावना से दूसरों की सेवा करो

ज्ञान

- आखिर में तुम्हारे जीवन का स्तर तुम्हारे प्रतिदान के अनुरूप हो जाता है
- प्रत्येक दिन की पवित्रता बनाए रखने के लिए, देने के लिए जियो
- दूसरों के जीवन को उन्नत करने से तुम्हारा जीवन उच्चतम आयामों में पहुंच जाता है।

तकनीक

- प्रतिदिन परोपकार के कार्य करने का अभ्यास करो
- जिन्हें आवश्यकता है, उन्हें दो
- समृद्ध सम्बन्ध बनाओ।

उद्धरण योग्य कथन

- सबसे भला काम जो तुम कर सकते हो, वह है दूसरों को देना। अपने उच्चतम लक्ष्य पर ध्यान केन्द्रित करना प्रारम्भ करो।

द मांक हू सोल्ड हिज़ फ़रारी

अध्याय – 13

• • •

हमेशा खुश रहने का शाश्वत रहस्य

''जब मैं सूर्यास्त के आश्चर्य की या चन्द्रमा के सौन्दर्य की प्रशंसा करता हूं, मेरी आत्मा उस सृष्टा की आराधना में अभिव्यक्तिशील हो जाती है।''

– महात्मा गांधी

जूलियन को मेरे यहां आए हुए बारह घंटे हो चुके थे। वह एक रात पहले सिवाना में प्राप्त ज्ञान को मुझे देने के लिए आया था। वे बारह घंटे निःसन्देह, मेरे जीवन में सबसे अधिक महत्त्वपूर्ण थे। मैं एक साथ उल्लसित, प्रोत्साहित और हां, मुक्ति भी अनुभव कर रहा था। जूलियन ने योगी रमन की शिक्षाप्रद कहानी और जिन समयातीत सद्गुणों की वह प्रतीक थी, उनके द्वारा जीवन के प्रति मेरे दृष्टिकोण में आधारभूत परिवर्तन कर दिया था। मैंने अनुभव किया कि मैंने तो अपनी मानवीय क्षमताओं के क्षेत्रों को अभी ढूंढ़ना भी शुरू नहीं किया था। जीवन ने जो मुझे दैनिक उपहार दिए थे मैं उन्हें नष्ट कर रहा था। जूलियन के ज्ञान ने मुझे उन घावों को कसकर पकड़ने का अवसर दिया जो मुझे हंसी, ऊर्जा और परिपूर्णता से नहीं जीने दे रहे थे। मैं जानता था कि मैं उस तरह जीने योग्य था। मैं विचलित हो गया।

''मुझे शीघ्र ही विदा लेनी होगी। तुमने लोगों को समय दे रखा है। उनका समय हो रहा है और मुझे भी अपने काम पर ध्यान देना है,'' जूलियन ने क्षमा याचना करते हुए कहा।

मेरा काम प्रतीक्षा कर सकता है।

"दुर्भाग्य से मेरा काम प्रतीक्षा नहीं कर सकता," उसने शीघ्रता से मुस्कुराते हुए कहा।

"लेकिन जाने से पहले मैं योगी रमन की जादुई कहानी के अन्तिम तत्त्व पर प्रकाश डालूंगा। तुम्हें याद होगा कि सूमो पहलवान जो सुन्दर बगीचे के मध्य में स्थित प्रकाश घर (लाईट हाउस) में से निकलकर बाहर आया था उसने अपने गुप्तांगों को गुलाबी तारों के केबिल से ढकने के अलावा कुछ नहीं पहन रखा था, सोने की चमकीली स्टाप-वाच पर फिसल गया और जमीन पर गिर पड़ा। बहुत समय बाद उसकी चेतना लौटी। जब पीले गुलाब के फूलों की आश्चर्यजनक सुगन्ध उसकी नाक में पहुंची, वह आनन्द से उछलकर अपने पैरों पर खड़ा हो गया और एक लम्बा, घुमावदार रास्ता, जो छोटे-छोटे लाखों हीरों के टुकड़ों से जड़ा हुआ था, देखकर आश्चर्यचकित हो गया। निःसन्देह हमारे मित्र सूमो पहलवान ने वह मार्ग अपना लिया और ऐसा करने से वह हमेशा प्रसन्न रहा।"

"प्रशंसनीय लगता है," मैंने धीमे-धीमे हंसते हुए कहा।

"योगी रमन की कल्पना सजीव थी, मैं इस बात से सहमत हूं। लेकिन तुम देख चुके हो कि उनकी कहानी का एक उद्देश्य है और जिन सिद्धान्तों का यह प्रतीक है, वे केवल शक्तिशाली ही नहीं हैं बल्कि बहुत अधिक व्यावहारिक भी हैं।"

"सत्य है।" मैंने पूरी तरह से सहमत होते हुए कहा।

"हीरों-जड़ित मार्ग आपको ज्ञान प्राप्त जीवन जीने के लिए अन्तिम सद्गुण की याद दिलाएगा। अपने दैनिक कार्यों में उस सिद्धान्त को अपनाकर तुम अपना जीवन इतना समृद्ध कर लोगे कि मेरे लिए उसका वर्णन करना कठिन है। तुम साधारण-से-साधारण चीजों में उत्कृष्ट चमत्कार देखोगे और उतने आनन्दोल्लास के साथ रहोगे, जिसके तुम काबिल हो। और मुझसे किया गया अपना वादा निभाकर और इसे दूसरों के साथ बांटकर तुम उनकी दुनिया साधारण से असाधारण में परिवर्तित करने में मदद करोगे।"

"क्या मुझे इसे सीखने में समय लगेगा ?"

"सिद्धान्त अपने-आप में आश्चर्यजनक रूप से समझने में सरल हैं। लेकिन अपने जागने के सारे समय में उनका प्रभावपूर्ण तरीके से उपयोग सीखने के लिए कुछ सप्ताह निरन्तर अभ्यास करने में लगेंगे।"

"ठीक है, मैं सुनने के लिए मरा जा रहा हूं।"

"तुम हास्यास्पद बात कर रहे हो क्योंकि सातवां और अन्तिम सद्गुण तो जीने के लिए है। सिवाना के सन्तों का विश्वास था कि एक वास्तविक आनन्दपूर्ण और पुरुस्करणीय जीवन जिस प्रक्रिया के द्वारा मिलता है 'उसे वर्तमान में जीना कहते हैं।' ये योगी जानते थे कि अतीत पुल के नीचे पानी के समान है और भविष्य तुम्हारी कल्पना के क्षितिज पर बहुत दूर सूर्य के समान है। सबसे अधिक महत्त्वपूर्ण समय वर्तमान है। इसमें जीना सीखो और इसका पूरा आनन्द लो।

"मैं ठीक से समझ रहा हूं, जूलियन, जो कुछ तुम कह रहे हो। मैं अपने दिन का अधिकांश भाग अतीत की घटनाओं पर, जिन्हें बदलने की मेरी सामर्थ्य नहीं है, क्षोभ करते हुए, या आनेवाली बातों के विषय में चिन्ता करते हुए बिताता हूं, जो कभी नहीं होती। मेरे मस्तिष्क में हमेशा लाखों छोटे-छोटे विचार भरे रहते हैं जो मुझे लाखों विभिन्न दिशाओं में खींचते हैं। यह वास्तव में बहुत ही निराश करनेवाली बात है।"

"क्यों ?"

"इससे मुझे थकान हो जाती है। मेरा अनुमान है कि मेरे मन में शान्ति नहीं है। फिर भी मैंने कई बार अनुभव किया है जब मेरा मस्तिष्क पूरी तरह उस काम में व्यस्त हो जाता था जो मेरे सम्मुख था। ऐसा बहुधा तब होता था जब मैं कानूनी दांव-पेंच लगाकर किसी मुकदमे का ब्रीफ तैयार कर रहा होता था। उस समय जो काम मेरे हाथ में होता था उसके अतिरिक्त किसी भी बात को सोचने का समय मेरे पास नहीं होता। इस प्रकार की पूर्ण एकाग्रता मैंने लड़कों के साथ जीतने की इच्छा के साथ खेलते समय अनुभव की। घंटों का समय मिनटों में बीत जाता था और मैं एकाग्रचित रहता था। उस समय जो

चीज मेरे लिए महत्त्व रखती थी वह मेरे द्वारा किया जानेवाला काम था और कुछ नहीं। बाकी अन्य बातें, चिन्ताएं, बिल, वकालत कुछ महत्त्व नहीं रखती थीं। जब मैं इस बारे में सोचता था, तो सम्भवतया इन अवसरों पर मैंने अत्यधिक शान्ति का अनुभव किया था।''

''वास्तविक चुनौतीपूर्ण कार्यों में व्यस्त रहना ही व्यक्तिगत सन्तोष प्राप्त करने का निश्चित तरीका है। लेकिन याद रखने लायक भेद की बात यह है कि प्रसन्नता एक यात्रा है, लक्ष्य नहीं। आज के लिए जीयो – आज के जैसा दूसरा दिन कभी नहीं होगा,'' जूलियन ने कहा, उसके चिकने हाथ एक साथ जुड़ गए मानो कि जो कुछ उसने कहा था उसका अंतरंग होने के नाते मुझको धन्यवाद देने के लिए प्रार्थना कर रहा हो।

''क्या यह वही सिद्धान्त है, जो योगी रमन की कहानी में हीरा-जड़ित मार्ग का प्रतीक है?'' मैंने पूछा।

''हां।'' संक्षिप्त उत्तर था। ''जिस प्रकार सूमो पहलवान ने स्थायी उपलब्धि और आनन्द की प्राप्ति हीरा-जड़ित मार्ग पर चलकर की, तुम भी जिस जीवन की अभिलाषा रखते हो, उसको उसी क्षण प्राप्त कर सकते हो जब तुम यह समझना प्रारम्भ कर दो कि जिस मार्ग पर तुम अब चल रहे हो वह हीरों तथा अन्य बहुमूल्य जवाहरातों से समृद्ध है। जीवन के छोटे-छोटे सुखों की उपेक्षा करके बड़े-बड़े सुखों के पीछे भागने में समय बर्बाद करना बन्द कर दो। कामों की गति धीमी कर दो। तुम्हारे चारों तरफ जो सौन्दर्य और पवित्रता है उसका आनन्द लो। इसके लिए तुम स्वयं के ऋणी हो।''

''क्या इसका यह तात्पर्य है, मैं अपने भविष्य के लिए बड़े-बड़े लक्ष्य निर्धारित करना बन्द कर दूं और वर्तमान पर ध्यान केन्द्रित करूं?''

''नहीं,'' जूलियन ने दृढ़तापूर्वक उत्तर दिया। ''जैसा कि मैंने पहले भी कहा था भविष्य के लिए लक्ष्य और स्वप्न प्रत्येक वास्तविक सफल जीवन के आवश्यक तत्त्व हैं। तुम्हारे भविष्य में क्या होगा उसकी आशा तुम्हें प्रातःकाल बिस्तर से उठाती है और तुम्हारे दिनों

को उत्साहपूर्ण रखती है। लक्ष्य तुम्हारे जीवन को ऊर्जावान बनाते हैं। मेरा कहना सिर्फ यह है : उपलब्धि प्राप्त करने की खातिर प्रसन्नता को स्थगित मत करो। कभी भी उन चीजों को जो तुम्हारी खुशहाली और सन्तुष्टि के लिए महत्त्वपूर्ण हैं, बाद के समय के लिए मत टालो। आज का दिन पूरी तरह से जीने के लिए है न कि जब तुम लॉटरी जीत जाओ या रिटायर हो जाओ तब के लिए। जीना कभी स्थगित मत करो।"

जूलियन खड़ा हो गया और लिविंग रूम में एक अनुभवी वकील की भांति अपनी आवेगपूर्ण बहस की समाप्ति पर तर्कों का सार व्यक्त करते हुए आगे-पीछे चहलकदमी करने लगा। "अपने-आप को यह सोचकर मूर्ख मत बनाओ कि जब तुम्हारा भार कम करने के लिए तुम्हारी फर्म में कुछ और जूनियर वकील काम करने लगेंगे तब तुम एक अधिक प्यार करनेवाले और देनेवाले पति बन जाओगे, जब तुम्हारे पास बहुत बड़ा बैंक एकाउन्ट हो जाएगा और तुम्हारे पास बहुत खाली समय होगा तब तुम अपने मस्तिष्क को समृद्ध करोगे, अपने शरीर की देखभाल करोगे और अपनी आत्मा को पोषण दोगे – यह विश्वास करके अपने-आपको धोखा मत दो। आज का दिन ही वह दिन है जब तुम अपने प्रयत्नों के फलों का आनन्द ले सकते हो। आज का दिन ही वह दिन है जब तुम समय को पकड़ सकते हो और उड़ान भरनेवाला जीवन जी सकते हो। आज का दिन ही वह दिन है जब तुम अपनी कल्पना के अनुसार रह सकते हो और अपने स्वप्नों को पूरा कर सकते हो और कृपया कभी भी परिवार के उपहार की उपेक्षा मत करो।"

"मुझे नहीं लगता जूलियन कि मैं तुम्हारी बात को ठीक से समझ पा रहा हूं?"

"यदि तुम्हारे बच्चे अपने पिता को ही न जाने तो देश में तुम्हारे प्रसिद्ध वकील बनने का क्या लाभ है?" जूलियन ने कहा, उसकी आवाज भावावेग से कांप रही थी। "मैं जानता हूं कि मैं किस बारे में बात कर रहा हूं।" इस अन्तिम टिप्पणी ने मुझे धरती पर ला पटका।

जूलियन के बारे में जो कुछ मैं जानता था वह इतना ही था कि वह एक अत्यन्त प्रसिद्ध वकील था, जो अमीर लोगों के साथ और सुन्दर स्त्रियों के साथ रहता था। विवाह योग्य फैशन मॉडल्स के साथ उसकी पूर्व निश्चित भेंटों के बारे में भी उतनी ही किवदंतियां प्रसिद्ध थीं जितनी कि न्यायालय में उसके बुद्धि-कौशल के बारे में। यह पुराना लखपति रसिक व्यक्ति एक पिता होने के बारे में सम्भवतया क्या जान सकता था। सब व्यक्तियों के साथ उनके अनुरूप व्यवहार करने में एक महान पिता और एक सफल वकील बनने में – जो दैनिक संघर्ष में प्रतिदिन सहन करता था, सम्भवतया वह भला उनके बारे में क्या जानता था? लेकिन जूलियन की छठी इन्द्रिय ने मुझे पकड़ लिया।

"मैं भी बच्चे रूपी आशीर्वाद के बारे में कुछ जानता हूं," उसने धीरे-से कहा।

"लेकिन मैं हमेशा सोचता था कि तुम शहर के सबसे अधिक योग्य कुंवारे थे, जब तुमने सब-कुछ त्यागकर वकालत छोड़ दी थी उससे पहले।"

"उस तेज और उग्र जीवनशैली, जिसके लिए मैं प्रसिद्ध था, के भ्रम-जाल में फंसने से पहले, तुम जानते हो कि मैं विवाहित था।"

"हां।"

वह तब थोड़ी देर के लिए रुका जैसे कोई बालक अपने सबसे अच्छे मित्र को अत्यन्त रहस्य की बात बताने से पहले रुकता है। "जो बात तुम नहीं जानते हो वह यह है कि मेरी भी एक छोटी बेटी थी। वह सबसे अधिक प्यारी और अत्यधिक नाजुक थी। उसके जैसा मैंने जीवन में और कोई प्राणी नहीं देखा। पीछे, तब मैं काफी हद तक तुम्हारे जैसा था, जब हम पहली बार मिले थे : मुंहफट, महत्त्वाकांक्षी और आशाओं से भरा हुआ। मेरे पास वह हर चीज थी जिसकी कोई कामना करता। लोग मुझसे कहते थे कि मेरा भविष्य बहुत उज्ज्वल था, मेरी पत्नी गजब की सुन्दर थी और मेरी बेटी विलक्षण थी। लेकिन जब जीवन सम्पूर्ण प्रतीत हो रहा था, एक क्षण में ही मुझसे सब-कुछ छिन गया।"

जबसे जूलियन वापस आया था, पहली बार उसका अनन्त आनन्द से ओत-प्रोत चेहरा, दुखी दिखाई दिया। एक बूंद आंसू की उसके ताम्बई गालों से फिसलकर उसकी लाल रंग की पोशाक के मखमली कपड़े पर गिर पड़ी। मैं अपने पुराने मित्र के रहस्योद्‌घाटन से मूक और जड़वत् हो गया।

"तुम्हें आगे कुछ कहने की आवश्यकता नहीं है, जूलियन," उसको सांत्वना देने के लिए उसके कन्धे पर अपनी बांह रखते हुए मैंने सहानुभूतिपूर्वक कहा।

"लेकिन मुझे है, जॉन अपने पिछले जीवन में मैं जिन लोगों को भी जानता था तुम उनमें सबसे अधिक होनहार दिखाई देते थे। जैसा कि मैंने कहा तुम्हें देखकर मुझे अपने युवावस्था की याद आती थी। अभी भी तुम्हें बहुत उन्नति करनी है। लेकिन यदि तुम जिस प्रकार रह रहे हो उसी प्रकार रहोगे, तो तुम्हें घोर संकट का सामना करना होगा। मैं इस स्थान पर वापस तुम्हें यह बताने के लिए आया हूं कि बहुत सारे आश्चर्य तुम्हारे अन्वेषणों की प्रतीक्षा कर रहे हैं और बहुत सारे पल तुम्हारे रसास्वादन के लिए बचे हैं।

"अक्टूबर की धूप के तीसरे पहर में शराब के नशे में धुत उस ड्राईवर ने जिसने मेरी बेटी को मारा, उसने सिर्फ एक ही बेशकीमती जान नहीं ली, दो जानें लीं। मेरी लड़की के गुजर जाने के बाद मेरा जीवन बिखर गया। मैं अपना सारा जागने का समय ऑफिस में बिताने लगा, मूर्खतापूर्वक यह आशा करते हुए कि मेरा कानूनी कैरियर मेरे टूटे हुए दिल को राहत देगा। किसी-किसी दिन अपने ऑफिस में मैं कुर्सी पर ही सो जाता था, घर पर लौटने से डरकर जहां उसकी इतनी मधुर स्मृतियां बसी हुई थीं। और जब मेरा कैरियर उन्नति के शिखर पर पहुंचा मेरा निजी जीवन अस्त-व्यस्त हो गया। मेरी पत्नी जो कानून पढ़ने के समय से निरन्तर मेरे साथ थी, काम के प्रति मेरा जबर्दस्त आवेश देखकर मुझे छोड़कर चली गई। मेरा स्वास्थ्य बिगड़ गया और मैं बदनाम जीवन के चक्रव्यूह में फंस गया। यह तब की बात है जब हम पहली बार मिले थे। निश्चय ही मेरे पास

वह सब-कुछ था जो धन खरीद सकता था। लेकिन इसके लिए मैंने अपनी आत्मा बेच दी थी, वास्तव में मैंने बेच दी थी," जूलियन ने भावुक होकर कहा, उसकी आवाज अभी भी भर्रा रही थी।

"इसलिए जब तुम कहते हो 'अपने बच्चों का बचपन जियो' तो तुम्हारा बुनियादी मतलब है उनको बड़ा होते हुए और फलते-फूलते हुए देखो। यही है, क्या यह नहीं है ?"

"आज भी, सत्ताईस वर्ष बाद उसके हमें छोड़ जाने के बाद जब हम उसे कार से उसकी सबसे अच्छी मित्र की बर्थ-डे पार्टी में ले जा रहे थे, मैं अपनी बेटी की हंसी सुनने के लिए या उसके साथ लुका-छिपी का खेल खेलने के लिए – जैसे मैं उसके साथ पहले अपने घर के पीछे के बगीचे में खेलता था – मैं कुछ भी दे दूंगा। मैं उसे अपनी बांहों में लेकर उसके सुनहरे बालों को कोमलता से चूमना चाहूंगा। वह जाते समय अपने साथ मेरे कलेजे का टुकड़ा भी ले गई। और यद्यपि मेरे जीवन को नया अर्थ मिल गया है जबसे सिवाना में मुझे ज्ञान और स्व-नेतृत्व प्राप्त करने का मार्ग मिला है, एक दिन भी ऐसा नहीं गुजरता जब मुझे मन के शान्त रंगमंच पर अपनी प्यारी छोटी-सी बेटी का गुलाबी चेहरा दिखाई न देता हो। तुम्हारे इतने अच्छे बच्चे हैं, जॉन। वृक्षों के लिए जंगल को मत भूलो। अपने बच्चों को सर्वोत्तम उपहार जो तुम दे सकते हो वह है तुम्हारा प्यार। उनको फिर से जानने की कोशिश करो। उनको यह दिखाओ कि तुम्हारे व्यावसायिक कैरियर के क्षणभंगुर पारितोषकों से कहीं अधिक महत्त्वपूर्ण तुम्हारे लिए वे हैं। बहुत शीघ्र ही अपना जीवन और परिवार बनाने के लिए वे तुमसे दूर चले जाएंगे। तब तक बहुत देर हो जाएगी। समय निकल चुका होगा।"

जूलियन ने मेरे हृदय के तारों को झनझना दिया। मेरा अनुमान है कि मुझे कुछ समय पहले ही यह ज्ञात हो गया था कि मेरे अत्यधिक काम में व्यस्त रहने के कारण हमारे पारिवारिक बन्धन धीरे-धीरे किन्तु निश्चित रूप से ढीले होते जा रहे थे। लेकिन यह बुझती हुई चिनगारी की तरह थे, धीरे-धीरे शान्ति से जलते हुए, अपनी ऊर्जा

एकत्रित करते हुए पूर्णतया विनाश की हद तक पहुंचने से पहले। मैं जानता था कि मेरे बच्चों को मेरी आवश्यकता थी, चाहे वे मुझसे यह कह न सके हों। मुझे जूलियन से इस बाबत सुनने की आवश्यकता थी। समय हाथ से फिसलता जा रहा था और वे बहुत तेजी से बड़े हो रहे थे। मुझे याद नहीं आया कि मेरा बेटा एंडी और मैं आखिरी बार शनिवार की सुबह जल्दी पूरा दिन मछली पकड़ने के उस स्थान पर बिताने के लिए जो उसके दादा को बहुत पसन्द था, कब गए थे। एक समय था जब हम प्रत्येक सप्ताह के अन्त में वहां जाते थे। अब यह चिर-सम्मानित कर्मकांड किसी दूसरे व्यक्ति की स्मृति प्रतीत होता था।

जितना अधिक मैंने इसके बारे में सोचा उतना ही कठोर आघात मुझे लगा। पियानो वादन, क्रिसमस पर खेले जानेवाले नाटक, छोटी लीग की चैम्पियनशिप इन सब को मैंने व्यावसायिक प्रगति के लिए दांव पर लगा दिया था।

"मैं क्या कर रहा था?" मुझे आश्चर्य हुआ। मैं वास्तव में फिसलनेवाली ढलान पर नीचे फिसल रहा था जैसा कि जूलियन ने बताया। तभी तुरन्त मैंने अपने-आपको बदलने का निर्णय लिया।

"प्रसन्नता एक यात्रा है," जूलियन ने परिचर्चा जारी रखते हुए कहा, उसकी आवाज एक बार फिर उसके भावुक होने से तेज हो गई। "यह तुम्हारे चुनाव पर भी है। तुम मार्ग में मिलनेवाले हीरों से चकित हो। इन्द्रधनुष के अन्त में मिलनेवाले मायावी सोने के कलश के पीछे दौड़ना जारी रख सकते हो जो आखिर में खाली निकलता है। प्रत्येक दिन जो विशेष क्षण आपको उपलब्ध कराता है, उनका आनन्द लो – यह दिन ही सब-कुछ है जो तुम्हारे पास है।"

"क्या कोई वर्तमान में जीना सीख सकता है?"

"बिल्कुल। तुम्हारी वर्तमान परिस्थितियां क्या हैं – यह बात कोई अर्थ नहीं रखती। तुम जीवन जीने की काबीलियत का सुख पाने के लिए अपने-आपको प्रशिक्षित कर सकते हो और अपने अस्तित्व को दैनिक जीवन के रत्नों से भर सकते हो।"

"लेकिन क्या यह थोड़ा आशावादी नहीं है। उनका क्या होगा जिन्होंने बुरे बिजनैस-डील के कारण अपना सब-कुछ खो दिया है। मैं कहता हूं कि वे आर्थिक रूप से ही नहीं, बल्कि भावनात्मक रूप से भी दीवालिया हो गए हैं ?"

तुम्हारे बैंक एकाउन्ट के साइज का अथवा तुम्हारे घर के साइज का तुम्हारे सुख और आश्चर्य की भावना से जीवन जीने से कोई सम्बन्ध नहीं है। यह दुनिया दुखी लखपतियों से भरी हुई है। क्या तुम सोचते हो कि जिन सन्तों से मैं सिवाना में मिला था वे अपने लिए सुव्यवस्थित आर्थिक बस्ता और साउथ ऑफ फ्रांस में ग्रीष्म ऋतु के लिए घर प्राप्त करने के बारे में चिन्तित थे?"

जूलियन ने शरारत से पूछा।

"ठीक है। मैं तुम्हारी बात समझ गया हूं।"

"अधिक धन कमाने में और अच्छा जीवन बनाने में बहुत बड़ा अन्तर है। जब तुम कृतज्ञता प्रकट करने की कला का सिर्फ पांच मिनट अभ्यास करोगे, तो तुम जीवन में वह समृद्धि प्राप्त करोगे जिसकी तुम्हें तलाश है। अपने उदाहरण में तुमने जिस व्यक्ति का जिक्र किया उसे भी बहुत-सी चीजें धन्यवाद देने के लिए मिल जाएंगी चाहे उसकी आर्थिक स्थिति कितनी ही खराब हो। उससे पूछो कि क्या अभी भी उसके पास स्वास्थ्य है, उसका प्यारा परिवार है, और समाज में उसकी अच्छी प्रतिष्ठा है? उससे पूछो कि क्या वह इस महान देश का नागरिक होने के नाते प्रसन्न है, और क्या अभी उसके सिर पर छत है? शायद उसके पास कड़ी मेहनत करने की कुशल योग्यता और बड़े-बड़े सपने देखने की क्षमता के अतिरिक्त और कोई सम्पति नहीं है। लेकिन ये बहुमूल्य सम्पत्ति है जिनके लिए उसे भगवान के प्रति कृतज्ञ होना चाहिए। हम सभी के पास धन्यवाद देने के लिए बहुत कुछ है। तुम्हारी खिड़की के बाहर की दहलीज पर गाती हुई चिड़िया जो गर्मी के दूसरे भव्य दिन की सूचना देती है, बुद्धिमान् व्यक्ति को उपहार के समान ही दिखाई पड़ती है। याद रखो, जॉन, जीवन हमेशा तुम्हें वह नहीं देता जो तुम उससे मांगते हो, लेकिन यह हमेशा वह देता है जिसकी तुम्हें आवश्यकता होती है।'

इस प्रकार अपनी सारी सम्पत्ति के लिए चाहे वह भौतिक है या आध्यात्मिक, प्रतिदिन धन्यवाद देकर मैं वर्तमान में जीने की आदत विकसित करूंगा।''

''हां, यह एक प्रभावी तरीका है अपने जीवन में अधिक जीवन्तता लाने का। जब तुम वर्तमान का रसास्वादन करते हो तुम जीवन की ज्योति जलाते हो, जो तुम्हारे भाग्य का तुम्हें विकास करने देती है।''

''अपने भाग्य का विकास करूं?''

''हां, मैंने तुम्हें पहले बताया था कि हम सभी को कुछ विशेष योग्यताएं मिली हैं। ब्रह्मांड में हर व्यक्ति महान् है।''

''तुम उन कुछ वकीलों को नहीं जानते जिनके साथ मैं काम करता हूं,'' मैंने बीच में कहा।

''हर कोई,'' जूलियन ने जोर देते हुए कहा। ''हम सबमें कुछ है जिसे करने के लिए हम बने हैं। तुम्हारी प्रतिभा चमकने लगेगी, और प्रसन्नता से तुम्हारा जीवन भर जाएगा उसी समय जब तुम उच्चतर लक्ष्य ढूंढ़ लोगे और अपनी सारी ऊर्जा उस दिशा में लगा दोगे। एक बार जब तुम इस मिशन से सम्बद्ध हो जाओगे चाहे यह बच्चों का महान शिक्षक बनना हो, अथवा एक उत्साहपूर्ण कलाकार, तुम्हारी सभी अभिलाषाएं बिना प्रयास के ही पूरी हो जाएंगी। तुम्हें कोशिश भी नहीं करनी पड़ेगी। तथ्य की बात यह है कि जितना अधिक तुम कोशिश करोगे उतनी ही देर तुम्हें अपने लक्ष्यों तक पहुंचने में लगेगी। इसके बजाय सिर्फ अपने सपनों के मार्ग का अनुकरण करो उस दान की पूर्ण आशा के साथ जो अवश्य मिलना है। यह तुम्हारे दैवीय लक्ष्य की ओर ले जाएगा। अपने भाग्य का विकास करने से मेरा यही आशय है।'' जूलियन ने बुद्धिमानी से कहा।

''जब मैं छोटा बालक था, मेरे पिताजी को मुझे एक परी की कहानी सुनाना पसन्द था, जिसका नाम था – पीटर और जादू का धागा। पीटर बहुत ही प्रसन्नचित्त छोटा लड़का था। हर कोई उसे प्यार करता था : उसका परिवार, उसके शिक्षक और उसके मित्र। लेकिन उसमें एक कमजोरी भी थी।''

"वह क्या थी?"

"पीटर कभी भी वर्तमान में नहीं रह सकता था। उसने जीवन की प्रक्रिया का आनन्द लेना नहीं सीखा था। जब वह स्कूल में होता था तो वह बाहर खेलने के स्वप्न देखता था। जब वह बाहर खेल रहा होता था तब गर्मी की छुट्टियों के स्वप्न देखता था। पीटर निरन्तर दिवास्वप्न में खोया रहता था। उसके पास उन विशेष क्षणों का आनन्द लेने के लिए समय नहीं था जो उसके जीवन में थे। एक सुबह पीटर अपने घर के निकट एक जंगल में घूम रहा था। थकान महसूस करने पर उसने घासयुक्त एक स्थान पर आराम करने का निश्चय किया और अन्ततः उसे नींद आ गई। उसे गहरी नींद में सोये हुए कुछ ही मिनट हुए थे कि उसने किसी को अपना नाम पुकारते हुए सुना। 'पीटर! पीटर।' ऊपर से तेज कर्कश आवाज आई। जैसे ही उसने धीरे-धीरे अपनी आंखें खोलीं वह एक आश्चर्यजनक स्त्री को अपने ऊपर खड़ा हुआ देखकर चकित हो गया। वह सौ वर्ष से अधिक उम्र की रही होगी और उसके बर्फ जैसे सफेद बाल कन्धों से नीचे तक ऊन के बुने हुए कम्बल की तरह लटक रहे थे। उस महिला के झुर्रियों से भरे हुए हाथ में एक जादुई छोटी गेंद थी जिसके बीचों-बीच एक छेद था और उस छेद में से बाहर की ओर एक लम्बा सुनहरा धागा लटक रहा था।

" 'पीटर,' उसने कहा, 'यह तुम्हारे जीवन का धागा है। यदि तुम इस धागे को थोड़ा-सा खींचोगे तो एक घंटा कुछ ही सैकेंड्स में बीत जाएगा। यदि तुम इसे जरा जोर से खींचोगे तो पूरा दिन कुछ मिनटों में ही व्यतीत हो जाएगा और यदि तुम पूरी शक्ति के साथ इसे खींचोगे, तो महीने यहां तक कि अनेक वर्ष भी कुछ दिनों में व्यतीत हो जाएंगे।' पीटर इस बात को जानकर बहुत उत्साहित हो गया। 'मैं इसे अपने पास रखना चाहूंगा यदि यह मुझे मिल जाए तो?' उसने कहा। वह वयोवृद्ध महिला शीघ्र ही नीचे पहुंची और उसने जादुई धागेवाली गेंद उस छोटे लड़के को दे दी।

"अगले दिन, पीटर अपनी कक्षा में बैठा हुआ बैचेनी और बोरियत

अनुभव कर रहा था। अचानक उसे अपने नए खिलौने की याद आ गई। जैसे ही उसने सुनहरी धागा थोड़ा-सा खींचा उसने तुरन्त ही अपने-आपको अपने घर में, अपने बगीचे में खेलता हुआ पाया। जादुई धागे की शक्ति पहचानकर, पीटर शीघ्र ही स्कूल जानेवाले लड़के की भूमिका से उकता गया और अब उसकी किशोर बनने की इच्छा हुई उस पूर्ण जोश के साथ जो जीवन के उस दौर में होता है। अतः उसने फिर गेंद बाहर निकाली और सुनहरा धागा कसकर खींच दिया।

"अचानक वह किशोर वय का लड़का बन गया जिसके साथ बहुत सुन्दर गर्ल फ्रेंड थीं जिसका नाम एलिस था। लेकिन पीटर अब भी सन्तुष्ट नहीं था। उसने वर्तमान में सुख पाना और जीवन की हर अवस्था के साधारण आश्चर्यों को खोजना कभी नहीं सीखा था। इसके बजाय, वह प्रौढ़ बनने का स्वप्न देखने लगा। इसलिए उसने फिर धागा खींच दिया और थोड़ी ही देर में वर्षों का समय बीत गया। अब उसने पाया कि वह एक मध्यम आयु के प्रौढ़ व्यक्ति के रूप में परिवर्तित हो गया है। एलिस अब उसकी पत्नी थी और पीटर बहुत सारे बच्चों से घिरा हुआ था। पीटर ने कुछ और भी ध्यान से देखा। उसके बाल जो कभी एक दम काले थे भूरे होने लगे थे। और उसकी मां जो कभी युवा थी, जिसको वह बहुत अधिक प्यार करता था, वृद्ध और कमजोर हो गई थी। लेकिन अब भी पीटर उन क्षणों को नहीं जी सका। उसने कभी भी वर्तमान में जीना नहीं सीखा था। इसलिए उसने एक बार फिर जादुई धागा खींच दिया और परिवर्तन देखने की प्रतीक्षा करने लगा।

"अब पीटर ने पाया कि वह नब्बे वर्षीय बूढ़ा व्यक्ति बन चुका था। उसके घने काले बाल सन की तरह सफेद हो गए थे और उसकी सुन्दर युवा पत्नी एलिस भी बूढ़ी हो चुकी थी और कुछ वर्ष पहले मर चुकी थी। उसके बच्चे बड़े हो चुके थे और अपना जीवन अपने तरीके से जीने के लिए घर छोड़ चुके थे। अपने सम्पूर्ण जीवन में पहली बार पीटर की समझ में यह बात आई कि उसने कभी भी जीवन की

प्रशंसनीय बातों को समय पर अंगीकार नहीं किया था। वह बच्चों के साथ कभी भी मछली पकड़ने नहीं गया था और न ही कभी एलिस के साथ चांदनी रात में घूमने गया था। उसने कभी भी बगीचा नहीं लगाया था और न ही उन उत्कृष्ट पुस्तकों को पढ़ा था जिसको उसकी मां पढ़ना पसन्द करती थी। इसके बजाय उसने पूरी जिन्दगी जल्दबाजी की थी, रुककर कभी भी मार्ग में मिली अच्छाइयों को नहीं देखा।

"पीटर यह जानकर बहुत दुखी हो गया। उसने जंगल में जाने का निश्चय किया जहां वह लड़कपन में अपने मस्तिष्क को तरोताजा करने और अपनी आत्मा को उत्साहपूर्ण बनाने के लिए घूमने जाया करता था। जब वह जंगल में घुसा, उसने ध्यानपूर्वक देखा कि बचपन में जो छोटे-छोटे पौधे उसने लगाए थे वे विशाल ओक के पेड़ बन चुके थे। जंगल अपने-आप प्रकृति का स्वर्ग बन चुका था। वह उस स्थान पर लेट गया जहां घास थी और गहरी नींद में सो गया। सिर्फ एक मिनट बाद ही उसने किसी को अपने लिए पुकारते हुए सुना। 'पीटर! पीटर।' आवाज आ रही थी। उसने आश्चर्य से ऊपर की ओर देखा कि यह और कोई नहीं वही बूढ़ी स्त्री थी, जिसने उसे बहुत वर्ष पहले यह गेंद, जिसमें जादुई सुनहरा धागा था, दी थी। 'मेरे विशेष उपहार का आनन्द तुमने किस प्रकार लिया?' उसने पूछा।

"पीटर ने स्पष्ट उत्तर दिया।

" 'पहले तो यह मुझे मनोरंजक लगा लेकिन अब मैं इससे घृणा करता हूं। मेरा सम्पूर्ण जीवन मेरी आंखों के सामने से निकल गया इसका सुख भोगने का अवसर दिए बिना। निश्चित रूप से, दुखपूर्ण समय भी रहे होंगे और अच्छे भी रहे होंगे लेकिन मुझे दोनों में से किसी का भी अनुभव प्राप्त करने का अवसर नहीं मिला। मैंने जीवन जीने के अवसर को खो दिया है।' 'तुम बहुत अधिक कृतघ्न हो,' उस बूढ़ी स्त्री ने कहा।

" 'फिर भी मैं तुम्हारी एक अन्तिम इच्छा पूरी करूंगी।'

"पीटर ने एक क्षण के लिए सोचा और फिर जल्दी से उत्तर दिया, 'मैं फिर से वापस स्कूल जानेवाला लड़का बनना चाहता हूं और अपना जीवन फिर से जीना चाहता हूं।' वह फिर गहरी नींद में सो गया।

"फिर उसने किसी को अपना नाम पुकारते हुए सुना और अपनी आंखें खोल दीं। 'इस बार कौन हो सकता है?' उसे आश्चर्य हुआ। जब उसने अपनी आंखें खोलीं, तो अपने बिस्तर के पास अपनी मां को खड़े हुए देखा वह बहुत प्रसन्न हुआ। वह युवा, स्वस्थ और प्रफुल्ल लग रही थी। पीटर जान गया कि जंगल की उस अजनबी महिला ने वास्तव में उसकी इच्छा पूरी कर दी थी और वह अपने पहले जीवन में वापस आ गया था।

" 'जल्दी करो पीटर। तुम बहुत अधिक सोते हो। यदि तुम अभी इसी समय नहीं उठे तो तुम्हारे सपने तुम्हें स्कूल के लिए देर कर देंगे,' उसकी मां ने झिड़की देते हुए कहा। कहना व्यर्थ है, पीटर इस सुबह बिस्तर से तेजी से उठा और अपनी आशा के अनुरूप रहने लगा। पीटर परिपूर्ण जीवन जीने लगा जिसमें बहुत-से आनन्द, हर्ष और विजयोत्सव थे, लेकिन यह तभी सम्भव हुआ जब उसने भविष्य के लिए वर्तमान को त्यागना बन्द कर दिया और वर्तमान में जीने लगा।"

"आश्चर्यजनक कहानी है, मैंने कोमलता से कहा। "दुर्भाग्यवश जॉन पीटर और जादुई धागे की कहानी सिर्फ एक कहानी है, एक परी की कहानी। वास्तविक दुनिया में हमें कभी भी सर्वाधिक पूर्ण जीवन जीने का दूसरा अवसर नहीं मिलेगा। आज तुम्हारे पास जीवन जीने की क्षमता के प्रति सचेत होने का मौका है। कहीं अधिक देर न हो जाए। समय सचमुच तुम्हारी उंगलियों से रेत के कणों की तरह फिसल जाता है। इस नए दिन को अपने जीवन का निर्णायक महत्त्वपूर्ण दिन बनने दो। इस दिन तुम हमेशा के लिए अपने लिए वास्तविक महत्त्वपूर्ण चीजों पर ध्यान देने का निर्णय लो। उन लोगों के साथ अधिक समय बिताने का निर्णय लो जो तुम्हारे जीवन को

अर्थपूर्ण बनाते हैं। विशिष्ट पलों का आदर करो, उनकी शक्ति में आनन्दोत्सव मनाओ। उन कामों को करो जिनको हमेशा करना चाहा है। जिस पहाड़ पर तुम चढ़ना चाहते थे उस पहाड़ पर चढ़ाई करो अथवा तुरही बजाना सीखो। बारिश में नृत्य करो या नया बिजनेस करो। संगीत से प्रेम करना सीखो, एक नई भाषा सीखो और अपने बचपन के आनन्द को पुनर्जीवित करो। उपलब्धि के लिए अपनी प्रसन्नता को स्थगित करना बन्द कर दो। इसके बजाय प्रगति का उपभोग क्यों नहीं करते? अपने जोश को पुनर्जीवित करो और अपनी आत्मा की ओर प्रवृत्त होना प्रारम्भ करो। यह निर्वाण का मार्ग है।''

''निर्वाण?''

''सिवाना के सन्तों का विश्वास था कि वास्तविक ज्ञान प्राप्त आत्माओं की अन्तिम मंजिल को निर्वाण कहा जाता है। वस्तुतः स्थान की अपेक्षा सन्त निर्वाण को एक अवस्था समझते थे, एक ऐसी अवस्था जिसमें हर चीज जिसे वह पहले से जानते थे, श्रेष्ठतर हो जाती थी, निर्वाण में हर चीज सम्भव थी। वहां कष्ट नहीं थे और जीवन का नृत्य दैवीय उत्कृष्टता के साथ होता था। निर्वाण में पहुंचकर सन्त ऐसा अनुभव करते थे मानो पृथ्वी पर स्वर्ग में आ गए हों। यह उनके जीवन का अंन्तिम लक्ष्य था,'' जूलियन ने कहा, उसका चेहरा शान्ति से दमक रहा था, लगभग देवता के समान।

''हम सब यहां किसी विशेष प्रयोजन के लिए हैं,'' उसने सूफी अन्दाज में कहा। ''तुम्हारा सच्चा दिव्य आह्वान किस काम के लिए है, और तुम दूसरों के प्रति अपना योगदान किस प्रकार कर सकते हो – इस बात पर चिन्तन करो। गम्भीरता की कैद में मत रहो। आज अपने जीवन की चिनगारी को प्रज्जवलित करो और उसको उज्ज्वलता से प्रदिप्त होने दो। उन सिद्धान्तों और तकनीकों का प्रयोग करो जो मैंने तुम्हें बताई हैं। वह सब-कुछ हो जाओ जो तुम हो सकते हो। एक समय आएगा जब तुम 'निर्वाण' का फल चख सकोगे।''

''मैं कैसे जान पाऊंगा कि मैं उस ज्ञान की अवस्था में पहुंच चुका हूं?''

छोटे-छोटे संकेत तुम्हारे प्रवेश की पुष्टि करेंगे। तुम्हें अपने चारों ओर प्रत्येक वस्तु में पवित्रता दिखाई देगी : चन्द्रमा की किरणों का देवत्व, प्रचंड गर्मी के दिन एकदम नीले आकाश का आकर्षण, डेजी के पुष्प की सुगन्ध अथवा एक छोटे शरारती बालक की हंसी।''

''जूलियन मैं तुमसे वादा करता हूं कि जो समय तुमने मेरे साथ व्यतीत किया है वह व्यर्थ नहीं जाएगा। मैं अपने-आपको सिवाना के सन्तों के ज्ञान के अनुसार जीवन जीने के लिए समर्पित कर दूंगा और मैं तुमसे किया गया अपना वादा निभाऊंगा। जो कुछ मैंने सीखा है वह सब-कुछ उनके साथ बांटकर जो तुम्हारे उपदेश से लाभान्वित होंगे। मैं हृदय से यह बात कह रहा हूं। मैं तुम्हें वचन देता हूं।'' मैंने ईमानदारी से अपने भीतर उमड़ती हुई भावनाओं की तीव्र वेदना को अनुभव करते हुए कहा।

''सन्तों की इस समृद्ध बपौती का उन सब में प्रचार करो जो तुम्हारे आस-पास हैं। वे शीघ्र ही इस ज्ञान से लाभान्वित होंगे और अपने जीवन का स्तर सुधारेंगे ठीक उसी प्रकार जिस प्रकार तुम अपना जीवन स्तर सुधारोगे, और याद रखो, यात्रा का आनन्द लेना हैं। मार्ग उतना ही अच्छा है जितना कि लक्ष्य।''

मैंने जूलियन को आगे बढ़ने दिया। ''योगी रमन एक महान कथा वाचक थे लेकिन एक कहानी जो उन्होंने मुझे सुनाई वह बाकी सबसे अलग थी। क्या मैं इसे तुम्हें सुना सकता हूं।''

''बिल्कुल।''

''बहुत वर्ष पहले, प्राचीन भारत में एक महाराजा अपनी पत्नी के प्रति अपने असीम प्यार और स्नेह के प्रतीकस्वरूप एक महान स्मारक बनवाना चाहता था। यह व्यक्ति ऐसी इमारत बनवाना चाहता था जैसी संसार में कोई न हो, जो चांदनी से प्रकाशित आकाश में झिलमिलाए, जिसकी प्रशंसा लोग आनेवाली शताब्दियों में भी करें। अतः प्रतिदिन खंड-दर-खंड उसके कारीगरों ने कड़ी धूप में कठिन परिश्रम करके काम आगे बढ़ाया। प्रतिदिन यह इमारत थोड़ा अधिक स्पष्ट, एक स्मारक के समान, भारत के एकदम नीले आकाश के तले

थोड़ा अधिक प्यार का प्रतीक लगने लगी। अन्त में बाईस साल की दैनिक, क्रमिक प्रगति के बाद, विशुद्ध संगमरमर का यह महल पूरा बन गया। बताओ मैं किसकी बात कह रहा हूं?''

''मुझे पता नहीं है।''

''ताजमहल। दुनिया के सात आश्चर्यों में से एक, जूलियन ने उत्तर दिया। ''मेरी बात साधारण है। इस ग्रह पर कोई संसार का एक आश्चर्य है। हममें से प्रत्येक में असाधारण उपलब्धि, प्रसन्नता और स्थायी परिपूर्णता प्राप्त करने की क्षमता है। इसके लिए अपने स्वप्नों को पूरी करने की दिशा में हमें कदम उठाने हैं। ताजमहल के समान आश्चर्यों से लबालब जीवन दिन-प्रतिदिन खंड-दर-खंड निर्मित होता है। छोटी जीत बड़ी जीत की ओर ले जाती है। छोटे, वृद्धि सम्बन्धी परिवर्तन और ऐसे सुधार जो मैंने सुझाए हैं निश्चयात्मक आदतों का निर्माण करेंगे। निश्चयात्मक आदतें परिणामों की संरचना करेंगी और परिणाम तुम्हें और अधिक महान व्यक्तिगत परिवर्तन की प्रेरणा देंगे। प्रत्येक दिन इस प्रकार जियो मानो यह तुम्हारा अन्तिम दिन है। आज से प्रारम्भ करते हुए अधिक सीखो, अधिक हंसो और वही करो जो तुम वास्तव में करना पसन्द करते हो। अपने भाग्य से, उसके लिए जो तुम्हारे पीछे है और जो आगे है वांछित मत हो यानी अपने कल और आनेवाले कल के लिए आज को अनदेखा मत करो। क्योंकि इस आज के सामने दोनों कल का महत्त्व बहुत कम है।''

बिना कोई दूसरा शब्द कहे हुए, जूलियन मेंटले, लखपति वकील, जो ज्ञानी संन्यासी बन चुका था, उठा, मुझसे भाई की तरह आलिंगन किया – उसके कोई भाई नहीं था – और प्रचंड गर्मी के मौसम में अत्यधिक गर्मी में मेरे लिविंग रूम से बाहर चला गया। जब मैं अकेला बैठा था और अपने विचारों को एकत्रित कर रहा था, मैंने गौर किया कि इस संन्यासी सन्देशवाहक के असाधारण आगमन का एकमात्र साक्षी मेरे सामने कॉफी-टेबल पर चुपचाप पड़ा था। यह उसका खाली प्याला था।

अध्याय – 13

क्रिया विधि का सार • जूलियन का ज्ञान संक्षेप में

प्रतीक

सद्‌गुण

- वर्तमान को गले लगाओ।

ज्ञान

- वर्तमान में रहो और इस उपहार को जीओ
- किसी चीज को प्राप्त करने के लिए अपनी खुशी की कुर्बानी मत दो
- प्रतिदिन जीवन के सफर को इस प्रकार जीओ कि यह तुम्हारे जीवन का आखिरी दिन है।

तकनीक

- अपने बच्चों को समय दो और उनके साथ खेलो
- धन्यवाद देने/आभार प्रकट करने की आदत डालो
- अपने भाग्य को सुदृढ़ करो।

उद्धरण योग्य कथन

- हम सभी यहां किसी विशेष काम के लिए पैदा हुए हैं। अपने भूतकाल के कैदी मत बने रहो। अपने भविष्य के निर्माता स्वयं बनो।

सात विशेष गुण, जो जीवन को आलोकित कर सकते हैं।

	गुण	प्रतीक
1	अपने मन पर अधिकार करो	वैभवपूर्ण बगीचा
2	अपने उद्देश्यों को पूरा करो	प्रकाश घर
3	कैजेन का अभ्यास	सूमो पहलवान
4	अनुशासित रहना	गुलाबी तार
5	अपने समय की कद्र करो	 सोने की स्टॉप-वाच
6	निस्वार्थ भावना से दूसरों की सेवा करो	 गुलाब के सुगन्धित पुष्प
7	वर्तमान को गले लगाओ	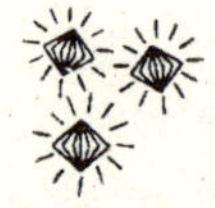 हीरों का रास्ता

द मांक हू सोल्ड हिज़ फ़रारी

लेखक के विषय में

रॉबिन शर्मा वैश्विक रूप से सम्मानित मानवतावादी तथा एक गैर-लाभकारी उपक्रम के संस्थापक हैं जो बच्चों को बेहतर जीवन जीने में मदद करता है।

विश्व के उच्च नेतृत्व विशेषज्ञों में गिने जाने वाले रॉबिन शर्मा के ग्राहकों में अनेक फॉर्च्यून १०० कंपनियाँ, जाने-माने अरबपति, पेशेवर खेल सुपरस्टार, संगीत के क्षेत्र से जुड़ी हस्तियाँ व अनेक महान व्यक्तित्व शामिल हैं।

अनेक संगठन रॉबिन शर्मा की सेवाएँ ले रहे हैं ताकि वे ऐसे कर्मचारी पा सकें, जो बिना किसी टाइटल के अपवादित रूप से काम करते हैं और इस जटिल युग में परिवर्तन के वाहक बनते हैं। इनमें नासा, माइक्रोसॉफ्ट, नाइक, जीई, फेडेक्स, एचपी, स्टारबक्स, ओरेकल, माले विश्वविद्यालय, आईबीएम वाटसन और यंग प्रेसीडेंट एसोसिएशन शामिल हैं।

वे संसार के उन प्रमुख वक्ताओं में से हैं, जिनकी सदा भारी माँग रहती है। यदि आप उन्हें अगली कांफ्रेंस में शामिल करना चाहते हैं तो निम्न पते पर संपर्क कर सकते हैं : robinsharma.com/speaking.

लेखक की नंबर वन बेस्टसेलर्स जैसे *दि मंक हू सोल्ड हिज़ फ़रारी*, *दि ग्रेटनेस गाइड* और *दि लीडर हू हैड नो टाइटल* की ९२ से अधिक भाषाओं में कई मिलियन प्रतिमाँ बिक चुकी हैं। इस तरह वे उन जाने-माने लेखकों में शुमार हो गए हैं जिन्हें बहुत अधिक पढ़ा जाता है।

अधिक जानकारी के लिए निम्न पते पर संपर्क करें
robinsharma.com

रॉबिन शर्मा के विश्वस्तरीय बेस्टसेलर्स के साथ भरें ऊँची उड़ान

क्या आपने कभी लक्ष्य किया कि आप जितने भी विचारवान, कलात्मक, सफल और गरिमायुक्त लोगों से मिले, उनके बीच कुछ सामान्य था? उनके हाथों में जो भी आता है, वे उसे अवश्य पढ़ते हैं।

भले ही आप पर्वत के शिखर पर हैं या आपने चढ़ना आरंभ किया है, रीडिंग को मास्टरहैबिट की तरह अपनाया जा सकता है।

तो आपको लेखक की अंतर्राष्ट्रीय ख्यातिप्राप्त किताबों की पूरी सूची दी जा रही है ताकि आप अपनी उत्पादकता को उच्चतम क्षमता तक ले जा सकें। जीवन को पूरी क्षमता व खूबसूरती के साथ जीते हुए, इतिहास के पन्नों पर अपना नाम अंकित कर सकें।

[ ] The 5 AM Club
[ ] The Monk Who Sold His Ferrari
[ ] The Greatness Guide
[ ] The Greatness Guide, Book 2
[ ] The Leader Who Had No Title
[ ] Who Will Cry When You Die?
[ ] Leadership Wisdom from The Monk Who Sold His Ferrari
[ ] Family Wisdom from The Monk Who Sold His Ferrari
[ ] Discover Your Destiny with The Monk Who Sold His Ferrari
[ ] The Secret Letters of The Monk Who Sold His Ferrari
[ ] The Mastery Manual
[ ] The Little Black Book for Stunning Success
[ ] The Saint, the Surfer, and the CEO

१९४६ में स्थापित जयको पब्लिशिंग हाउस एक ऐसी प्रकाशक संस्था है जिसने मशहूर लेखक श्री श्री परमहंस योगानंद, ओशो, रॉबिन शर्मा, दीपक चोपड़ा, स्टीफन हॉकिंग्ज, एकनाथ ईश्वरन, सर्वपल्ली राधाकृष्णन, निरद चौधरी, खुशवंत सिंह, मुल्कराज आनंद, जॉन मैक्सवेल, क्लेन बेनचार्ड और ब्रायन ट्रेसी जैसे लेखकों की किताबें प्रकाशित की हैं।

स्वर्गीय श्री जमन शाह ने पुस्तक वितरण कंपनी के रूप में जयको की स्थापना की थी। स्वतंत्रता आंदोलन चल रहा था, इसलिए उन्होंने अपनी कंपनी को 'जयको' (हिंदी में जय का मतलब जीत) नाम दिया। विकसनशील देशों में किताबों की उल्लेखनीय माँग को देखते हुए श्री शाह ने खुद ही किताबें प्रकाशित करने का फैसला किया। जयको देश की पहली प्रकाशन संस्था है जिसने अंग्रेजी भाषा में पेपर बैक पुस्तकें प्रकाशित कीं।

जयको ने अपने क्षितिज का विस्तार शैक्षणिक और व्यावसायिक, प्रबंधन, इंजीनियरिंग और प्रौद्योगिकी की किताबों के व्यापार में अग्रणी प्रकाशक के रूप में किया है। हमारे महाविद्यालय स्तर की पाठ्यपुस्तकों और संदर्भ शीर्षकों का अध्ययन देशभर के छात्र कर रहे हैं। हमारे शैक्षणिक और व्यावसायिक किताबों की सफलता काफी हद तक हमारे शैक्षणिक और कॉर्पोरेट बिक्री प्रभागों के प्रयासों के कारण है।

जयको केवल अपनी किताबें वितरित करता है। मुम्बई में मुख्यालय के अलावा, जयको के कार्यालय अमदाबाद, बैंगलोर, चेन्नई, दिल्ली, हैदराबाद और कोलकाता में भी हैं।

Visit our Website

Scan QR Code